트리머를 위한
베이직 테크닉

가네코 고이치 후쿠야마 다카아키 저

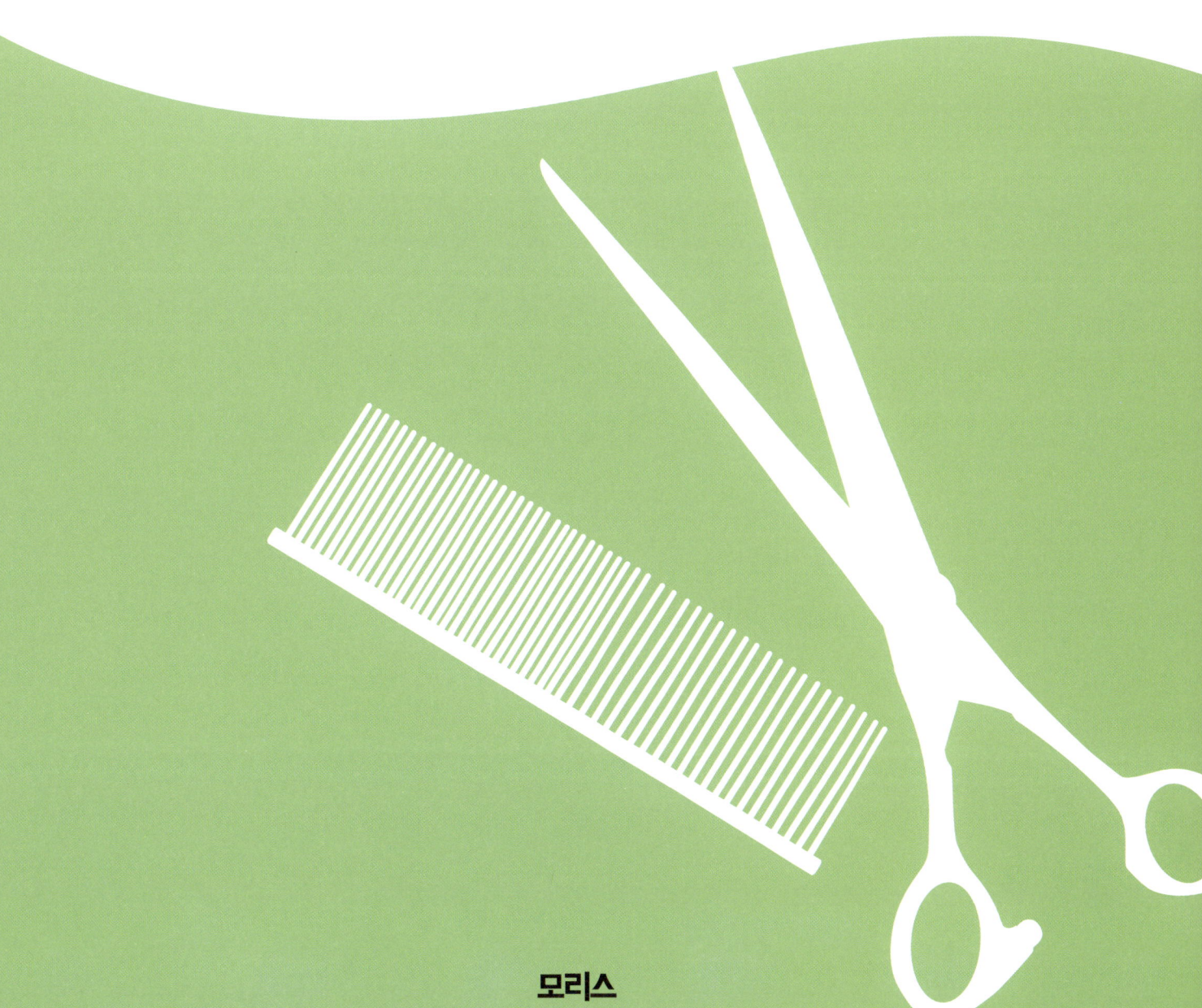

모리스

트리머를 위한 베이직 테크닉
contents

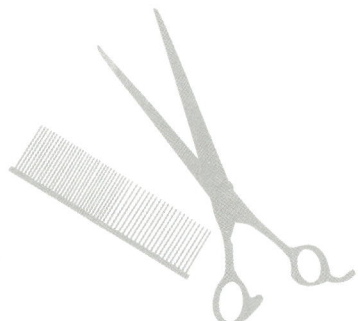

- 이 책을 펴내며 04

제1장 그루밍과 환경 후쿠야마 다카아키 ... 05

- '트리밍'이란 무엇인가 ... 06
- 트리밍룸 ... 08
- 트리머의 복장상태 ... 12
- 트리머의 건강을 위해 ... 14
- **column** 손의 각 부위 명칭 ... 16

제2장 그루밍 도구 후쿠야마 다카아키 ... 17

- 가위 ... 18
- 클리퍼(전동이발기) ... 26
- 트리밍 나이프 ... 30
- 브러시 & 코움 ... 33
- 기타 그루밍 도구 ... 38

제3장 견체(犬體)의 기초 후쿠야마 다카아키 ... 43

- 개의 몸에 관한 기초기식 ... 44
- 개의 피부 ... 52
- 개의 피모 ... 54
- 눈·발톱·치아의 관리 ... 57

제4장 개의 보정 후쿠야마 다카아키 ... 59

- '개의 보정'과 마음가짐 ... 60
- 보정·핸들링의 기본 ... 62

제 5 장 **베이싱** 가네코 고이치 ······ 69

- 브러싱의 기본 ······ 70
- 귀 청소의 준비 ······ 73
- 샴핑 ······ 74
- 드라잉 ······ 79
- **column** 래핑의 테크닉 ······ 82

제 6 장 **클리핑과 시저링** 가네코 고이치 ······ 83

- '면과 각' 잡는 법 ······ 84
- 얼굴의 클리핑 ······ 86
- 발의 클리핑 ······ 92
- 바디의 클리핑 ······ 95
- 시저링 ······ 97
- 브레이슬릿 만들기 ······ 109
- **column** 푸들의 쇼클립 ······ 112

제 7 장 **일러스트 해설·견종별 응용** 후쿠야마 다카아키 ······ 113

- 비숑 프리제 ······ 114
- 아메리칸 코커스패니얼 ······ 116
- 미니어처 슈나우저 ······ 118
- 포메라니안 ······ 120
- 몰티즈 ······ 122
- 베들링턴 테리어 ······ 124
- 에어데일 테리어 ······ 126
- 노퍽 테리어 ······ 128
- 아이리시 테리어 ······ 130
- 셔틀랜드 쉽독 ······ 132

- 용어해설 ······ 134

이 책을 펴내며

이 책은 트리머로서 가장 먼저 익혀두어야 할 지식과 범용성이 높은 트리밍 기법을 한 권에 담은 입문서입니다. 기본적으로 앞으로 트리밍을 배우는 분들을 위한 내용을 담았지만, 최근의 트리밍 업계의 트렌드와 최신 정보, 독자성이 높은 내용도 적극적으로 소개했습니다. 기초적인 입문서로만이 아니라 부교재나 참고서로도 꼭 활용되기를 바랍니다.

[트리머를 꿈꾸는 이들에게]

일본에서는 '애완동물은 가족'이라는 인식이 완전히 뿌리를 내려 '트리밍'이라는 작업과 '애견미용실(원문:트리밍 살롱)'이란 점포 형태, 그리고 '트리머'란 직업도 널리 알려지게 되었습니다. 그와 함께 트리머를 꿈꾸는 이도 매년 상당수에 달합니다.

'기술을 익히고 싶다', '동물과 관련된 일을 하고 싶다', '개를 너무 사랑한다' 등등 트리머를 꿈꾸게 된 동기는 다양하지만, 생명이 있는 것을 맡아 다루는 '프로'를 향한 길은 험난하기 마련입니다. 그래서 처음 배우는 기초적인 부분이 가장 중요합니다. 어느 정도 기초를 마스터했다고 생각해도 고민이 될 때 이 책을 읽으며 기본으로 되돌아가 보길 바랍니다.

[현역 트리머들에게]

이 책에서 해설하는 트리밍법은 여러분이 이미 익힌 지식, 기술과 조금은 다른 방법일 수도 있습니다. 트리밍을 포함한 그루밍의 세계는 역사가 있는 분야이지만 정보가 업데이트되는 속도는 점점 빨라지는 것 같습니다. 그야말로 현재진행형의 분야라 해도 과언이 아닐 것입니다. 이 책을 포함해 더욱 많은 정보 속에서 여러분 스스로가 '바로 이거야!' 싶은 것을 발견하시길 바랍니다.

마지막으로 이 책을 펴내기 위해 〈해피*트리머〉 편집부 여러분들에게 많은 도움을 받았습니다. 이 책이 트리밍을 배우는 분들에게 조금이나마 도움이 되길 진심으로 기원합니다.

가네코 고이치 | 후쿠야마 다카아키

제 1 장
그루밍과 환경

후쿠야마 다카아키

- 트리밍이란 무엇인가
- 트리밍룸
- 트리머의 복장 상태
- 트리머의 건강을 위해

역사와 역할을 이해하자
트리밍이란 무엇인가

그루밍의 기원

약 1만 4000년 전 인간은 개를 가축화하여 인간사회를 구성하는 일원으로 함께 생활하기 시작했습니다. 당시의 개는 지금의 시바견보다 조금 큰 개 본래의 모습이었습니다.

그때부터 인간은 개와의 커뮤니케이션으로 '쓰다듬는 행위'를 하면서 개의 몸에 묻은 티끌이나 외부 기생충을 제거하는 '그루밍'을 했을 것이라 추정됩니다. 그리고 인간의 생활에 둘러싸였던 개는 인간의 이동을 따라 그 서식 영역을 넓혀 갔습니다.

한랭지로 이동해 정착한 개는 체온을 유지하기 쉽도록 몸집이 커지고, 방열을 막기 위해 귀가 작아졌습니다. 이는 환경에 적응하기 위한 변화였다고 할 수 있습니다. 또한 온난한 지역으로 이동한 개는 언더코트(undercoat, p54 참조)의 숱이 적어지고 몸은 작고 귀는 커졌습니다.

이렇게 개의 외모에 지역차가 생겨났습니다. 이 지역차는 인간이 개에게 하는 그루밍에 있어서도 차이를 가져오게 되었습니다. 온난한 지역에서 더러워진 개를 강에서 씻기는 습관은 있어도 한랭지에서 개를 씻기는 습관은 생기기 어려울 것입니다.

그 후에는 수렵과 가축의 호위, 놀이 상대, 군용 등 인간의 사용 목적에 따른 외모와 성질을 갖춘 개가 등장해 사용 목적을 수행하기 위한 그루밍도 본격적으로 하게 되었습니다.

이는 원래 생산성을 높이기 위해 소와 염소 등의 가축에게 하던 그루밍을 개에게 응용하는 것으로부터 시작된 것으로 보입니다. 그리고 인간의 도구의 발달도 그루밍에 새로운 기법이 등장하는 계기가 되었습니다.

예를 들어 채취한 양털의 이물질을 제거하기 위한 '브러시'는 개의 털을 브러싱해서 여분의 피모를 제거하는 데 사용되었습니다. 또한 한없이 길어지는 피모를 가위로 잘라 개의 시야를 확보하는 등, 도구류는 개에 대한 그루밍을 크게 발전시켰습니다. 이런 그루밍은 개의 건강에 크게 기여했을 것으로 추정할 수 있습니다.

아름다운 외모를 중시하는 트리밍

이윽고 위생의 확보를 목적으로 한 그루밍과 달리 '피모를 커트하여 외모를 정돈하는' 트리머의 선구자적 인물이 회화작품에 등장하기 시작합니다.

산업혁명을 거친 18~19세기 유럽에서는 기존에 실용성을 중시하던 가축의 외모에 인간의 취미와 오락, 경쟁이라는 요소가 더해져 새로운 가치관이 생겨납니다. 소의 경우 고기와 우유의 질·양과 같은 생산성이 아니라 외모를 겨루는 '크고 멋진 소 콘테스트'가 개최되었다고 합니다.

개의 세계에서도 점차 현장작업에서 쓸모없게 된 개들의 다음의 활약의 장으로서 '도그쇼'가 등장하여 영국의 중산층을 중심으로 돌풍을 일으켰습니다.

개의 실용성을 중시하지 않는 도그쇼가 활성화되자 개의 몸의 변화는 점점 커졌습니다. 큰 몸집이 특징인 개는 보다 거대하게, 다리가 짧은 개는 보다 다리를 짧게, 장모종의 피모는 더욱 길게, 그리고 코가 납작한 단두종은 코와 입을 더욱 안쪽으로 들어오게 하는 등, 각 견종의 특징을 보다 과장하게 되었습니다. 이들 특징적인 모습의 견종은 인간이 만들어낸 모습·생명으로 그 대부분은 인간의 그루밍과 관리 없이는 건강을 유지하기 어려운 동물이 되었습니다.

근래 일본에서 인기가 있는 것은 계절성 털갈이가 없는 푸들과 같이 '털이 잘 빠지지 않는 견종'입니다. 이와 같은 견종의 대부분은 그루밍 없이는 정상적인 청각과 시각의 확보와 배설행위가 어려울 정도로 털이 길게 자라납니다.

이 털은 귀 안에도 자라므로 드롭이어(처진 귀)로 변화한 견종의 귓속 환경은 더욱 고온다습한, 그야말로 세균이 번식하기 쉬운 환경으로 변화했습니다. 그리고 그루밍은 기존의 몸의 겉 부분뿐 아니라, 다른 부위의 케어도 필요하게 되었습니다.

견종이 늘어나고 그에 비례해 외모도 다양해지자 각 견종별 전문적인 그루밍이 탄생 되었습니다. 실외에서 기르던 개를 실내에서 기르게 되자 털빠짐 문제가 발생했고, 그루밍은 이 문제에 대처할 필요가 생겼습니다.

또한 수송기술의 발달로 북극권 태생의 개를 도쿄에서 사육하게 되자, 급격한 환경변화에 대응하기 위한 케어도 필요해졌습니다. 이들 변화에 대응하기 위해 최근 수년 동안 그루밍의 필요성과 중요성이 높아지고 애견 붐의 영향으로 애견미용실과 펫 케어용품이 늘어나게 되었습니다.

이와 동시에 전문성을 갖춘 직업인인 그루머(일본에서는 트리머)에 대한 수요가 늘어나 그 지위가 확립되고 사회적 인지도가 향상되었습니다.

최근에는 귀가 처진 견종도 많습니다.

개의 본래의 모습과 동떨어진 모습을 갖게 된 견종일수록 인간의 전문적인 그루밍 케어가 필요합니다. 도그 그루밍의 기본이념은 '개체의 건강유지·질병 예방'과 '양질의 커뮤니케이션'입니다. 한편 도그 트리밍은 경제적·취향적·문화적인 미적 외모를 만들어내는 '완성의 작업'으로 인식되고 있습니다. 이 둘을 나누는 명확한 기준은 없지만, 업무상 한쪽을 선택해야 하는 경우도 있으므로 정확하게 판단하기 쉽도록 구분해 생각하고 있습니다.

*

트리밍은 기술적으로는 이미 성숙화된 분야입니다. 여기까지 오게 된 원동력은 좀더 아름답고, 멋지게, 좀 더 귀엽게, 좀 더 개성적으로 보다 새로운 테이스트를…이라는 인간의 발전에 대한 욕구와 창작 욕구일 것입니다. 앞으로는 여기에 보다 인도적으로 개를 다루고 보다 개를 배려하는 의식이 중요해질 것입니다. 미적 형질을 추구할 뿐 아니라, 약자(개)를 대할 때 '가져야 할 의식'과 '취해야 할 행동'을 인지하고 트리머라는 직업에 대한 사회적 인식을 보다 좋은 방향으로 이끌어나가야 할 것입니다.

보다 나은 환경을 정비한다
트리밍룸

안전성과 공중위생

트리밍룸이란 개와 트리머에게 안전하고 작업부담을 줄이는 공간이어야 합니다. 또한 그루밍 작업이 원활하고, 위생적으로 이루어지도록 합시다. 룸 안은 밝고 바닥이 미끄럽지 않는 것이 기본입니다. 바닥재는 개의 오물처리 등 위생을 고려하여 청소하기 쉬운 소재가 이상적입니다.

공간은 너무 넓어도 너무 좁아도 좋지 않습니다. 지나치게 넓으면 움직이는 거리나 시간이 늘어나기 때문에 그만큼 개와 떨어져 있을 확률이 늘어나, 개가 불안을 느껴 말썽을 피우거나 테이블 위에서 떨어질 위험이 생깁니다. 반대로 너무 좁으면 다른 트리머와 부딪치거나 동선 확보가 안 될 것입니다. 사람뿐 아니라 개를 움직이는 동선에도 배려가 필요합니다. 트리밍 테이블 간의 간격은 사이에 두 사람의 트리머가 들어가 작업할 수 있는 거리가, 그 뒤쪽은 사람이 지나다닐 수 있는 공간이 필요합니다.

안전한 공간이란

● **사고대책**

우선 개의 탈주(도망)는 반드시 막아야 합니다. 탈주가 발생하면 대형사고로 이어질 가능성이 매우 높으므로 아주 철저하게 대책을 세우는 것이 좋습니다. 창에는 그물망을 설치하고, 트리밍룸 출입구는 이중문으로 하여 직원들이 드나들 때마다 반드시 닫거나 자물쇠를 채우는 습관을 들이십시오.

또한 자연재해에 대한 대책도 필요합니다. 특히 지진대책으로는 선반이 넘어지는 것을 방지하기 위해 압축봉을 사용하거나 높은 곳에는 무거운 물건을 놓지 않도록 합시다. 그리고 평소부터 매장 직원끼리 대피방법에 대해 상의해두는 것도 중요합니다.

클리퍼(전동이발기)와 드라이어 등 전기제품을 많이 사용하므로 누전에도 주의합시다. 콘센트와 플러그 사이에는 털이 잘 들어가고 콘센트의 위치에 따라서는 샤워기의 물이 들어가기 쉬우므로 특히 주의가 필요합니다.

● **배치**

작업을 매끄럽게 수행하기 위해서는 사용하는 도구와 설비의 배치가 적절해야 합니다. 가위와 나이프, 면도기, 클리퍼와 같이 떨어뜨리면 망가지는 도구는 받침대에 대해 고민할 필요가 있습니다. 선반에 놓을 때도 작은 것은 앞쪽에, 큰 것은 뒤쪽에 두는 것이 좋습니다.

베이싱룸에는 타올과 약제 등을 두는 선반도 있으면 좋을 것입니다. 연관성이 있는 물건을 한 군데에 모아 두는 것도 효율적입니다.

물건을 몇 단으로 쌓아놓거나 높은 곳이나 낮은 곳에 두면 트리머가 서거나 앉는 등 쓸데없는 에너지를 소모하게 됩니다. 자주 사용하는 도구는 선 자

매장에 따라 트리밍룸(베이싱룸)의 넓이와 형상은 제각각이지만 개나 트리머에게 스트레스가 적은 환경을 갖추도록 합시다.

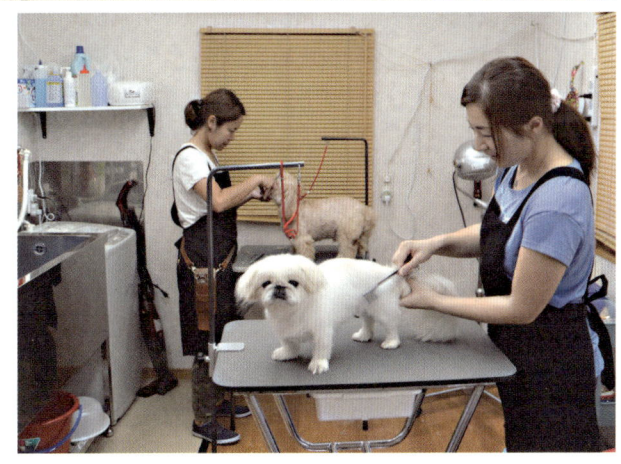

세로 손이 닿는 범위의 높이에 둡시다. 소독제 등은 낮은 곳에 수납하여 쏟아지지 않도록 하는 등 안전에 대해서도 충분히 고려해야 합니다.

작업하기 쉬운 환경

● 조명·바닥·벽

트리밍룸에 강한 석양이 들어오거나 지나치게 밝은 조명이 있는 경우에는 주의가 필요합니다. 특히 반사광이 개의 머리에 닿으면 두부의 섬세한 트리밍에 영향을 줄 수 있으며 개에게 부담을 주므로 가급적 피합시다.

또한 딱딱하고 차가운 바닥이면 트리머의 하체에 상당한 부담을 줍니다. 바닥재는 청소하기 편하고 쿠션이 있는 것이 좋습니다. 특히 겨울철에는 다리 쪽이 따뜻하도록 냉기대책을 세워두면 트리머의 피로를 최소화할 수 있습니다.

드라이어의 소리는 상당히 크기 때문에 트리머와 개에게 스트레스를 줄 수 있습니다. 트리밍룸 안에서는 반향을 일으켜 소리가 더욱 커지므로 가급적 울림이 없는 벽재를 사용하는 등 배려를 하면 더욱 좋을 것입니다.

● 환기·온도·습도

실내의 공기, 온도는 개는 물론 트리머의 작업능력에도 큰 영향을 미칩니다. 트리밍룸 안은 창을 통한 자연환기, 또는 인공환기가 필요합니다.

온도(실온)는 견종, 체질, 연령, 환경, 그 개의 심리상태에 따라 다릅니다. 애견미용실에서는 온도와 관련해서는 인간의 이·미용실보다 몇 배의 주의가 필요합니다. 예를 들어 비만 체형의 페키니즈 등은 조금만 흥분해도 30℃ 안팎의 실온에서 한 시간 정도만 있으면 사망에 이르는 일도 있습니다. 개의 경우 개체마다 적정온도의 차이가 크다는 점을 충분히 고려하십시오. 여름철 냉방 등은 바깥기온보다 5℃ 낮은 온도를 기준으로 삼읍시다.

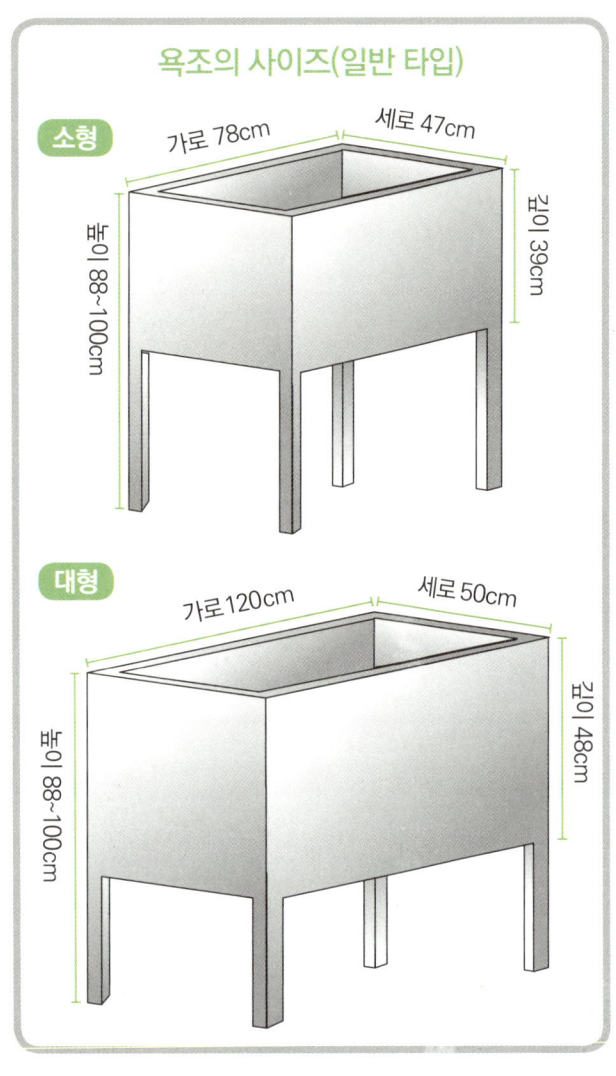

욕조의 사이즈(일반 타입)

소형: 가로 78cm, 세로 47cm, 높이 88~100cm, 깊이 39cm

대형: 가로 120cm, 세로 50cm, 높이 88~100cm, 깊이 48cm

인 이미지를 그려봅시다. 강렬한 색상은 피하는 것이 좋습니다. 또한 개는 털 색깔이 다양하므로 모든 털 색깔에 잘 어울리는 색상을 스스로 연구해서 고르는 것도 트리머로서의 센스를 기르는 좋은 밑거름이 될 것입니다.

마지막으로 트리밍을 인상 깊게 '보여주기' 위해 트리밍룸을 통유리창으로 만드는 곳도 많습니다. 환경 정비와 공간 연출의 중요성이 날로 높아지고 있다는 점은 굳이 언급할 필요도 없을 것입니다.

베이싱룸(공간)

● 설비에 관하여

베이싱(샴푸~헹구기)에 사용하는 물은 온도와 수압을 쉽게 조절할 수 있어야 합니다.

욕조는 개의 크기에 맞는 사이즈를 준비하면 편리하겠지만 공간문제 등으로 여의치 않을 때는 대형 애견욕조에서 소형 견의 작업도 하게 됩니다. 이런 경우에는 발판 등의 받침대로 깊이를 조절합니다.

습도가 낮으면 드라잉의 시간이 짧아지지만 지나치게 낮으면 정전기가 발생합니다. 반면에 너무 높으면 개와 인간 모두에게 불쾌감을 주므로 50% 안팎을 하나의 기준으로 삼는 것이 좋습니다.

● 색채

트리밍룸 내의 색채가 반려인과 트리머의 심리에 주는 영향은 큽니다. 청결하고 밝은 인상을 주는 것이 가장 중요합니다. 청결한 느낌을 주기 위해 예전에는 인간의 이·미용실도 화이트 톤인 곳이 많았지만 눈을 자극한다는 단점도 있습니다. 실제로 색감을 고려할 때는 청결한 느낌 외에도 '쾌적한 느낌', '상쾌한 느낌', '밝고 안정적인 느낌', '마음이 편안해지는 느낌', '작업능률을 높이는 느낌' 등 구체적

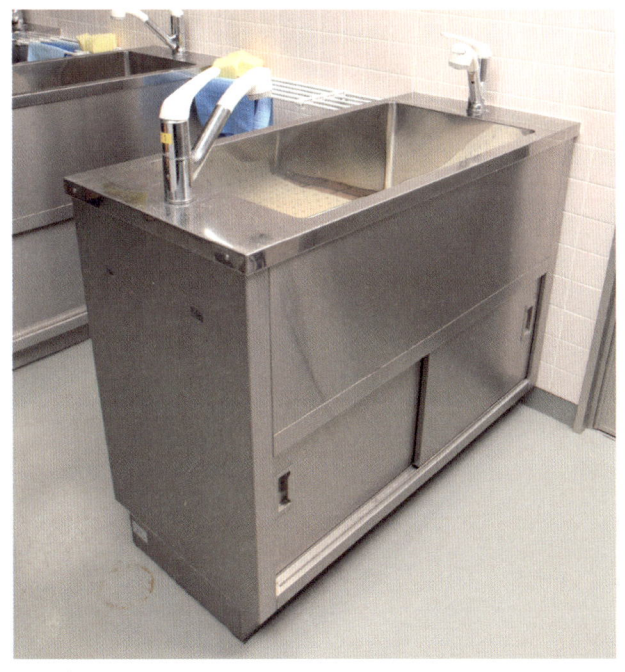

수도꼭지가 양쪽에 달린 타입, 아래쪽이 수납공간인 타입 등 다양한 타입의 애견욕조가 유통되고 있습니다.

트리밍 테이블의 종류

고정식(유압식)
중량이 많이 나가므로 이동에는 적합하지 않지만 테이블의 높낮이를 쉽게 조절할 수 있고 회전도 되므로 정해진 장소에서 트리밍을 하기에 적합합니다.

이동식
대부분 접이식으로 이동이 가능합니다. 보조 테이블 또는 도그쇼용으로도 요긴하게 사용할 수 있습니다.

최근에는 탄산천이나 오존 등 목욕하는 시간을 이용한 옵션 서비스를 도입하는 애견미용실도 늘어나고 있습니다. 애견 욕조의 주위는 이들 기기를 설치하는 것까지 고려한 공간을 확보해두면 안심할 수 있습니다.

● 안전 · 위생대책

애견욕조의 주위에는 주의를 해도 물이나 샴푸제 등이 튀게 됩니다. 넘어지는 것을 막기 위한 바닥의 미끄럼 방지대책은 물론 벽의 방수·곰팡이 방지대책도 필요합니다.

온수샤워를 사용하기 때문에 욕조 내부의 온도는 올라가기 마련입니다. 방 전체의 실온뿐 아니라, 욕조 안의 온도 상승에도 신경을 써서 개에게 부담을 주지 않도록 합시다.

트리밍 테이블

● 테이블의 종류

트리밍 테이블은 크게 나누어 고정식(유압식)과 이동식이 있습니다. 고정식은 안정성이 높고 테이블의 높낮이가 조절되며 360도 자유롭게 회전됩니다. 하지만 높낮이 조절을 하는 봉이 가늘고 테이블 면이 큰 타입이면 개가 움직였을 때 흔들거리거나 진동이 생기는 등 불안정한 것도 있습니다. 높낮이 조절용 봉이 충분히 굵고 안정성이 높은 것을 고릅시다.

이동식은 대부분이 접이식이므로 가정에서의 케어와 도그쇼 현장으로 옮길 때 편리합니다. 테이블의 크기, 넓이, 높이 등을 충분히 고려하여 자신의 조건에 맞는 제품을 고릅시다.

● 트리밍 테이블을 고르는 조건

트리머가 선 상태로 무리 없이 움직일 수 있는 것으로 개의 크기에 맞고 안정성이 높은, 그리고 표면이 절대 미끄럽지 않고, 물로 세척할 수 있는 소재인 것이 조건입니다. 테이블 면의 면적은 개의 크기와 작업방법이라는 두 가지 측면에서 고려해야 합니다. 개를 눕힌 자세에서 복부의 털을 브러싱하려고 할 경우 그 만큼의 넓이가 필요하며, 테리어와 같이 원칙적으로 선 자세에서 트리밍을 할 경우에는 면적은 좁아지므로 이 점에 대한 배려도 필요합니다. 또한 목줄을 거는 암(arm)은 튼튼한 것을 고르는 것이 오랫동안 다양하게 이용할 수 있습니다.

그 외에 기구류를 두는 사이드 테이블이 테이블 아래에 붙어 있는 타입과 전기 콘센트가 있는 타입 등도 있습니다.

청결과 위생을 생각한
트리머의 복장 상태

작업에 적합한 복장

트리밍 중에는 개와 트리머 모두를 위해서 올바른 복장 상태를 갖춰야 합니다. 가장 중요한 것은 '어떤 일이 일어나도 개를 보호할 수 있는 것'이어야 한다는 점입니다. '멋'도 물론 중요하지만, 우선은 청결함과 위생, 작업의 용이성 등을 고려하도록 합시다. 아무리 세련되고 센스가 있어도 반려인에게 좋지 않은 인상을 주거나, 작업의 안전을 확보하지 못한다면 안되지 않을까요?

10가지 체크 포인트

다음 포인트를 토대로 평상시 몸가짐을 점검하고 어떤 복장을 갖춰야 할 것인지 참고해보세요.

① 헤어스타일

개와 반려인에게 표정을 보이는 것이 원활한 커뮤니케이션에 도움이 됩니다. 머리가 긴 경우에는 하나로 묶거나 올림머리 등으로 깔끔하게 정리합니다. 개 털이 잘 붙지 않는 활동적인 헤어스타일이 좋습니다.

② 화장

트리머는 고객을 상대하는 일이 많은 직업이니 노 메이크업은 피하는 것이 좋습니다. 다만 진한 화장은 청결함과 위생적인 이미지와는 거리가 머니 은은한 내추럴 메이크업이 바람직합니다.

③ 손톱

긴 손톱은 베이싱이나 트리밍을 할 때 작업에 방해가 될 뿐 아니라 개의 피부와 눈에 상처를 낼 수 있습니다. 손톱은 적당히 짧게 깎고 매니큐어와 장식 등은 피합니다.

④ 액세서리, 시계

귀걸이, 반지, 팔지, 목걸이 등의 액세서리나 손목시계는 풀어놓습니다. 개가 잡아당겨 다리나 털에 엉켜 사고의 원인이 될 수 있습니다.

⑤ 복장

통기성이 좋고 개의 피모와 각질이 잘 붙지 않는 소재가 가장 좋습니다. 개의 피가 묻어도 알아보기 어려우므로 붉은 색 옷은 피합시다. 개의 보정을 위해 쭈그려 앉는 경우가 많으므로 하의는 가급적 바지를 입는 것이 좋습니다. 필요에 따라(베이싱 시는 특히 더) 방수재질의 에이프런을 착용하면 좋습니다.

⑥ 신발

장시간 서서 작업을 해야 하므로 다리에 부담이 가지 않는 편안한 신발을 고릅니다. 굽이 높으면 피로할 뿐 아니라 넘어질 우려가 있으니 낮은 굽을 고

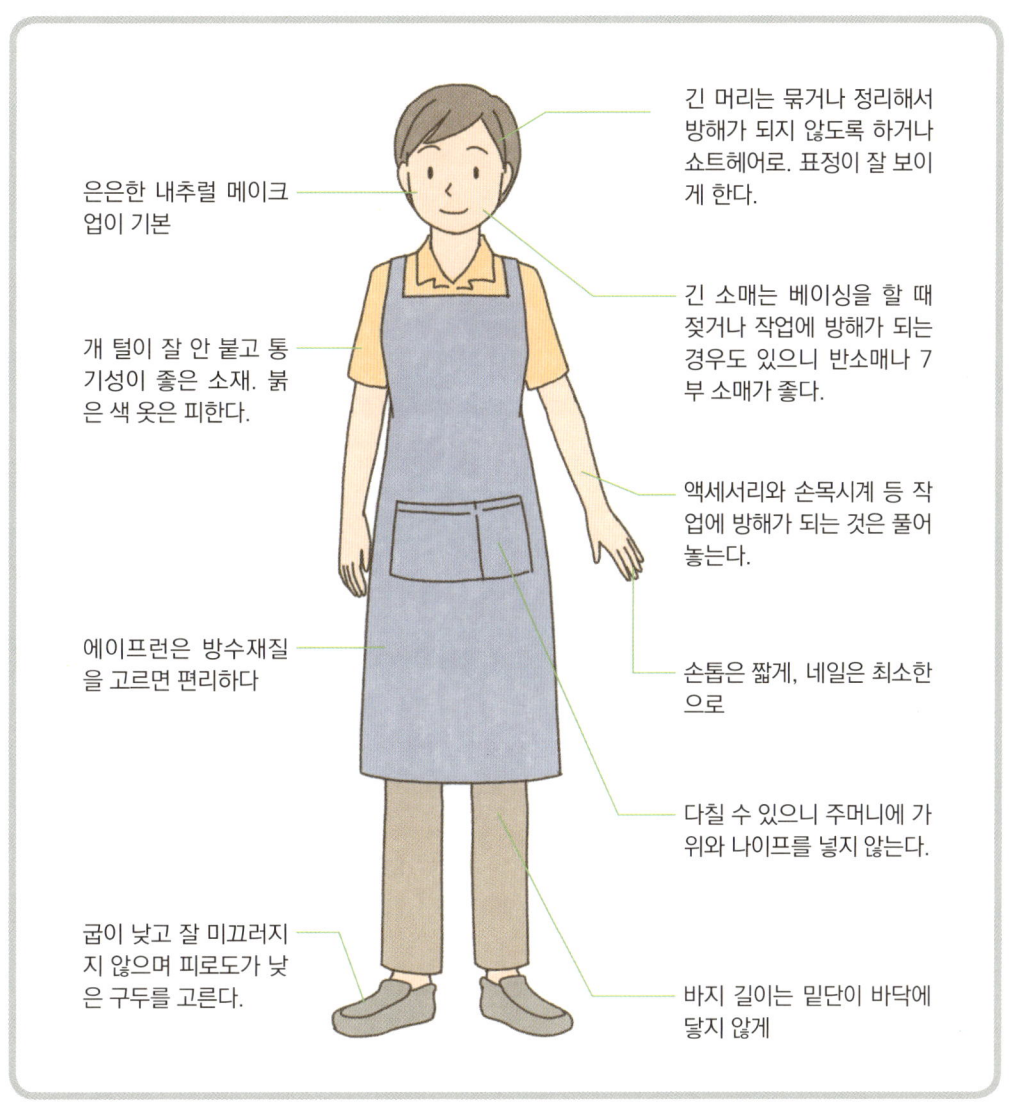

르도록 합니다. 바닥이 젖어 있을 수도 있으므로 신발바닥이 잘 미끄러지지 않는 재질인지 살펴봅시다.

⑦ 향수 등

개와 고양이는 후각이 매우 예민합니다. 향수를 뿌리지 않는 것은 물론 향이 강한 데오드란트나 섬유유연제도 사용을 자제합시다.

⑧ 안경 등

커트를 하고 있으면 눈에도 상당량의 털이 들어갑니다. 그 점에서는 콘택트렌즈보다는 안경이 적합하지만 작업효율 등과도 연관되니 각자 사용하기 편한 쪽을 선택합니다.

⑨ 그 외 소지품

메모나 노트 등 필기구를 항상 휴대합시다. 상사의 지시와 지도내용, 발견한 사항 등을 꼼꼼하게 적어두면 작업의 원활한 진행과 스스로의 작업효율이나 기술 향상에도 반드시 도움이 됩니다. 가위집을 사용하는 경우에는 가급적 작업에 방해가 되지 않도록 작은 사이즈의 것을 장착합니다.

⑩ 자세

작업에 집중하다 보면 무리한 자세를 취하기 쉽습니다. 트리머의 건강을 위하여(P14~)를 참고하여 올바른 자세를 취하도록 노력합시다.

무리 없이 작업을 지속하기 위한
트리머의 건강을 위해

몸에 부담을 주지 않는다

트리머들 중에는 요통, 손목 통증으로 고생하는 이들이 매우 많아 직업병이라 해도 과언이 아닙니다. 이를 방지하기 위해서는 평소부터 몸에 부담이 가지 않는 자세, 환경에서 작업하는 습관을 들이는 것이 최선입니다.

올바른 자세는 피로도를 덜어줄 뿐 아니라, 정확한 트리밍을 하는데 있어서도 매우 중요합니다. 트리밍은 손만을 사용하는 것이 아니라 상반신과 하반신, 즉 전신을 사용하는 작업이라고 인식해둡시다.

● 서는 위치와 자세

실제로 가위와 클리퍼를 움직이는 것은 팔이지만, 안정된 상태로 작업을 하기 위해서는 발의 위치와 전신을 어떻게 사용하는지가 중요합니다. 시험 삼아 양쪽 다리를 바짝 붙이고 상반신을 움직여 보세요. 동작에 상당한 제한이 생길 것입니다.

● 다리를 벌리는 법

다리는 너무 넓게 벌려도 좁게 벌려도 운동성을 저해합니다. 다리를 얼마나 벌리는가는 팔의 안정뿐 아니라, 예를 들어 개가 트리밍 테이블에서 떨어질 것 같을 때 순간적으로 받치는 순발력에도 영향을 미칩니다.

발 간격은 발꿈치 부분에서 약 20cm. 무게중심축이 되는 다리(오른쪽 다리)에 대해 왼쪽 다리가 약 90도가 되도록 'ㄴ자'로 벌린 상태가 좋습니다.

● 여유롭게 선 자세

샴푸와 트리밍 등의 작업에 집중한 나머지, 장시간 어깨와 허리에 힘이 들어가는 일은 없나요? 이는 근육을 지치게 하는 원인이 됩니다. 어깨, 허리, 무릎, 발목의 관절은 항상 여유를 두고 '스프링'과 같이 탄성이 있는 상태를 유지합시다. 각 관절이 경직되지 않도록 신경 쓴다면 근육이 필요 이상으로 긴장할 일은 없습니다.

바쁘게 작업을 하면서 의식적으로 근육의 힘을 빼기란 결코 쉽지 않은 일입니다. 가급적 신경을 쓰도록 해서 그런 자세를 자연스럽게 잡을 수 있도록 습

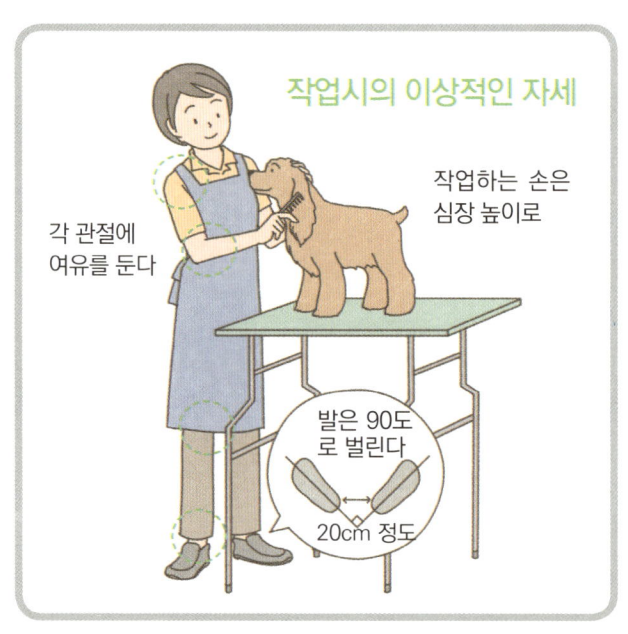

작업시의 이상적인 자세
- 각 관절에 여유를 둔다
- 작업하는 손은 심장 높이로
- 발은 90도로 벌린다
- 20cm 정도

관을 들입시다.

● 몸의 무게중심

사람의 몸을 정면에서 봤을 때 콧대와 배꼽을 수직으로 지나는 선을 '정중선(正中線)'이라고 합니다. 몸의 무게중심을 이 정중선에 놓고 한쪽 다리에만 체중이 치우치지 않도록 합시다.

각각의 자세의 좋고 나쁨과는 별개로 '아 피곤하다, 이제 그만하고 싶다'라는 마음이 들 때는 무게중심이 자연히 한쪽 다리로 쏠리게 되므로 결과적으로 무리한 자세를 취하게 됩니다.

● 테이블의 높이

트리머의 자세에 영향을 미치는 것이 트리밍 테이블의 높이입니다. 엉거주춤한 자세로 하루 종일 작업 할 경우 허리에 무리가 가게 됩니다. 다루는 개의 크기에 따라 작업대를 바꾸어보거나 높낮이 조절이 가능한 트리밍 테이블을 사용하는 등 자연스러운 자세로 작업을 진행할 수 있도록 합시다.

트리밍 테이블의 높이는 균형 잡힌 커트를 하는데도 중요합니다. 트리밍의 중요한 포인트 중 하나가 '눈높이'에 있기 때문입니다. 자신이 작업하고 있는 부분을 적절한 거리와 각도에서 관찰하기 위해서도 트리밍 테이블의 높낮이 조절은 반드시 필요합니다.

● 명시거리

명시(明視)거리란 자신이 작업하고 있는 부위를 가장 확실하게 볼 수 있는 거리를 말합니다. 일반적으로 30~40cm 정도의 거리를 말합니다. 다만 트리밍은 바로 눈 앞만 보고 하는 작업이 아닙니다. 전체적인 밸런스를 확인하기 위해 때로는 2m 정도 거리를 두고 보는 것도 필요합니다.

트리머에게 시력은 매우 중요하므로 평소부터 눈 관리에 충분히 유의합시다.

손목 스트레칭

손목 스트레칭은 트리머의 직업병이라고도 할 수 있는 건초염을 예방하는데 효과적입니다. 작업 중간중간에 양쪽 손바닥과 손등을 펴줍시다.

트리머 자신의 건강관리

허리가 아파 서 있을 수 없게 된다면, 또한 손목이 아파 가위를 못 들게 된다면…. 일을 너무 열심히 한 나머지 몸에 계속 무리를 주어 결과적으로 일을 할 수 없게 된다면 아무 소용이 없습니다. 그루밍은 체력과 기력을 사용하는 작업이므로 심신의 건강관리에 충분히 유의합시다.

트리밍 작업의 전후에는 굴신운동(굽혔다 펴기)과 스트레칭을 하십시오. 작업 중에도 가볍게 다리를 굽혔다 펴거나 하고 다리를 들어 올려보거나, 어깨와 손목관절을 돌려 근육을 풀어주는 등 의식적으로 운동을 하세요.

또한 작업하는 부분(가위와 클리퍼의 위치)을 본인의 심장 정도의 높이에 두는 것도 중요합니다. 손의 위치가 심장보다 지나치게 높으면 혈액순환이 잘 되지 않고, 낮으면 울혈이 생기기 쉽습니다. 트리밍 테이블의 높이를 조절할 때 이 점을 참고하세요.

column

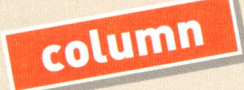

손의 각 부위 명칭

트리밍을 배울 때에는 자주 사용하는 손 부위의 명칭을 알아두는 것도 중요하니 기억해둡시다.

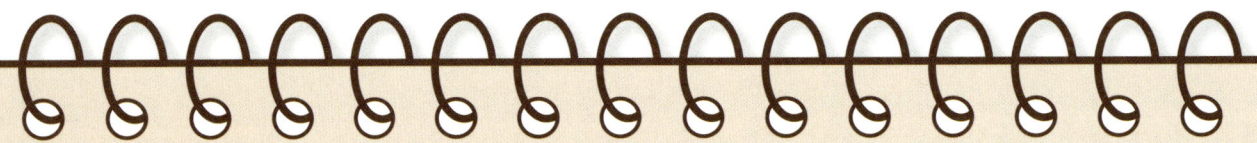

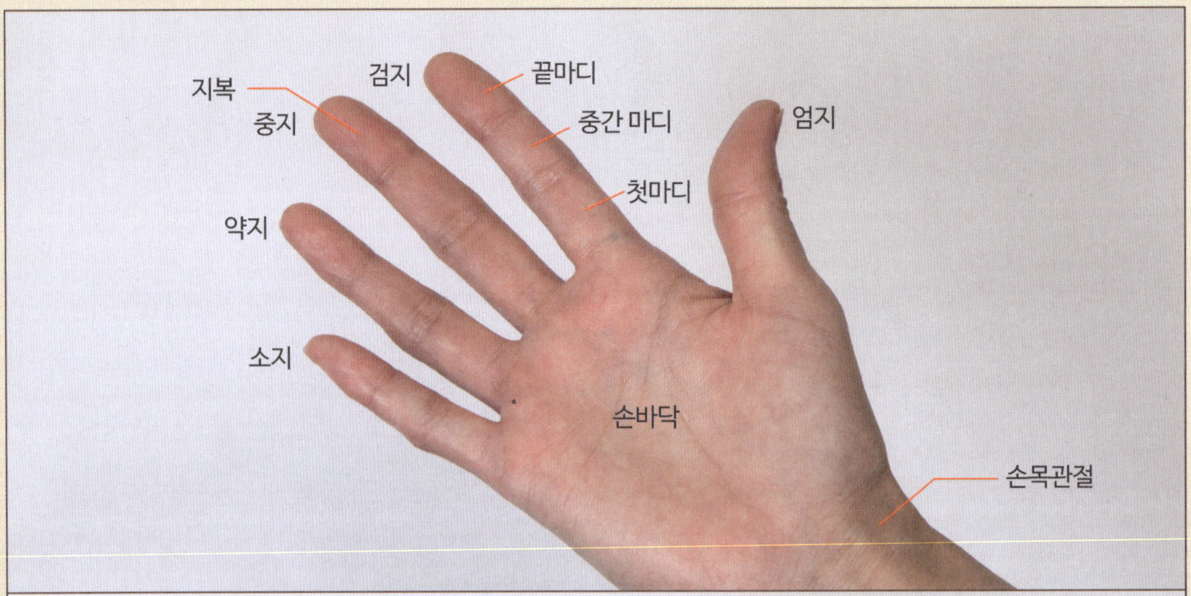

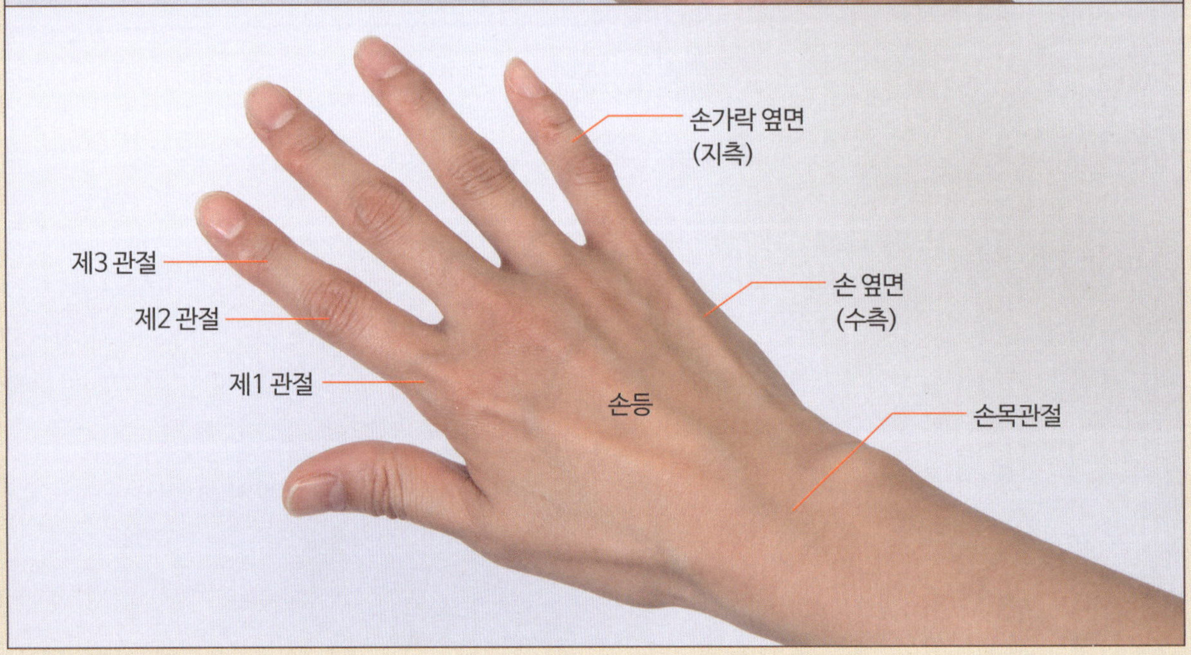

제 2 장
그루밍 도구

후쿠야마 다카아키

- 가위
- 클리퍼(전동이발기)
- 트리밍 나이프
- 브러시 & 코움
- 기타 그루밍 도구

그루밍 도구의 종류와 사용방법①
가위

그루밍 도구의 취급 방법

가위를 비롯한 그루밍 도구에 대해 깊이 이해하기 위해서는 다음 8개 항목을 숙지해 둡시다.

❶ 기구의 형태와 사용목적을 이해한다.
❷ 기구의 명칭을 안다.
❸ 기구의 종류를 안다.
❹ 기구의 사용(잡는) 방법을 안다.
❺ 작업 목적에 맞는 기구의 선정방법을 안다.
❻ 구입 시 기구의 선정방법을 안다.
❼ 기구의 관리 및 보관방법을 안다.
❽ 기구의 개량에 힘쓴다.

휨과 비틀림

'휨'이란 촉점에서 날 끝까지 이어지는 곡선 r을 의미합니다. 가위의 동날('가동날' 또는 '동인'이라고도 함)과 정날('고정날' 또는 '정인'이라고도 함)은 각각 반대 방향으로 휘어 있습니다. 가위를 닫았을 때 날의 정 중앙에 미세한 틈이 있고, 날 끝만이 접촉되는 것이 적정한 상태입니다.

'비틀림'이란 가위의 중심을 지나가는 반듯한 선에 대해 미세하게 날 쪽을 향해 비틀어진 상태를 말합니다. 가위를 열어 날 끝쪽에서 날을 바라보면 이 비틀림의 상태를 알 수 있습니다.

휨과 비틀림은 털을 자를 때 두 장의 날이 접촉하는 면적을 점처럼 작게 하여 절단하는 힘을 한 점에 집중시키기 위한 것입니다. 다만 휨과 비틀림이 지나치게 크면 가위를 원활하게 열고 닫을 수 없어 날의 마모속도가 빨라집니다.

반대로 휨과 비틀림이 지나치게 작으면 절단력이 약해져 뻣뻣한 털이나 많은 양의 털을 자를 때 날 사이에 털이 끼어 잘 잘리지 않게 됩니다. 가위의 휨과 비틀림의 조정에는 숙련된 기술이 필요합니다.

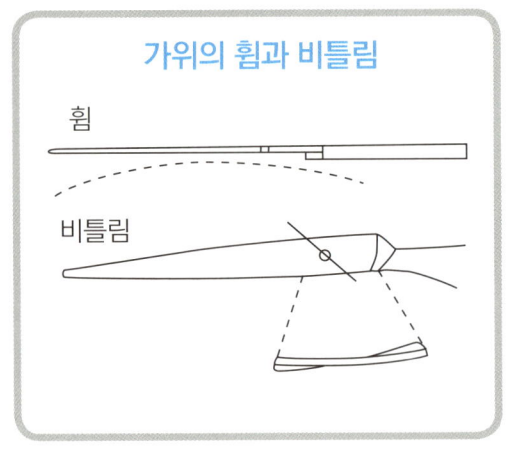

가위의 휨과 비틀림

가위의 각 부위 명칭

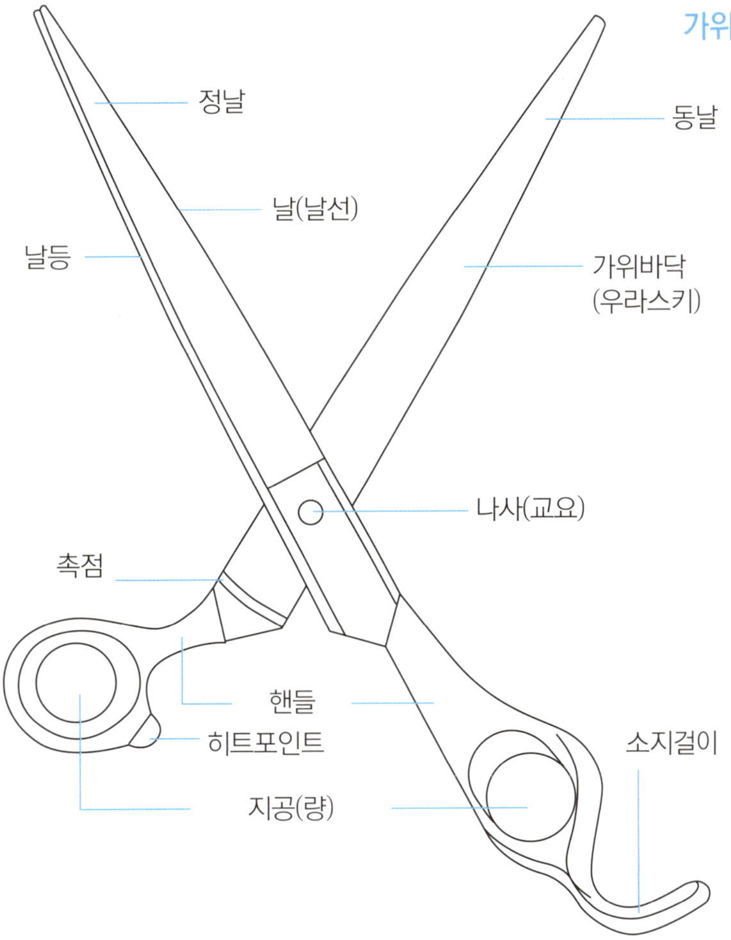

가위바닥(우라스키)

날 안쪽 면에 만든 티슈 두께보다도 얕은 함몰부를 '가위바닥' 또는 '우라스키'라고 합니다.

가위바닥의 효과는 날 안쪽 면을 연마하는 작업을 쉽게 하고, 두 장의 날을 효율적으로 접촉하게 하여 커팅감을 높이는 것입니다.

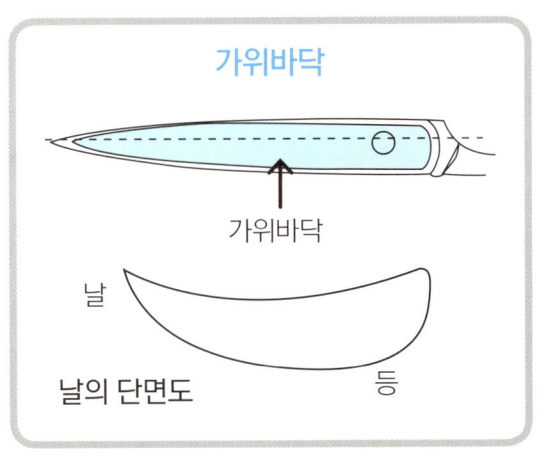

날각

가위는 '동날'과 '정날'의 두 장의 날로 털을 자릅니다. 바깥날(가위를 닫았을 때 겉으로 보이는 부분)과 안쪽날(가위를 닫았을 때 안쪽이 되는 부분)이 만드는 각을 '날각'이라고 합니다. 날각이 지나치게 크면 털이 싹둑 잘리는 상태가 되며, 반대로 날각이 지나치게 작으면 절단력이 약해집니다.

이런 이유 때문에 이·미용계에서 날각의 표준은 기초 커트 가위는 60도, 수정용 가위는 45도, 단발용은 60도입니다. 다만 개의 경우 조모와 연모가 섞여 있고 피모의 종류도 다양해 수정용 가위도 날각이 60도에 가까운 것이 편리합니다.

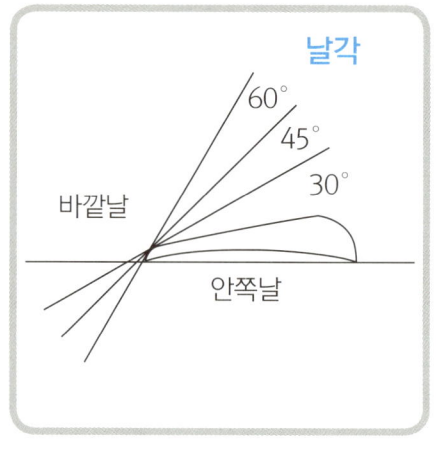

날선

날선이란 날의 형태(굽어진 정도)를 말합니다. 가위의 날은 날선에 따라 '댓날', '버들날', '직날', '낫날'의 네 종류로 나뉩니다.

트리밍용의 경우 커팅면(털면)에 매끄러움과 부드러움을 연출해야 하는 점과 작업효율을 생각하면 직날과 버들날이 가장 적합합니다. 댓날은 털이 빠져나가기 다소 비효율적입니다. 낫날은 털이 빠져나가지 않고 자를 수 있지만 잘라낸 자국이 남기 쉽다는 단점이 있습니다. 푸들의 밴드, 브레이슬릿의 파팅 라인, 테리어의 귀 테두리 등의 털을 맞춰 자를 때 안성맞춤입니다.

날의 형상

평날 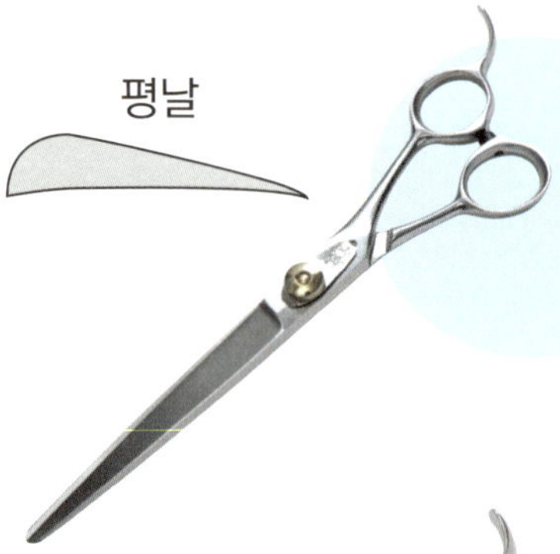
날 바깥쪽을 평평하게 가공한 것. 절단력은 약한 편이지만 가벼워서 마무리 단계의 섬세한 작업 등에 적합하다.

대합날(하마구리날) 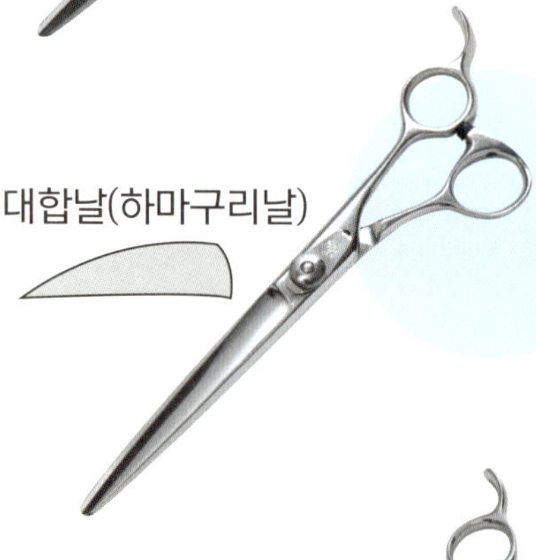
날 바깥쪽을 둥글게 솟아오르도록 가공한 것. 절단력이 강해 현재 가장 많이 사용되는 형태.

검날 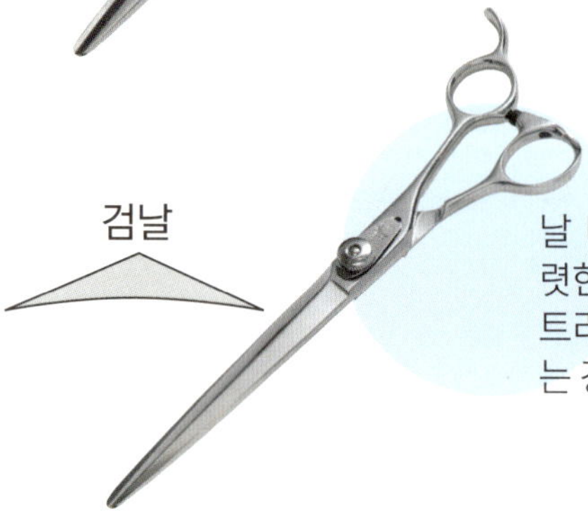
날 바깥쪽 중앙에 뚜렷한 돌기가 있는 것. 트리밍용으로 사용하는 경우는 적다.

날선

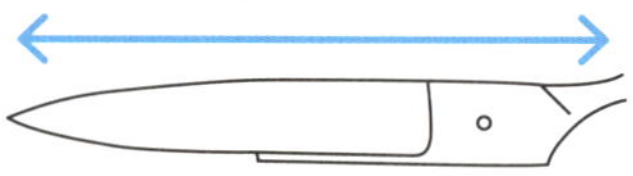

직날
날 시작점에서 날 끝까지 거의 직선을 그리고 있다.

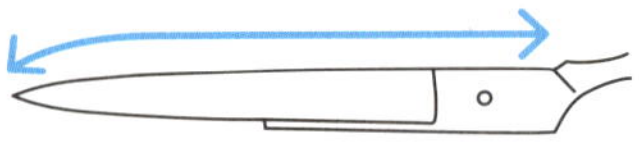

버들날
날 시작점에서 날 끝까지 완만한 커브를 그리고 있다.

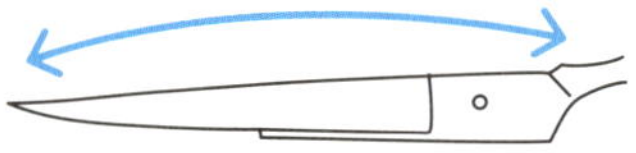

댓날
날 시작점에서부터 날 끝까지 큰 커브를 그리고 있다.

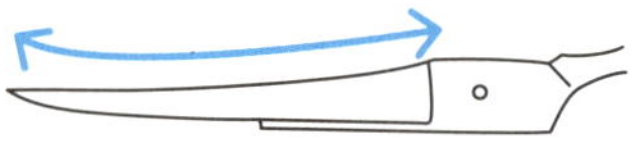

낫날
날 시작점에서 날 끝까지 버늘날과 댓날과는 반대방향으로 커브를 그리고 있다.

날의 형상

가위의 날은 날에서 등으로 향하는 형태에 따라 '평날', '대합날(하마구리날)', '검날' 등으로 분류됩니다. 이 형상의 차이는 절단력과 커팅감, 날의 무게 등의 차이에 미묘하게 영향을 미치므로 본인이 사용하기 편한 것을 고르는 것이 중요합니다.

촉점

촉점이란 가위를 움직였을 때 두 장의 날이 접촉하는 부분으로, 나사(교요)보다 핸들 쪽의 각각의 날 안쪽에 있는 평평한 부분입니다. 촉점은 가위의 커팅감을 크게 좌우하는 매우 중요한 부분입니다.

● 촉점의 구조

나사(교요)~촉점의 거리는 나사의 중심~날 끝까지의 1/5이 표준이라고 합니다. 이 거리가 짧으면 가위의 무게를 충분히 이용할 수 없고, 반대로 너무 멀면 가위를 움직일 때 너무 많은 힘이 들어가 손이 금새 피로해집니다. 촉점의 형상은 동날, 정날 모두 정확히 같아야 합니다. 촉점은 두 장의 날이 접촉할 때의 저항력을 효율적으로 날에 전하기 위한 것입니다. 동날을 무리하게 정날에 밀어 부치듯이 엄지손가락의 안쪽에 힘을 주면 촉점에 손상이 갑니다.

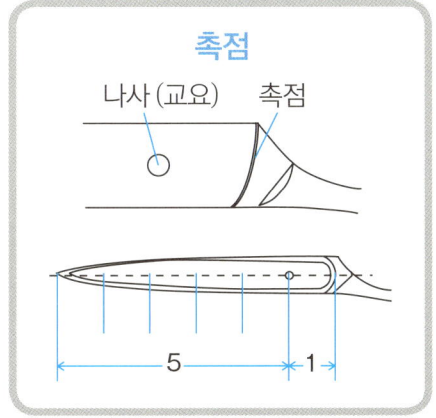

날틈

휨(18p 참조)이 있음으로 인해 동날과 정날의 사이에는 '틈새'가 생깁니다. 날의 가운데 정도의 위치에 0.05~0.1mm 정도의 틈새가 있는 것이 표준입니다.

이 날틈이 지나치게 크면 날과 날 사이에 털이 끼여서 잘 안 잘리고, 반대로 지나치게 작으면 커팅감이 떨어지는데다 가위를 열고 닫는데 너무 많은 힘이 필요해집니다. 또한 날틈의 크기가 부적절하면 날 사이에 씹힌 털을 잡아당기게 되므로 개에게 불쾌감을 주게 됩니다.

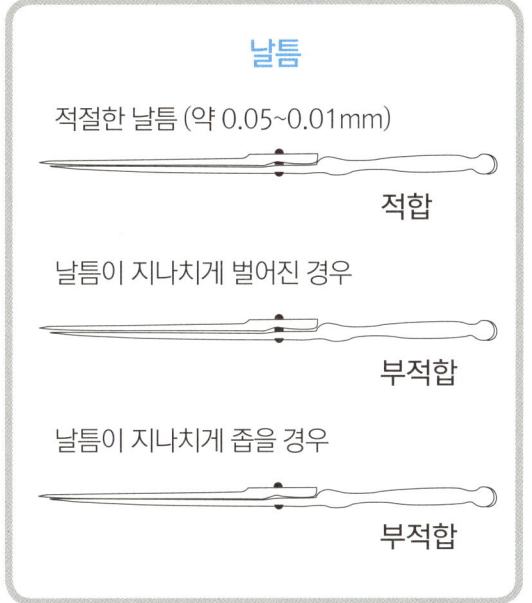

핸들

● 핸들의 길이

핸들이란 가위의 날부터 이어진 지공(이후 '링'이라고 함) 등이 포함된 손잡이 부분입니다. 정날측의 핸들의 길이는 가위를 90도로 벌렸을 때 검지에 동날의 등이 가볍게 닿는 정도가 적당합니다. 동날측의 핸들은 상향, 횡향, 하향 등 어느 방향으로 사용해도 손가락에 부담을 주지 않으면서 90도로 개폐 가능한 길이가 이상적입니다.

● 핸들의 형상

핸들은 링의 위치에 따라 주로 두 가지 유형으로 나뉩니다. 두 개의 링이 평행한 것을 '안경 타입', 엄지손가락을 거는 링이 날에 가까운 위치에 있는 것을 '옵셋 타입'이라고 합니다.

가위를 원활하게 움직이기 위해서는 핸들의 길이와 형태가 트리머의 손에 맞는 것이 중요합니다. 구입 시에는 실제로 손에 쥐어보고 본인에게 편안한 것을 고르십시오.

핸들의 형상

옵셋 타입
엄지손가락 거는 링이 날에 가까이 있어 안경 타입에 비해 엄지손가락을 움직이는 범위가 좁아진다.

안경 타입
두 개의 링이 평행하게 위치해 있다.

가위의 재질

● 전강가위(steel)

전강이란 철에 탄소가 함유된 것으로 적당한 경도와 커팅감이 좋은 것은 물론이며 부러지거나 휘어짐이 적고 마모도 적은 재질입니다.

● 스테인리스 스틸(stainless steel)

철에 일정비율의 크롬을 혼합한 것으로 현재 가위의 주류입니다. 녹이 잘 슬지 않는 장점이 있습니다.

● 세라믹(ceramics)

비금속과 무기물 등을 고온으로 가공한 소재로 가볍고 마모가 잘 안 되는 것이 특징입니다.

● 착강가위

착강가위는 일본 특유의 것으로 철 등 부드러운 소재를 베이스로 하여 날 부분에만 단단한 금속을 접합시키는 가공이 되어 있습니다.

가위의 사이즈

가위의 사이즈는 '인치(약 25mm)' 단위로 표기되어 있습니다. 이 길이가 나타내는 것은 날 끝에서 링까지(소지걸이는 포함하지 않음)의 전체 길이입니다.

가위의 사이즈가 클수록 한번의 개폐로 많은 양의 털을 자를 수 있습니다. 또한 크기와 함께 체적과 중량이 있는 가위는 자르는 힘이 강해 굵고 단단한 털이나 다발로 된 털도 작은 힘으로 자를 수 있습니다. 큰 가위는 날 길이가 길어 마무리 전의 애벌커트를 하거나 직선적인 언더라인을 만드는데 적합합니다. 가장 일반적인 것이 6~7인치의 가위입니다. 애벌커트부터 섬세한 마무리, 발 끝의 정교한 작업까지 두루 활용할 수 있습니다. 눈구석과 귀 테두리, 발, 촉모의 처리 등 보다 세밀한 작업에는 5~6인치의 가위가 편리합니다.

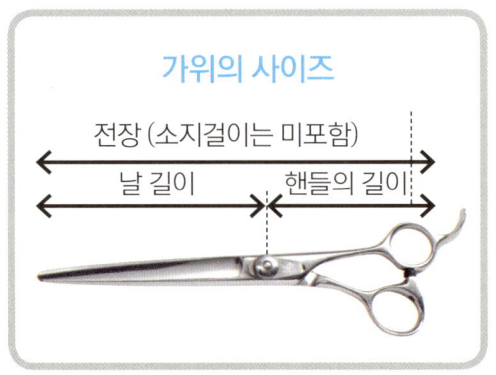

가위의 사이즈

전장 (소지걸이는 미포함)
날 길이 / 핸들의 길이

커브가위와 숱가위

●커브가위

가위의 날이 나란히 한 방향으로 휘어진 가위를 말합니다. 잘라낸 곳의 각을 없애거나 곡선·곡면을 표현하는데 적합합니다. 커브의 각도는 제품에 따라 다양하므로 작업 내용과 사용의 편의성에 맞게 적합한 것을 고릅니다.

●숱가위

숱가위(틴닝가위)는 날을 빗살모양으로 가공한 가위로 빗날의 톱니개수·간격과 빗날 끝의 가공방법 등에 따라 절삭률이 달라집니다. 절삭률이란 한 번의 개폐로 잘리는 털의 비율을 말합니다. 예를 들어 100개의 털을 안에 넣고 개폐했을 때 20개의 털이 잘리는 것은 '절삭률 20%'로 표기됩니다.

숱가위는 털의 숱을 쳐서 모양을 조정하는 외에 클리핑 라인을 부드럽게 처리하거나 내추럴한 모류를 만듭니다. 피모의 질감을 푹신하고 부드럽게 연출하는 등의 작업에도 도움이 됩니다.

●블렌딩 가위

숱가위 중에 일반적인 것보다 빗날의 수가 적고 절삭률이 높은 것을 '블렌딩 가위'라고 합니다. 끝을 부드럽게 처리하는 보카시 작업 등을 효율적으로 할 수 있지만 절삭률이 높으므로 지나치게 많이 자르지 않도록 주의가 필요합니다.

구입 시 체크 포인트

가위를 구입할 때는 실물을 직접 쥐어보고 사이즈와 무게, 움직임이 편한지 등을 확인합니다. 특히 다음 6개 항목은 반드시 체크합니다.

1. 동날과 정날이 덜컹거리는 것은 피할 것.
2. 나사(교요) 중심이 가위 날 중심에 있을 것.
3. 엄지손가락을 움직이는 폭과 날이 움직이는 폭이 일치할 것.
4. 날 끝, 나사 중심, 히트포인트가 직선상에 있을 것.
5. 가위바닥은 깊고, 날 끝까지 고루 잘 가공되어 있을 것.
6. 촉점이 좌우대칭으로 어긋나 있거나 한쪽으로 치우치지 않고 흠집이 없을 것.

날의 형상과 특징

커브가위

숱가위 (틴닝 가위)

블렌딩 가위

가위 잡는 법

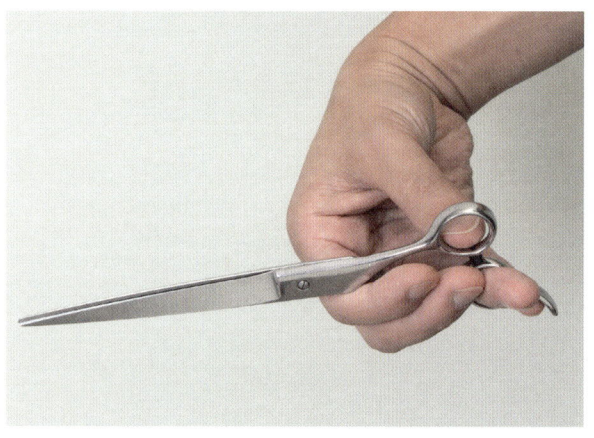

1. 손바닥이 위를 향하게 하고 약지를 제1관절까지 링에 넣습니다.
2. 핸들이 검지의 제2관절에 올라올 정도까지 가위의 끝으로 슬라이드 시킵니다.
3. 엄지손가락을 링에 넣습니다.
4. 검지, 중지를 자연스럽게 구부려 얹습니다.

가위 움직이는 법

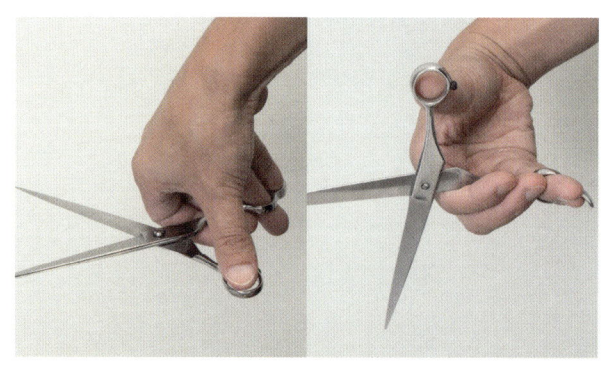

1. 열 때는 엄지손가락을 폅니다.

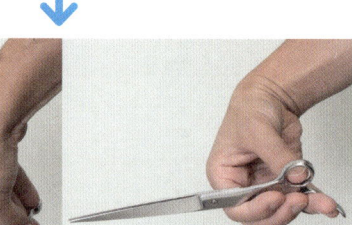

2. 닫을 때는 엄지손가락을 가볍게 굽힙니다.

※ 엄지손가락을 이용해 동날 만을 움직인다.

가위 관리 방법

1. 브러시로 털과 오염물을 제거하고 부드러운 천으로 표면을 가볍게 닦습니다.

2. 나사(교요)와 촉점, 날 등에 가위용 오일을 바릅니다.

3. 사슴가죽으로 닦아냅니다.

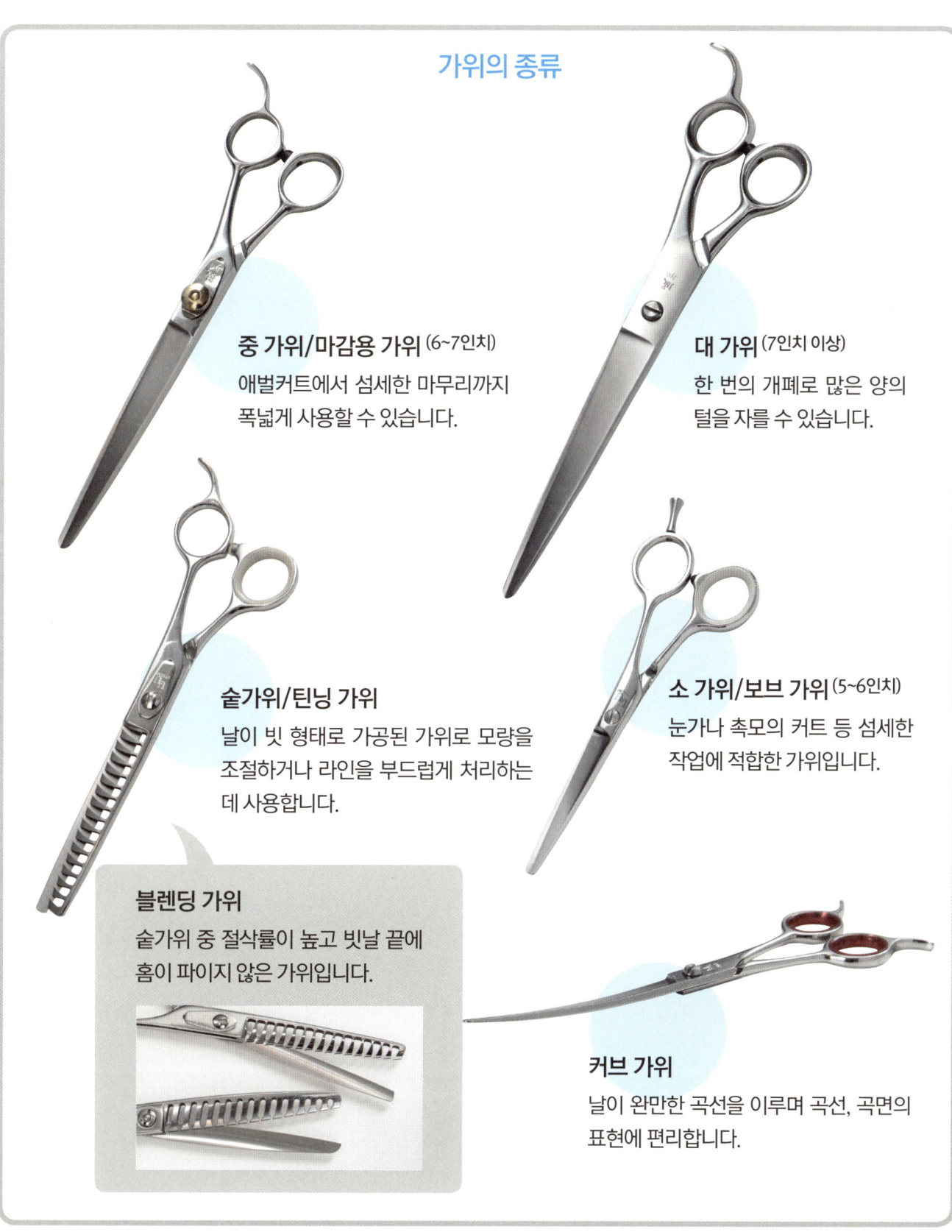

그루밍 도구의 종류와 사용방법②
클리퍼(전동이발기)

클리퍼의 종류

클리퍼는 개의 피모를 깎기 위한 도구입니다. 트리밍에 사용하는 것은 대부분 전동식으로 유선형, 충전식의 무선형, 그리고 코드를 탈착해서 유·무선 양쪽으로 사용할 수 있는 세 종류로 크게 나눌 수 있습니다.

● 날의 종류와 활용법

클리퍼로 피모를 깎는 방법은 순방향(털이 난 결대로, 즉 모류를 따라 클리퍼를 움직이는 방법)과 역방향(모류와 반대 방향으로 클리퍼를 움직이는 방법)의 두 가지입니다. 같은 날로 같은 부분을 클리핑한다면 순방향으로 밀었을 때가 털이 많이 남습니다.

클리퍼는 원칙적으로 남기고 싶은 털의 길이에 따라 날을 골라 사용합니다. 날의 종류는 일본에서는 밑날(정날)의 두께에 따라 'mm'로 표시됩니다.

예를 들어 '1mm'의 날로 순방향으로 털을 깎을 경우 개의 피부에 밑날의 바닥을 대고 밑날 위에 있는 윗날로 피모를 커트하게 되므로 약 1mm 두께로 피모를 남기게 됩니다.

역방향으로 밀면 두께가 아닌 길이가 1m인 피모가 남기 때문에 주의가 필요합니다. 또한 밑날을 대는 각도와 피부에 들이대는 강도, 개의 모량과 모질 등도 클리핑 결과에 영향을 줍니다.

트리밍 현장에서는 mm 수를 기준으로 날을 고르며 수정이 가능한 부분을 조그맣게 시험 삼아 깎아 본 후에 적절한 날을 고르도록 합시다.

클리퍼의 구조

클리퍼의 세부 구조와 사이즈는 제품에 따라 다양합니다. 모터의 회전속도에 따라 파워와 진동, 사용 시의 소리의 크기 등도 다릅니다. 무게, 크기, 깎이는 힘 등을 종합적으로 고려해서 사용하기 편한 것을 고릅니다.

● 교체 날의 취급 방법

클리퍼의 날은 본체에 '교체 날'을 바꿔 끼워 사용하는 것이 대세입니다(교체용 스위치로 날의 길이를 조정하는 타입도 있음). 교체 날의 종류는 제조사와 제품에 따라 다르지만, 0.1~18mm 정도까지 다양한 길이가 있습니다. 해외제품을 사용할 경우 날 길이의 단위가 일본제품과는 다르므로, 대략적인 mm 수로 환산한 다음 시험 삼아 깎아보고 확인하도록 합시다. 또한 날의 탈착방법도 일본제품과는 다르므로 정확한 순서를 알아두도록 합시다.

클리핑 작업 시의 주의사항

클리퍼의 날은 mm 수가 클수록 이가 길고 피치(날 끝간의 간격)도 넓습니다. mm 수가 큰 날을 사용할 때에는 귀와 겨드랑이와 같이 살이 연한 부분이나 젖꼭지 등에 상처를 내지 않도록 충분히 주의합니다.

미니 클리퍼

소형견의 발바닥 등 세세한 부분의 클리핑에는 작고 가벼운 '미니 클리퍼'가 편리합니다. 업무용 외에 가정에서의 관리용으로 보급된 것을 사용하는 트리머도 많습니다.

미니 클리퍼에는 날을 교체할 수 없는 타입도 있습니다. 일반적으로 가정에서 쓰는 관리용으로는 0.6~2mm 정도의 날이 장착된 것이 많습니다.

다양한 종류의 클리퍼

유선형, 무선형(충전식), 형태와 사이즈 등 다양한 타입이 있습니다.

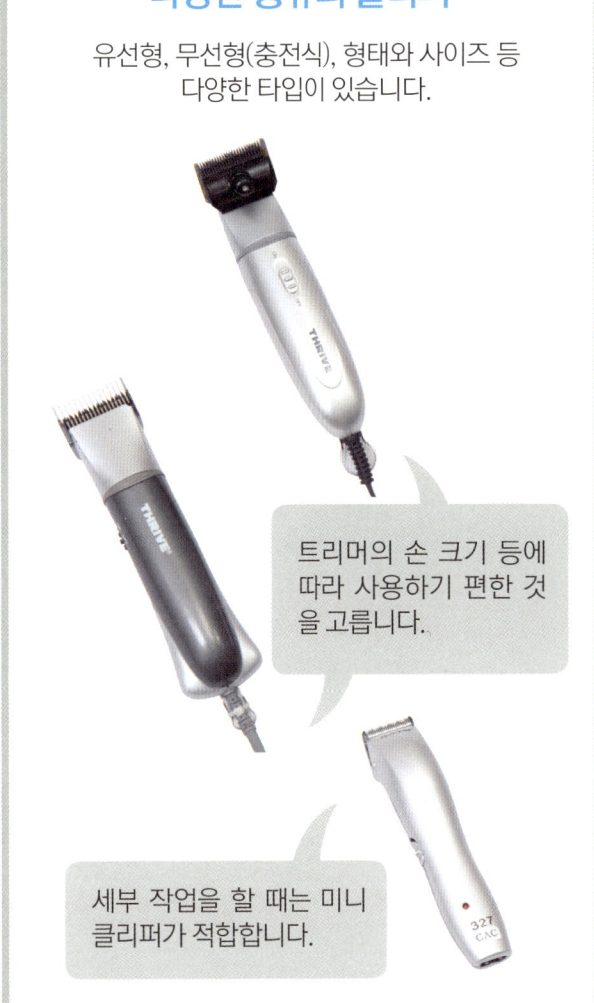

트리머의 손 크기 등에 따라 사용하기 편한 것을 고릅니다.

세부 작업을 할 때는 미니 클리퍼가 적합합니다.

클리퍼의 날 구조

밑날의 형태

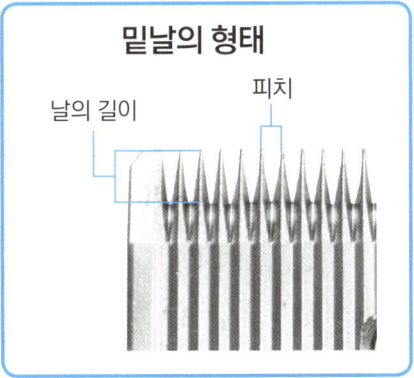

날의 길이 / 피치

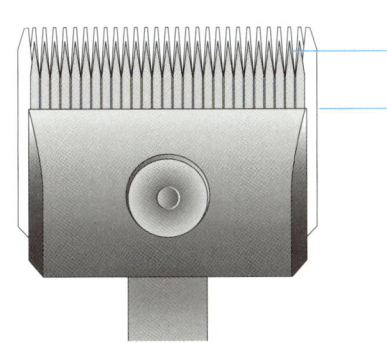

윗날
밑날

윗날(동날) — 밑날이 자른 피모를 자른다.

밑날(정날) — 밀고 싶은 부분의 털을 잡는다.

밑날 바닥 — 클리핑을 할 때 개의 피부에 닿는 부분

클리퍼의 날은 밑날의 두께에 따라 0.5mm, 1mm의 단위로 불립니다.
이 mm 수는 클리핑을 했을 때 밀리지 않고 남는 피모의 길이(두께)의 기준이 됩니다.

클리퍼를 잡는 법

크고 무거운 클리퍼나 장시간 작업을 하는데 적합합니다.

손 바닥 전체로 감싸듯이 잡습니다.

반듯이 클리핑하는 것 외에 손목을 꺾어가면서 깎는 등의 동작이 수월해 세부 작업에 적합합니다.

엄지, 검지, 중지의 손가락 끝으로 가볍게 잡습니다.

날 교체 방법

유럽제품에 많은 방법

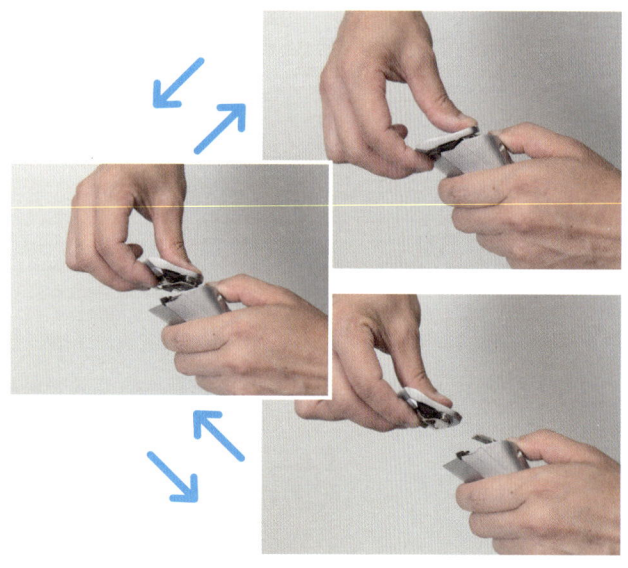

분리방법

본체와 날을 잡고 날 끝을 들어올리듯이 세운 후 잡아 뺍니다.

장착방법

본체의 레일과 날의 돌기를 각도를 맞춰 멈출 때까지 밀어 넣고 날 끝을 밀어 내립니다.

일본제품에 많은 방법

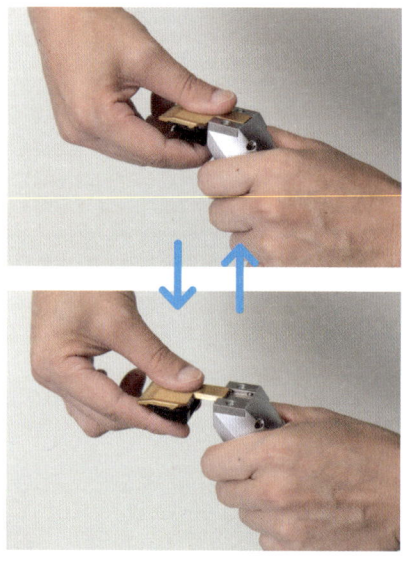

분리방법

본체와 날을 각각 확실하게 잡고, 날의 각도에 맞춰 잡아 뺍니다.

장착방법

본체의 레일과 날의 돌기부를 각도를 맞춰 멈출 때까지 밀어 넣습니다.

넣기 어려울 때는 본체의 전원을 켠 다음 좀 더 밀어 넣습니다.

클리퍼 날의 관리방법

날의 관리는 오염과 피지를 완전히 제거하는 것이 중요합니다. 원활한 동작과 커팅감을 유지하기 위해 바로 사용하지 않을 경우에는 오일을 발라둡니다.

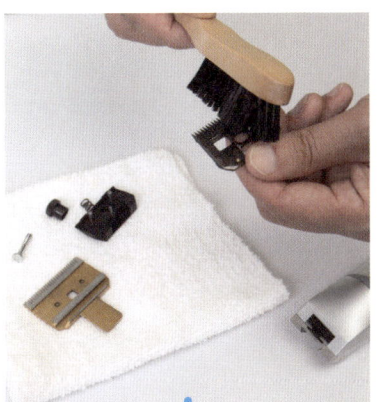

❶ 본체로부터 날을 분리하여 분해한 후, 브러시로 각 부품의 오염을 제거합니다.

❹ 소독 후 보관할 때는 세정·윤활제를 닦아낸 후 오일을 분사해둡니다.

❷ 날을 조립한 후에 본체에 장착하고, 전용 세정·윤활제(소독효과가 있는 것)에 담가 둡니다.

❸ 바로 사용할 때는 깨끗한 천으로 세정·윤활제를 문질러 닦고 그대로 사용합니다. 필요에 따라 분해해서 안쪽도 닦습니다.

커팅감이 무뎌졌다면?

가위와 마찬가지로 클리퍼의 날도 연마할 수 있습니다. 다만 연마를 하면 날이 마모되므로 그 횟수에는 한계가 있습니다. 오래 사용한 날이 잘 잘리지 않을 경우 연마할 가치가 있는지 확인합니다. 날의 수명이 원인이라면 날을 갈아도 커팅감이 회복되지 않기 때문입니다.

그루밍 도구의 종류와 사용방법 ③
트리밍 나이프

나이프의 구조

애완견의 경우 가위와 클리퍼로 트리밍을 하는 경우가 대부분이지만, 테리어 견종 등의 경우에는 주로 플러킹(plucking)으로 스타일을 연출합니다.

플러킹이란 전용 나이프를 사용해 털을 뽑는 것을 말합니다. 플러킹에 사용하는 나이프는 평평한 금속 재질의 헤드의 한쪽 면에 들쭉날쭉한 날이 붙어 있습니다. 이 날은 '털을 자른다', '겹쳐서 뽑는다', '털 다발에 깊이 찔러 넣는다'는 목적이 있습니다.

● 나이프의 선택방법

나이프를 고를 때의 포인트는 이의 성긴 정도(헤드의 톱니 간의 폭과 깊이)입니다. 성긴 정도는 다양하지만 이가 굵고 긴 타입을 코스(Corse), 작고 가는 것을 파인(Fine), 그 중간의 것을 미디엄(Medium)이라고 합니다. 나이프는 손잡이의 재질과 형태, 헤드의 크기 등에 따라서도 사용감이 다르니 실제로 쥐어 보고 고르도록 합시다.

나이프의 사용방법

나이프로 하는 작업에는 '플러킹'과 '레이킹'이라는 두 종류가 있습니다. 플러킹은 불필요한 오버코트를 뽑는 작업입니다. 테리어 견종에는 한꺼번에 털이 빠지고 새로 나는 환모기(털갈이)라는 것이 없기 때문에 인간이 손으로 털을 뽑아주지 않으면 몸에 노폐모가 남아 털색과 피모의 질감이 떨어집니다. 단단한 강모의 테리어다운 피모를 만들기 위해서는 정기적으로 플러킹을 해 줄 필요가 있습니다.

플러킹의 기본은 피모를 몇 개의 '층'으로 나누는 것입니다. 성장이 끝난 긴 털만을 뽑아 항상 새 털(자라고 있는 털)이 몸 표면을 덮고 있는 상태를 유지하도록 합니다.

레이킹(raking)은 불필요한 언더코트를 중심으로 제거하는 것입니다. 오버코트는 남긴 채 언더코트의 양을 줄여 피모의 두께 등을 조절하는 것이 목적입니다. 테리어 견종의 경우 플러킹과 레이킹을 병행해서 하는 것이 기본입니다.

언더코트의 양을 조절할 수 있는 레이킹은 더위 대책과 피부 트러블의 예방에도 효과적입니다. 테리어 견종 이외에도 활용할 수 있습니다.

다양한 종류의 나이프

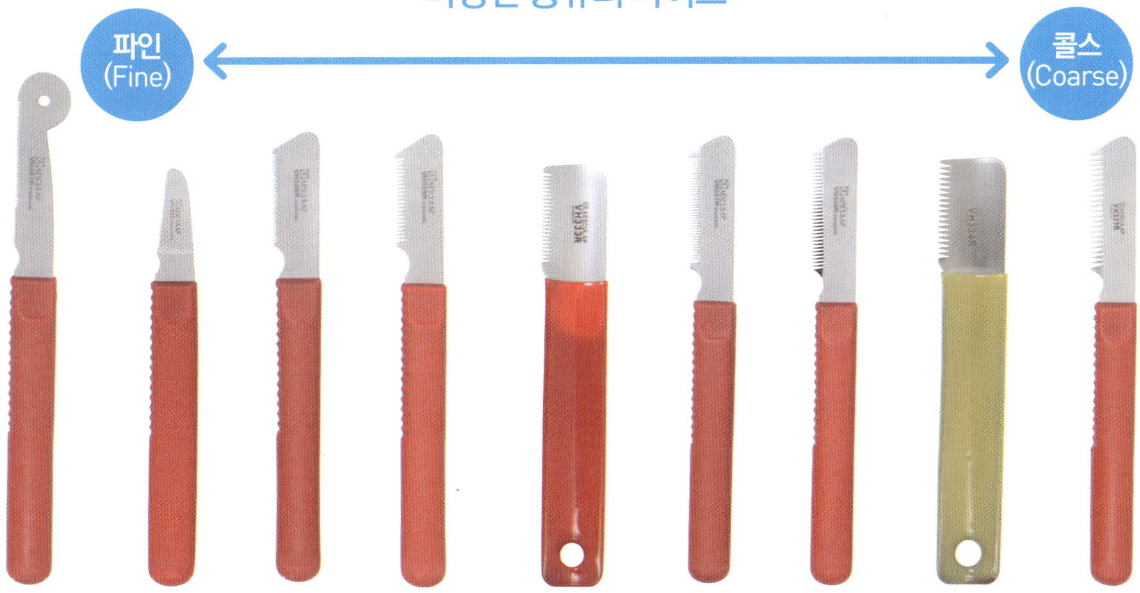

파인(Fine) ← → 콜스(Coarse)

> 이가 촘촘할수록 많은 양의 털을 뽑을 수 있습니다.

> 이가 성길수록 피모 속으로 날이 깊게 들어갑니다.

파인 나이프의 특징
- 플러킹을 할 때 짧은 털을 확실하게 뽑을 수 있다.
- 레이킹을 할 때 표면의 얕은 피모만을 잡을 수 있다. 이가 성길수록 피모 속으로 날이 깊게 들어간다.

코스 나이프의 특징
- 플러킹 할 때 적당히 좋은 길이의 털을 남길 수 있다.
- 레이킹 할 때 두툼한 코트에도 날이 잘 들어간다.

나이프의 관리방법

헤드를 브러시로 닦고 날에 붙은 오염물이나 피지를 제거한다.

플러킹과 레이킹의 개념

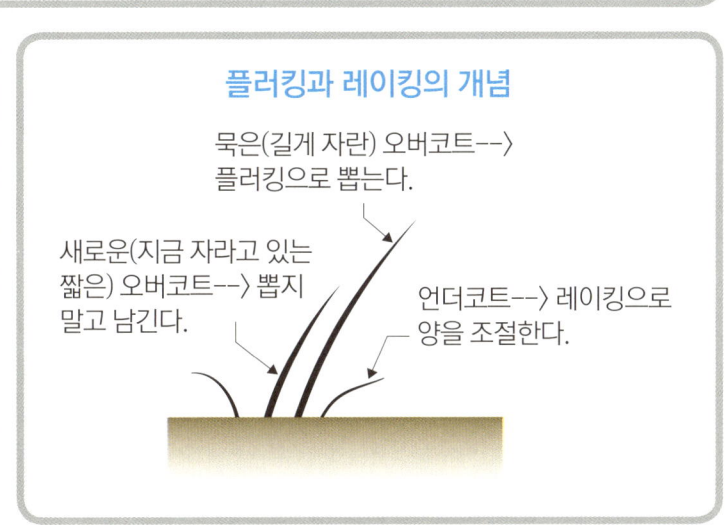

묵은(길게 자란) 오버코트 --> 플러킹으로 뽑는다.

새로운(지금 자라고 있는 짧은) 오버코트 --> 뽑지 말고 남긴다.

언더코트 --> 레이킹으로 양을 조절한다.

플러킹의 기본

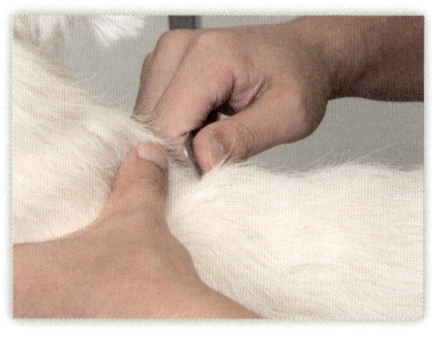 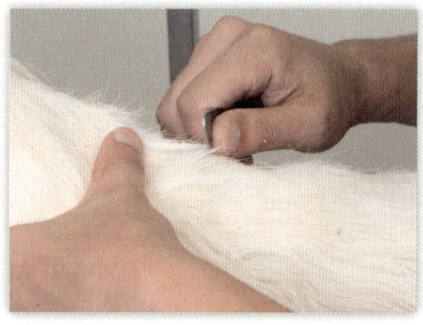 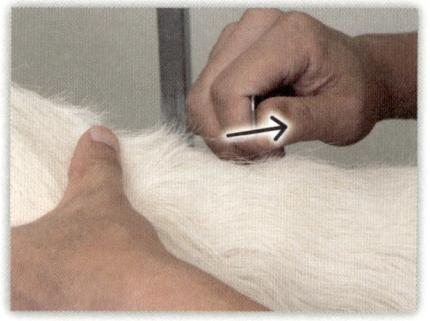

① 나이프의 손잡이를 검지~새끼손가락으로 쥐고 엄지손가락을 헤드에 대고 날을 개의 피부에 비스듬히 댑니다.

② 왼손으로 가볍게 눌러 피부를 팽팽하게 합니다. 뽑고 싶은 털의 털끝에 나이프의 날을 대고 엄지손가락의 지문부위로 고정시킵니다.

③ 팔을 트리머의 몸 쪽으로 당기며 잡은 털을 모류(털의 결)를 따라 잡아 당깁니다.

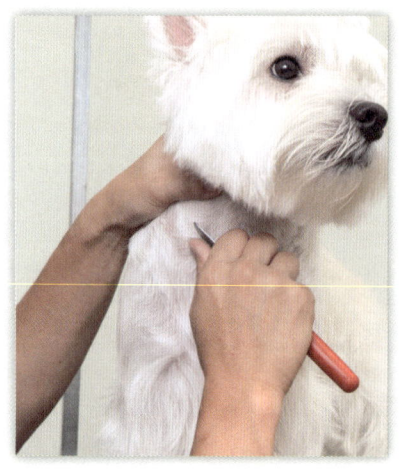 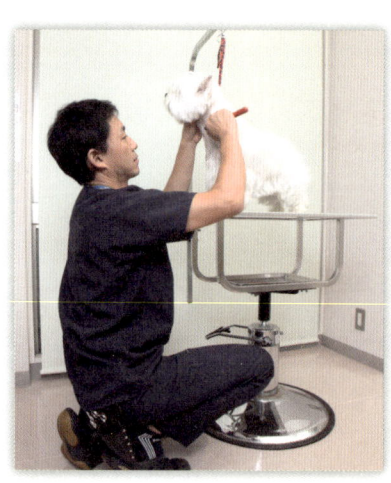

④ 뽑기 힘든 부위와 털이 짧은 부분은 나이프의 헤드 끝을 사용해 엄지손가락 끝으로 털을 확실하게 잡아 뽑습니다.

⑤ 개의 몸의 낮은 부분을 플러킹할 때는 트리머가 자세를 낮춰 시선을 낮추고 뽑을 털을 확실하게 확인하면서 작업합니다.

레이킹의 기본

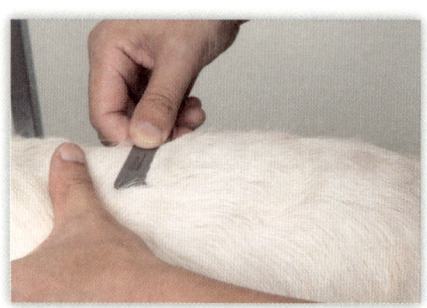 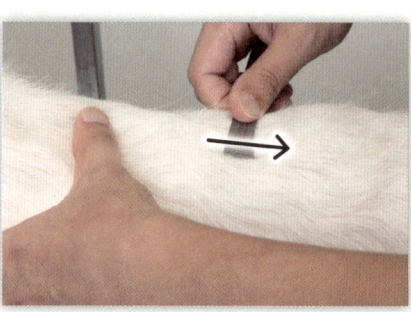

① 손잡이를 검지~새끼손가락으로 쥐고 엄지손가락을 헤드에 대고 개의 피부에 평행하게 날을 댑니다.

② 왼손으로 가볍게 눌러 피부를 팽팽하게 하고, 모류를 따라 나이프를 당깁니다.

나이프 사용 시의 자세

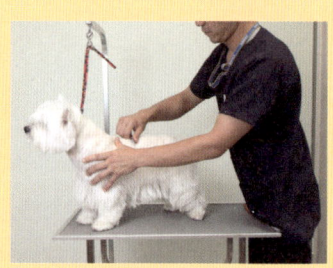

나이프를 트리머의 몸 쪽으로 당길 때는 손목만 세게 잡아채는 느낌이 아니라, 팔꿈치에서 손가락 끝까지가 하나가 되었다는 느낌으로 움직입니다.

그루밍 도구의 종류와 사용방법 ④
브러시 & 코움

브러시

브러시에는 다양한 타입이 있는데 대부분 고무 패드에 다양한 소재의 핀을 고정한 구조입니다. 핀의 소재와 형상에 따라 브러싱의 효과는 다릅니다. 각각의 특징과 역할을 이해하고 개의 피모 길이와 모량, 작업목적 등에 맞는 브러시를 골라 사용합시다.

● 핀 브러시

고무 재질의 패드에 스테인리스 재질의 핀이 심어져 있습니다. 핀의 형상이 반듯하고 끝이 둥글기 때문에 피부나 털에 닿는 감촉이 소프트한 것이 특징입니다. 털이 잘 끊어지거나 빠지지 않으므로 장모종이나 장식털을 길게 남기고 싶은 부위 등의 브러싱에 적합합니다. 핀을 고정하는 고무패드의 단단함에 따라 피모를 잡아 당기는 강도가 달라집니다.

● 슬리커

고무재질의 패드에 'V자형'으로 구부러진 핀이 심어져 있습니다. 핀은 단단하고 끝이 약간 예리하여 엉킨 피모를 풀어주거나 노폐모를 제거하는데 적합합니다. 이중모의 언더코트를 뽑는데도 요긴합니다.

트리밍에서의 사용빈도가 높아지고 있지만 털을 제거하는 효과가 높아 지나치게 많이 사용할 경우, 피모의 볼륨이 줄어들 우려도 있습니다. 또한 핀의 끝이 날카로워 세게 닿으면 피부 트러블을 일으킬 수 있으니 주의가 필요합니다. 핀의 경도와 패드의 사이즈는 다양하므로 개의 모질과 몸의 사이즈, 플러킹을 하는 부위 등에 따라 구분해 사용합시다.

핀 브러시
털이 잘 끊어지지 않아 장모종이나 긴 장식털의 브러싱에 적합합니다.

슬리커
묵은 털을 제거하고 엉킨 털을 푸는데 적합한 도구

하드 (단단한 핀)
모량이 많은 개에게

소프트 (부드러운 핀)
소형견이나 모량이 적은 개에게

● 수모(獸毛) 브러시

주로 원목재질의 패드에 멧돼지나 돼지, 말 등 동물의 털(수모)을 심은 브러시입니다. 피모에 붙은 먼지나 더러움, 노폐모 등을 제거하여 털의 결을 정돈하고 피지(皮脂)가 몸의 구석구석까지 잘 퍼지게 하여 피모에 윤기를 줍니다.

또한 비교적 정전기가 잘 일어나지 않아 피모에 직접 누르면서 사용할 수 있어 마사지 효과도 기대할 수 있습니다. 금속재질의 브러시에 비해 피부와 피모에 대한 자극이 적은 것도 특징입니다.

소재로 사용한 동물 털의 경도와 밀도, 길이 등에 따라 피모에 대한 효과가 달라지므로 피모의 길이와 밀도 등을 고려한 다음 적절한 브러시를 고릅니다. 요크셔 테리어 등 싱글코트의 견종은 소프트 타입, 털이 성기고 억센 테리어 등에는 하드 타입을 사용하는 것이 좋습니다.

엉킨 털을 풀거나 불필요한 언더코트를 제거하는 효과는 그리 높지 않으므로 핀 브러시나 슬리커로 브러싱을 한 다음 마무리용으로 사용하는 것이 바람직합니다.

수모 브러시

브러싱의 마무리로 피모에 윤기를 내기 위해 사용합니다.

● 러버 브러시

고무 재질의 도구로 브러시의 '핀'에 해당하는 돌기부분도 고무입니다. 빠진 털과 노폐물을 제거하거나 특히 단모종의 평상시 케어에 적합합니다.

금속 핀에 비해 피부에 닿는 감촉이 부드러워 살짝 힘을 주어 사용하는 것이 가능합니다. 브러싱으로 마사지 효과를 기대할 수 있습니다.

러버 브러시

브러시의 핀에 해당되는 부분에 고무 재질의 돌기가 있습니다. 돌기의 굵기와 길이, 밀도는 다양합니다. 빠진 털의 제거와 피모의 윤기 내기에 사용합니다.

● 죽은 털 제거빗·뭉친 털 제거기

편평한 금속재질의 날이 몇 개의 열로 붙어 있습니다. 사진과 같이 뭉친 털을 가르기 쉬운 형태의 핀과 굵고 반듯한 핀이 붙어 있는 타입이 있습니다. 양쪽 모두 언더코트를 제거하거나 뭉친 털을 제거하는 데 적합합니다.

죽은 털 제거빗·뭉친 털 제거기

불필요한 언더코트를 제거하는 데 적합한 도구입니다.

슬리커와 같이 핀 끝이 날카롭지 않아 피부에 주는 자극이 적어 가정에서의 케어용품으로도 사용되고 있습니다. 가볍게 대기만 하면 날과 핀이 깊숙한 부위의 피모를 삽아주기 때문에 힘을 들이지 않고 쓰다듬듯이 풀어줄 수 있습니다.

코움(일자빗)

금속재질의 '빗'입니다. 이가 성긴 부분과 촘촘한 부분이 함께 있는 타입이 일반적으로, 모류를 가다듬거나 트리밍 시 털을 세우는데 사용합니다.

코움 전체의 길이와 재질, 무게, 핀의 길이, 이의 성긴 정도 등은 다양하므로 실제로 사용해보고 사용하기 편한 것을 고릅니다. 개의 사이즈, 피모의 양과 길이 등에 맞춰 몇 가지 종류의 코움을 함께 쓰면 작업효율이 올라갑니다.

브러싱 스프레이

브러싱과 코밍 전에 피모에 뿌리는 것이 브러싱 스프레이입니다. 브러시와 털의 마찰로 피부가 당기는 것을 막는 외에 정전기와 마찰로 인해 털이 끊어지는 것을 방지하고 털의 표면을 덮고 있는 큐티클을 보호하는데도 도움이 됩니다.

브러싱 스프레이

정전기를 억제하여 브러싱을 원활하게 하고 털이 끊어지는 것을 방지합니다.

코움
모류를 정돈하거나 트리밍 시에 털을 세우는데 적합합니다.

이가 매우 촘촘한 타입
눈 주변에 붙은 눈곱이나 더러움을 제거하는 외에 이를 잡는 용도로 사용합니다.

전체가 긴 타입
대형견에 사용합니다.

핀이 긴 타입
모량이 많은 개에게 사용합니다.

노멀 타입
핀 길이, 이의 성긴 정도, 사이즈 등이 표준적인 것

핀이 가는 타입
가능한 털을 뽑고 싶지 않은 부위에 사용합니다.

브러시와 코움을 잡는 법

코움
엄지, 집게손가락 끝으로 아래쪽을 잡고, 중지를 가볍게 얹습니다. 코움의 무게를 이용해서 다루며 힘을 너무 주지 말고 가볍게 움직입니다.

수모 브러시
손잡이를 가볍게 쥐고 피부에 가볍게 누르듯이 사용하여 털을 풀어줍니다.

러버 브러시
엄지와 중지로 양옆을 잡고 집게손가락을 중앙에 얹습니다.

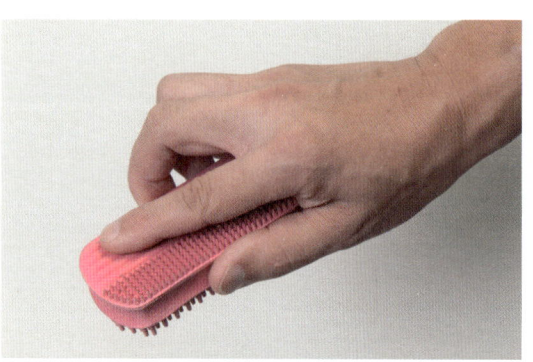

핀 브러시
엄지, 집게손가락 끝으로 가볍게 쥐고 중지를 가볍게 얹습니다. 브러시의 무게와 원심력을 이용해 손목으로 가볍게 돌리듯이 움직입니다.

슬리커
엄지, 집게손가락의 끝으로 잡고 중지를 가볍게 얹습니다. 핀이 나온 면을 개의 몸에 항상 평행하게 대도록 합니다.

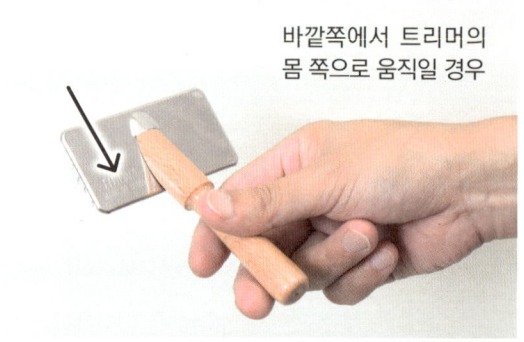

바깥쪽에서 트리머의 몸 쪽으로 움직일 경우

트리머의 몸 쪽에서 바깥쪽으로 움직일 경우

브러시 & 코움의 관리방법

핀 브러시 & 슬리커

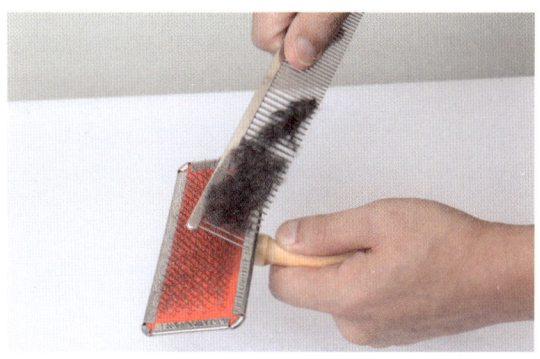

❶ 핀에 엉킨 털을 코움으로 밀어 올리듯이 제거합니다.

❷ 브러시로 가볍게 문질러 더러움과 피지를 제거합니다.

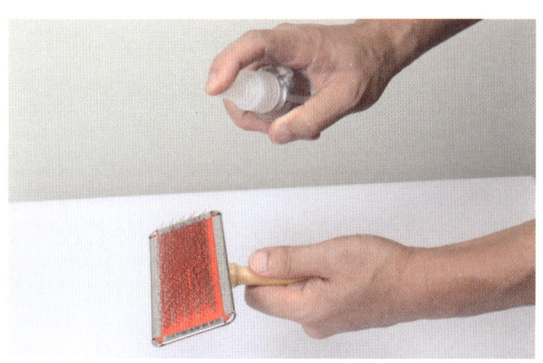

❸ 소독액(알코올 등)을 분사합니다.

❹ 마른 깨끗한 천 위에 핀을 아래를 향하도록 놓고 말립니다.

코움

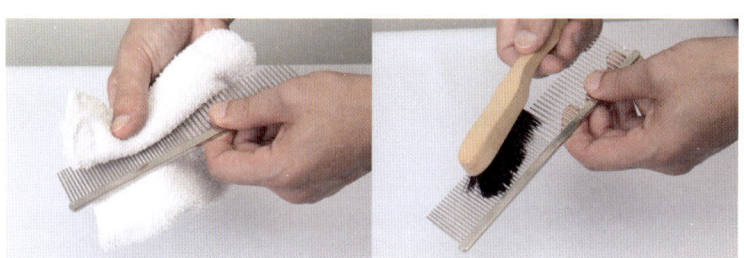

브러시로 가볍게 문질러 핀에 엉킨 털과 피지 등을 떼어냅니다(깨끗한 천으로 닦아도 좋습니다).

수모 브러시 & 러버 브러시

중성세제를 묻혀 브러시끼리 비벼서 닦습니다. 깨끗하게 헹군 후, 마른 깨끗한 천 위에 털이 아래를 향하도록 놓아 말립니다.

그루밍 도구의 종류와 사용방법 ⑤
기타 그루밍 도구

드라이어

● 핸드 드라이어

일반적으로 손으로 들고 사용하는 드라이어입니다. '애완동물용'으로 판매되고 있는 것도 있지만 사람이 쓰는 것을 사용해도 무방합니다. 드라이어는 반드시 바람의 세기와 온도를 조절할 수 있는 것을 사용합니다. 피모의 타입과 길이, 바람이 닿는 부위를 생각하여 개의 상태를 잘 관찰하면서 적절한 풍량과 온도로 사용하는 것이 중요합니다.

드라잉 시에는 개를 보정(保定)하면서 브러싱을 하는 등 양손을 동시에 사용해야 하는 작업이 많아집니다. 혼자서 작업할 경우에는 가슴 포켓이 있는 타입의 에이프런에 드라이어의 손잡이를 넣고 고정하는 것도 있으므로 사이즈와 무게를 확인하여 사용하기 편한 것을 고릅시다.

● 고정식 드라이어

고정식 드라이어에는 스탠드 타입과 천정에 설치하는 타입(천정에 달린 암에 고정하는 방식)이 있습니다. 핸드 드라이어에 비해 출력이 세고 드라이어가 고정되어 있어 트리머가 양손을 사용해 작업할 수 있다는 이점이 있습니다.

다만 대형이라 트리밍룸의 공간에 여유가 없으면 사용이 불편합니다. 또한 핸드 드라이어에 비해 고가로 천정식의 경우 설치공사도 필요합니다.

핸드 드라이어와 마찬가지로 풍량과 온도조절이 가능한 것을 고릅니다. 바람의 토출구 방향과 각도 등은 바꿀 수 있지만, 가동(可動) 범위에 한계가 있으므로 마무리나 세밀한 부분은 핸드 드라이어로 작업하는 등 도구를 적절히 나누어 사용할 필요가 있습니다.

드라이어의 종류

에어포스 드라이어

핸드 드라이어

고정식 드라이어 (스탠드식)

- **에어포스 드라이어**

온풍으로 털을 말리는 핸드 드라이어와 고정식 드라이어와 달리 강한 풍압으로 수분을 날려버리는 타입의 드라이어입니다. 대형견과 모량이 많은 개라도 바람이 모근까지 닿으므로 드라잉에 소요되는 시간을 단축할 수 있습니다.

바람이 강하므로 예민한 눈·코·귀 등이 있는 머리 부위에는 사용하지 않는 것이 좋습니다. 섬세한 작업이 필요한 부위나 마무리 작업에는 핸드 드라이어를 사용합시다.

에어포스 드라이어의 사용방법

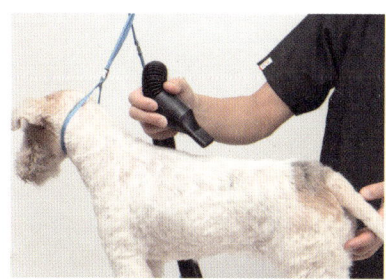

토출구는 피부에서 살짝 떨어지게 하고 몸에 45도의 각도로 바람이 닿게 합니다.

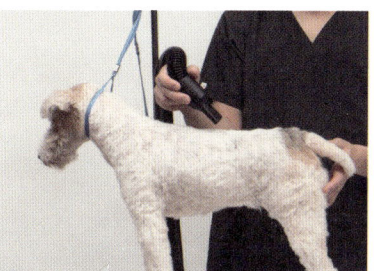

바람은 반드시 모류를 따라 닿도록 합니다. 바디의 전부에서 후부를 향해 드라잉을 진행합니다.

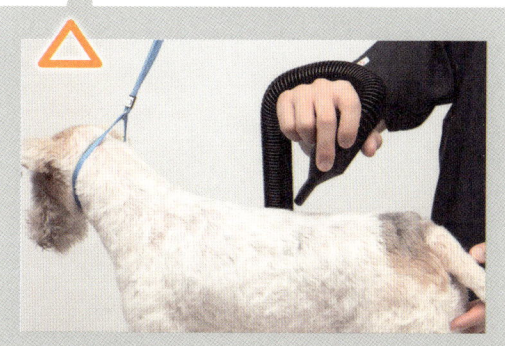

풍성한 볼륨감을 연출하거나 빨리 말리는 목적 외에는 역방향으로 세우지 맙시다.

입마개

공격성이 강한 개의 경우 트리머와 개, 모두의 안전을 확보하기 위해 개에게 입마개를 씌어야 하는 경우도 있습니다. 입마개는 크게 두 가지 타입으로 나뉩니다.

먼저 바스켓 타입으로 플라스틱 재질의 커버가 머즐을 감싸는 구조입니다. 커버 안에서 입을 조금 벌릴 수 있지만 머즐의 끝이 입마개 밖으로 나오지 않으므로 무는 것을 완전히 방지할 수 있습니다.

다음은 마스크 타입으로 튼튼한 천 재질의 원통형 마스크를 개의 머즐에 씌웁니다. 마스크가 머즐에 딱 맞으므로 입을 크게 벌릴 수 없지만 개가 느끼는 불편함은 적은 편입니다. 다만 머즐 끝이 입마개 밖으로 나오기 때문에 입 끝으로 물 수도 있습니다.

입마개는 머즐의 사이즈에 맞고 개가 가급적 싫어하지 않는 타입을 고릅니다. 장착 시에는 신중을 기하도록 하며, 고정용 벨트의 위치와 길이 등도 알맞게 조절하는 것이 중요합니다.

입마개의 종류와 사용방법

마스크 타입
원통형 입마개에 머즐을 통과시켜 후두부로 감은 벨트로 고정시킵니다.

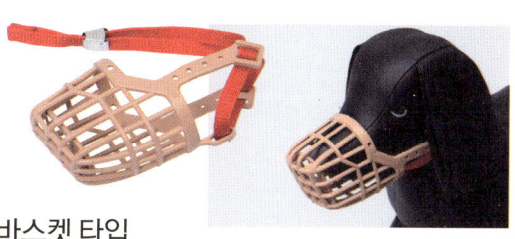

바스켓 타입
머즐에 입마개를 씌우고 후두부로 감은 벨트로 고정시킵니다.

칼라

그루밍에 익숙하지 않은 개나 힘이 센 대형견의 경우 암(arm)에 고정하는 리드뿐 아니라 칼라를 장착해두면 보다 안심할 수 있습니다. 장착할 때는 칼라와 개의 목 사이에 손가락 하나가 들어갈 정도로 여유를 둡시다.

일정한 자세를 유지하지 못하거나 테이블 위에서 돌아다니는 개도 트리머가 칼라를 잡으면 쉽게 보정할 수 있고 움직임을 제어할 수 있게 됩니다. 샴푸 시에도 사용할 수 있도록 방수재질의 것을 준비해두면 편리합니다.

칼라
개의 움직임을 손쉽게 제어하기 위한 목적으로 사용합니다. 개의 사이즈에 맞는 것을 고릅시다.

방수재질이라면 샴푸 시에도 사용할 수 있습니다.

미끄럼 방지 매트

트리밍 테이블 위에 깔아두는 실리콘 재질의 매트입니다. 트리밍 중에는 커트 시에 나오는 가는 털이 테이블 위에 떨어지므로 개의 발이 그걸 밟고 미끄러져 제대로 힘을 주고 서 있을 수 없는 일이 있습니다. 잘 미끄러지지 않는 소재의 매트를 깔아두면 그루밍 중에 개가 받는 부담을 줄일 수 있습니다.

방수성이 있고 가볍고 부드러워 소독액 등으로 닦는 것은 물론 간편하게 통째로 세탁할 수 있습니다.

발톱관리 용품

●발톱깎이

개의 발톱은 반드시 전용 발톱깎이로 자릅니다. 발톱깎이에는 일명 길로틴 타입과 펜치(니퍼) 타입, 두 종류가 있습니다. 길로틴 타입이 예리한 날로 발톱을 싹둑 자르는 것에 비해, 펜치 타입은 발톱을 눌러 자르는 구조입니다. 양쪽 모두 끝을 조금씩 잘라 내는 식으로 사용합니다.

발톱깎이의 타입에 따라 잘릴 때의 감촉과 소리가 크게 다르므로 개가 싫어하지 않는 타입을 고릅니다. 또한 발톱깎이는 '대형견용'과 '소형견용' 등 사이즈가 있으므로 개의 크기에 맞는 것을 사용하는 것도 중요합니다.

●줄

발톱을 자른 후에 줄로 다듬어 절단면을 매끄럽게 다듬습니다. 잘라둔 채로 두면 발톱이 깨지는 원인이 될 뿐 아니라, 안아 올리거나 뛰어 달려들었을 때 절단면의 날카로운 모서리로 사람에게 상처를 입히는 경우도 있습니다.

발톱에 대고 문지르는 타입의 줄 외에 전동식의 '그라인더'도 있습니다. 그라인더는 연마력이 강해 발톱깎이를 사용하지 않고도 발톱을 깎아 마감하는 것이 가능합니다. 모터 소리가 나지만 발톱깎이에 비해 순간적인 자극이 적어 발톱 케어를 기피하는 개들도 거부감을 드러내지 않기도 합니다.

미끄럼 방지 매트
잘 미끄러지지 않으므로 그루밍 중에 개가 받는 부담이 적어집니다.

발톱관리용 도구

그라인더 (전동 줄)
줄 부분이 고속으로 회전하며 발톱을 갑니다.

줄
절단면의 모서리를 갈아 둥글게 다듬습니다.

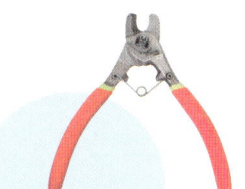
발톱깎이(펜치타입)
날 사이에 발톱을 넣고 자릅니다.

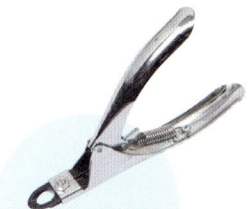
발톱깎이(길로틴 타입)
예리한 날로 발톱을 싹둑 자릅니다.

겸자(포셉)

겸자는 귀의 케어에도 사용하는 도구입니다. 그루밍을 할 때는 대개 두 가지 사용법이 있습니다. 첫 번째는 귓속 털을 뽑는 것. 귀 표면의 털은 손가락으로 잡아 뽑을 수 있지만 귓구멍 속의 털을 뽑을 때는 겸자의 끝으로 털을 몇 가닥씩 잡아 당겨 뽑습니다.

두 번째가 귀의 노폐물을 닦아내거나 귀를 씻은 후에 귀 속에 남은 물기를 제거하는 것입니다. 이 경우에는 겸자 끝에 둥글게 뭉친 솜을 끼우거나 끝에 솜을 감아 사용합니다. 귀의 털을 뽑거나 귓구멍을 닦을 때에는 충분한 주의가 필요합니다.

겸자의 종류

끝의 안 쪽에 홈이 파인 타입
솜을 감아 사용하는데 적합합니다.

끝의 안쪽에 홈이 파이지 않은 타입
귀 털을 뽑는데 적합합니다.

리본과 세트 페이퍼

●리본

리본은 두부의 피모를 길게 남겨 톱 노트로 마감하거나 액세서리로 귀 등에 달거나 합니다. 리본을 달 때는 털을 부자연스럽게 잡아당기거나 피부를 당기지 않도록 주의합시다. 올바르게 달지 않으면 털에 손상을 주거나 떨어져서 삼켜버리는 오음(誤飮) 사고의 원인이 되기도 하므로 반려인에게는 리본이 헐거워지면 바로 떼어내도록 주의를 줍시다.

●세트 페이퍼

세트 페이퍼는 원래 쇼클립의 푸들과 풀코트의 몰티즈 등 길게 자란 피모를 보호하기 위한 것이지만 리본을 달 때도 사용합니다.

털에 직접 고무를 감으면 피모에 손상을 주거나 국소적으로 힘이 가해지는 원인이 되지만, 세트 페이퍼로 털을 감싼 후 고무를 감으면 이런 트러블을 방지할 수 있습니다.

리본 달기의 기본

세트 페이퍼의 준비

❶ 세트 페이퍼를 가로로 길게 놓고 가로 폭을 절반씩 두 번 접습니다.

❷ 그런 다음 위 아래를 폭이 절반이 되도록 접습니다.

❸ ❷를 펼치고 접은 선을 따라 8등분으로 자릅니다.

❹ ❸의 한 장을 매끄러운 면이 아래로 오게 해 세로로 길게 잡고 위에서 1/5 정도를 본인의 앞쪽을 향해 접습니다.

❺ 가로 폭을 절반으로 접고, 한 번 더 절반 또는 3등분이 되도록 접은 다음 펼쳐 놓습니다.

리본 달기

❶ 귀의 털을 조금 나누어서 코밍합니다. 두부의 털을 한꺼번에 잡지 않도록 주의합니다.

❷ 세트 페이퍼를 왼쪽의 ❹에서 접은 쪽을 위로 하여 모근 아래쪽에서 댑니다. 세로로 절반 접은 선에 맞춰서 털을 놓습니다.

❸ 페이퍼를 왼쪽의 ❺의 접은 선을 따라 접어 털을 감쌉니다.

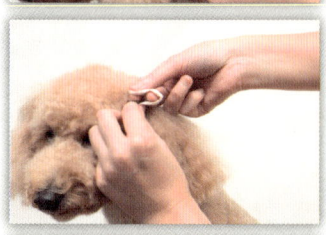

❹ 길이를 절반으로 접어 세트 페이퍼의 위아래 끝이 겹쳐지도록 합니다.

❺ 다시 한번 반으로 접습니다. 이번에는 '둥글게 접힌 부분'이 아래쪽에서 겹쳐지도록 합니다.

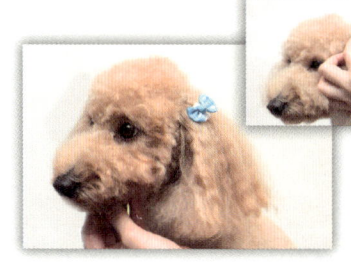

❻ ❺의 위아래 중앙에 고무를 감습니다.

제 3 장
견체의 기초

후쿠야마 다카아키

- 개의 몸에 관한 기초지식
- 개의 피부
- 개의 피모
- 눈·발톱·치아의 관리

개라는 생명체
개의 몸에 관한 기초지식

견종 표준과 세포

●'좋은 개'란 어떤 개인가

인간의 생활에 이용하기 위해 사육하는 동물을 '가축(家畜)'이라고 합니다. 가축에는 개, 염소, 양, 말 등 다양한 동물이 포함되는데, 이 중에서 개는 특별히 '컴패니온 애니멀(Companion Animal)'이라는 특별한 지위를 차지한 동물입니다.

컴패니온 애니멀이란 흔히 '반려동물'이라고 번역되듯이 인간과 함께 생활을 영위하고 인간과 깊은 신뢰관계로 연결되어 '가족', '동료'와 같은 관계를 갖는 생물을 말합니다.

인간은 지금까지 용도·기호에 따라 다양한 유형의 개를 만들어왔습니다. '순수견종'이라 불리는 개의 품종으로는 영국의 생물학자 하바드(Clifford Habbard)가 제창한 '850개 품종설'이 가장 많은 지지를 얻고 있습니다.

이들 품종은 각각 다른 체형과 크기, 피모의 상태, 성격을 지니고 특성이라 불리는 타입(체구 구성)을 갖습니다. 이런 내용을 명문화한 것이 '견종표준(스탠더드)'으로 FCI(국제애견협회)와 KC(케널클럽) 등 주요 애견클럽에 의해 규정되어 있습니다. 순수견종에서 '좋은 개'란 '건강하고 견종 표준에 가장 근접한 개'라고 할 수 있습니다.

●개체는 세포로 이루어져 있다

몸을 구성하는 최소 단위는 '세포'입니다. 그리고 같은 목적을 위해 기능하는 세포의 집단을 '조직'이라고 합니다. 더 나아가 조직이 모여 심장이나 위와 같은 '기관'을 형성합니다.

그리고 유사한 기능을 하는 기관이 모인 것을 '기관계'라고 합니다. 기관계는 골격계, 외피계, 근계, 소화기관계, 순환기관계, 호흡기관계, 비뇨기관계, 신경계, 내분비계, 생식기관계 등으로 나뉩니다. 이들 기관계에 의해 '개체'가 만들어지는 것입니다.

생물의 외모와 특성 등을 전달하는 정보는 세포의 '핵'에 포함되는 '염색체'에 저장되어 있습니다. 개의 염색체는 78개(2개가 한 쌍이므로 39쌍)로, 이 중 한 쌍은 성별을 결정하는 성염색체입니다.

세포 중에 생식세포(정자와 난자)만은 염색체가 2개(1쌍)로 이루어져 있지 않으므로, 39개의 염색체만 갖습니다. 교배로 암컷과 수컷의 생식세포가 하나가 되므로 부모의 외모와 특성을 물려받은 새끼 강아지가 태어나는 것입니다.

골격계

● 뼈의 형태에 따른 분류

개의 몸을 구성하는 뼈는 크기와 얇기, 형태 등에 따라 '장골', '단골', '종자골', '편평골', '부정골'로 나눕니다.

● 관절

뼈와 뼈를 연결하는 부분을 '관절'이라고 합니다. 뼈와 뼈가 접촉하는 부분은 부드러운 연골(관절연골)로 둘러싸여 있습니다. 연골은 몸을 움직이기 쉽게 하는 동시에 움직일 때 뼈에 가해지는 충격을 흡수하는 역할을 맡고 있습니다.

관절은 관절포(관절낭)라는 막으로 싸여 있으며, 막의 내부는 '활액'으로 채워져 있습니다. 활액은 연골과 함께 뼈가 움직일 때 쿠션과 같은 역할을 합니다. 관절포의 주변은 관절을 보강하고 과잉한 움직임을 막아 안정시키는 인대로 둘러싸여 있습니다. 또한 고관절처럼 가동역이 넓고 다양하게 움직일 수 있는 관절도 있습니다.

뼈와 관절에 생기는 트러블

개에게서 많이 나타나는 뼈와 관절의 장애는 다음과 같습니다.

슬개골 탈구
슬개골이 정상적인 위치에서 벗어나 통증이 발생하거나 움직이는데 어려움이 생깁니다.

고관절 형성 부전
골반과 뒷다리를 연결하는 고관절이 헐거워지거나 변형되어 통증이 발생합니다.

추간판 탈출증
목부터 허리까지 잇는 등뼈의 연결고리 부분으로 쿠션 역할을 하는 추간판이 망가져 척수와 신경을 압박하기 때문에 통증이나 마비가 생깁니다.

주관절 형성 부전
주관절(사람의 팔꿈치 해당부분, 이하 '주관절'이라 지칭)을 구성하는 상완골, 요골, 척골의 성장속도 등 균형이 깨져 서로 잘 맞물리지 않게 되어 통증이나 움직임이 어려워집니다.

전방십자인대 파열
무릎 뼈를 잇는 인대가 끊어져 통증이 생기고 다리를 질질 끌거나 아픈 다리에 체중을 싣는 것을 피하려 합니다.

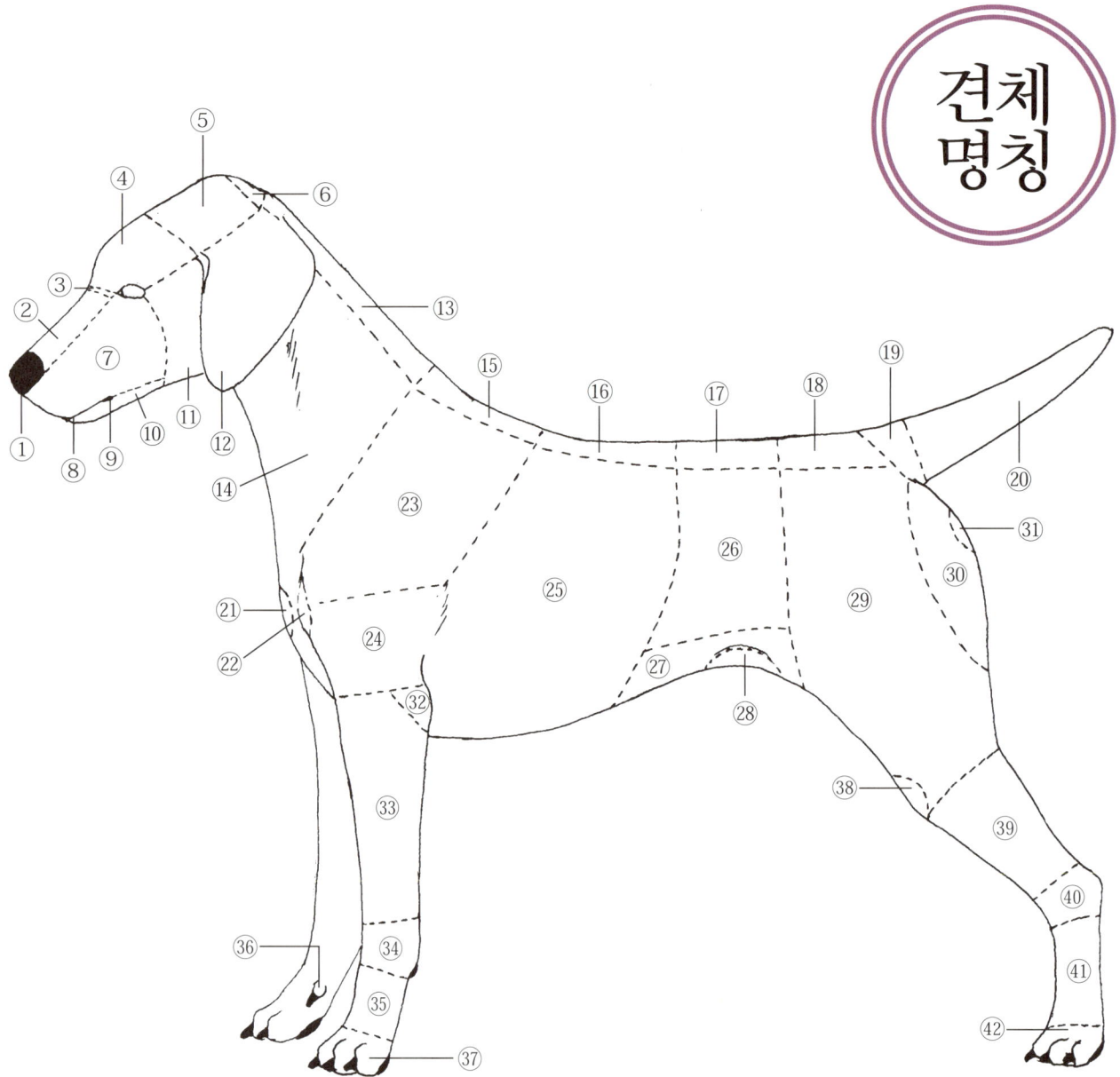

견체 명칭

① 비경, 코, 노즈
② 비량, 콧등
③ 액단부, 스톱
④ 전두부
⑤ 두정부
⑥ 후두부, 옥시풋
⑦ 주둥이, 머즐
⑧ 입술, 립
⑨ 입꼬리
⑩ 하악, 아래턱
⑪ 볼, 치크
⑫ 귀, 귓바퀴, 이어
⑬ 크레스트, 목덜미
⑭ 목, 넥
⑮ 기갑, 위더스
⑯ 등, 백
⑰ 허리, 로인
⑱ 엉덩이, 크룹
⑲ 미근부
⑳ 꼬리, 테일
㉑ 흉골단
㉒ 견단, 어깨 끝
㉓ 어깨, 숄더
㉔ 상완
㉕ 갈비뼈, 리브
㉖ 측복
㉗ 하복
㉘ 턱업
㉙ 넙다리, 대퇴
㉚ 둔부, 버톡
㉛ 좌골단
㉜ 팔꿈치, 엘보우
㉝ 전완
㉞ 수근
㉟ 중수, 앞발허리, 패스턴
㊱ 이리발톱, 듀크로우
㊲ 발가락
㊳ 무릎
㊴ 하퇴
㊵ 비절, 혹
㊶ 중족
㊷ 발

체장과 체고

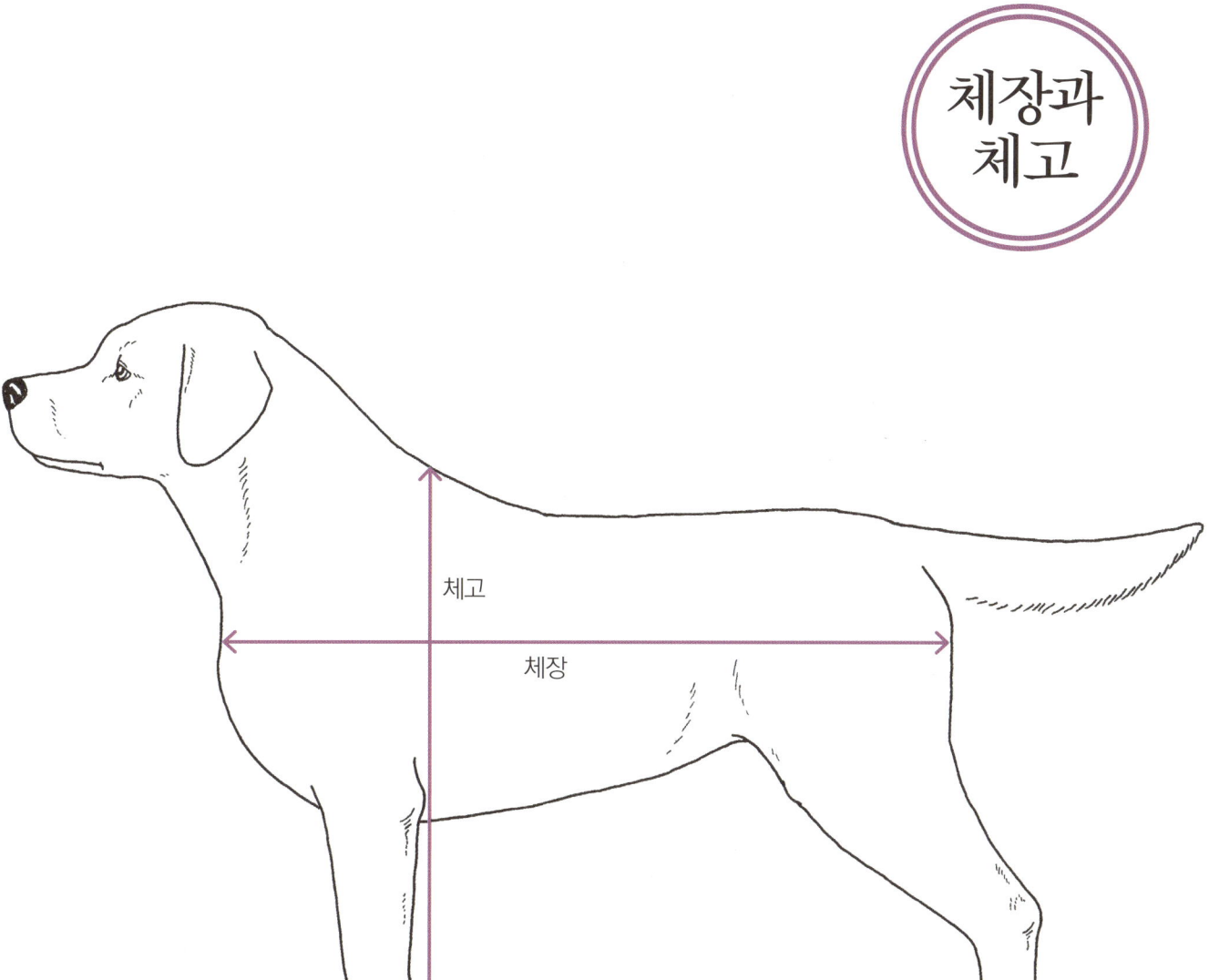

체고의 측정방법

- 기갑의 가장 높은 위치에서 지면까지 길이를 잰다.
- 기갑은 '견갑골의 최고점'이라는 의미로 사용되는 경우도 있지만 개는 형태의 차이가 크므로 엄밀하게 공통의 한 점을 가리키기란 어렵다.
- 기갑은 좌우 견갑골의 사이(목과 몸통의 접합부의 바로 뒤)에서 시작되어 제1~제9 흉추의 부분까지를 가리킨다.
- 체고는 항상 '기갑에서 지면까지'를 가리키지만, 체장은 견종에 따라 측정부위가 조금씩 다르다.

체고(體高) = 기갑의 최고점에서 지상까지 수직으로 이어진 길이.

체장(體長) = 견단(어깨 끝) 또는 흉골단부터 후구의 좌골단까지의 길이.

골격 명칭

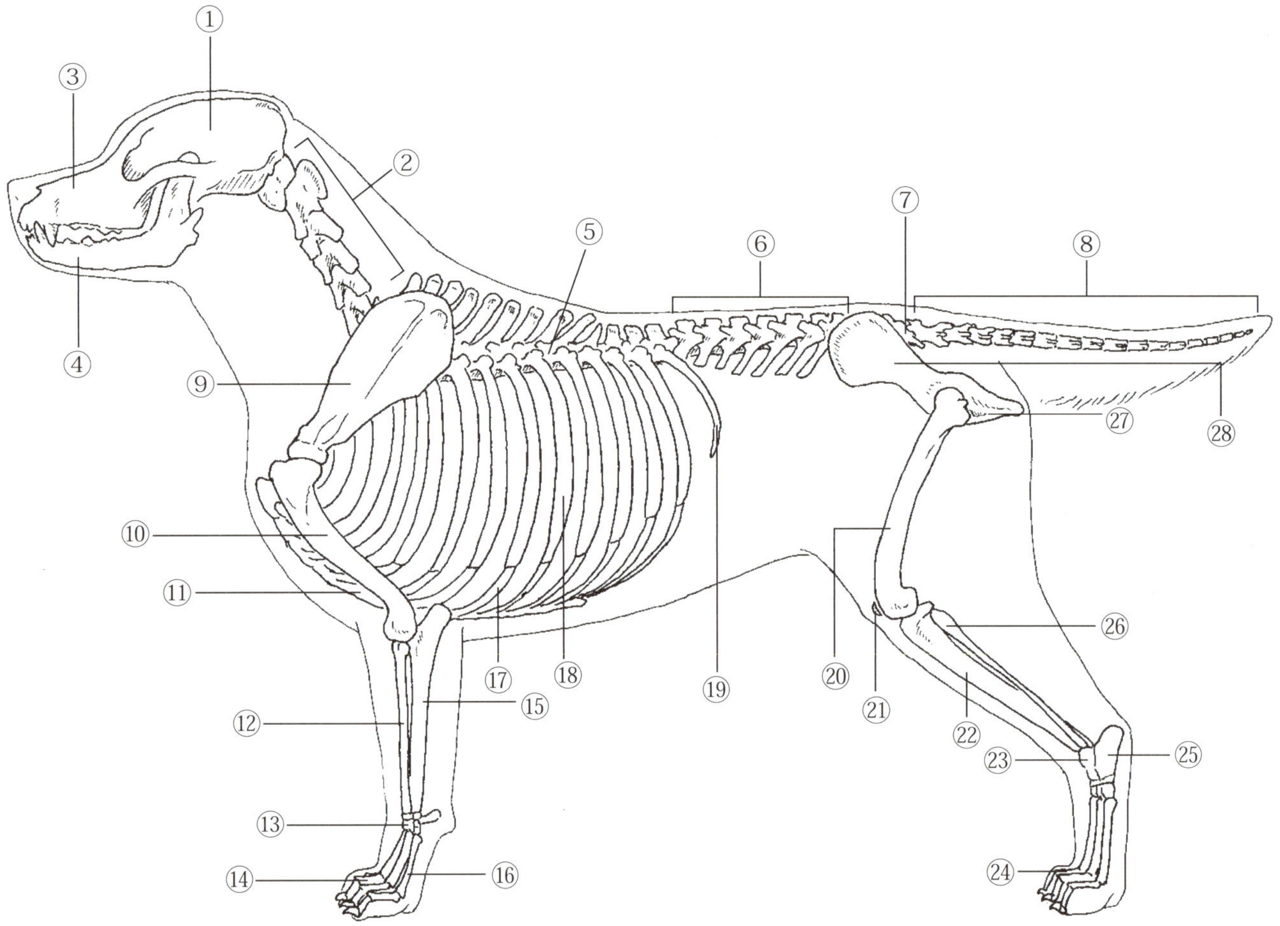

① 두개골
② 경추
③ 상악골
④ 하악골
⑤ 흉추
⑥ 요추
⑦ 선골
⑧ 미추, 꼬리척추뼈
⑨ 견갑골
⑩ 상완골, 앞다리뼈
⑪ 흉골
⑫ 요골
⑬ 수근골
⑭ 지골 (指骨)
⑮ 척골
⑯ 중수골, 앞발허리뼈
⑰ 늑연골
⑱ 늑골
⑲ 라스트 리브, 마지막 갈비
⑳ 대퇴골, 넙다리뼈
㉑ 슬개골
㉒ 경골
㉓ 족근골
㉔ 지골 (趾骨)
㉕ 종골
㉖ 비골
㉗ 좌골결절
㉘ 관골

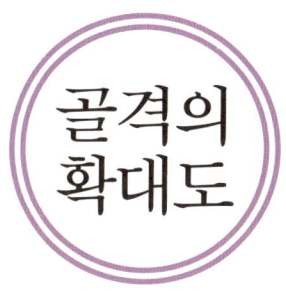

골격의 확대도

체축(전구)

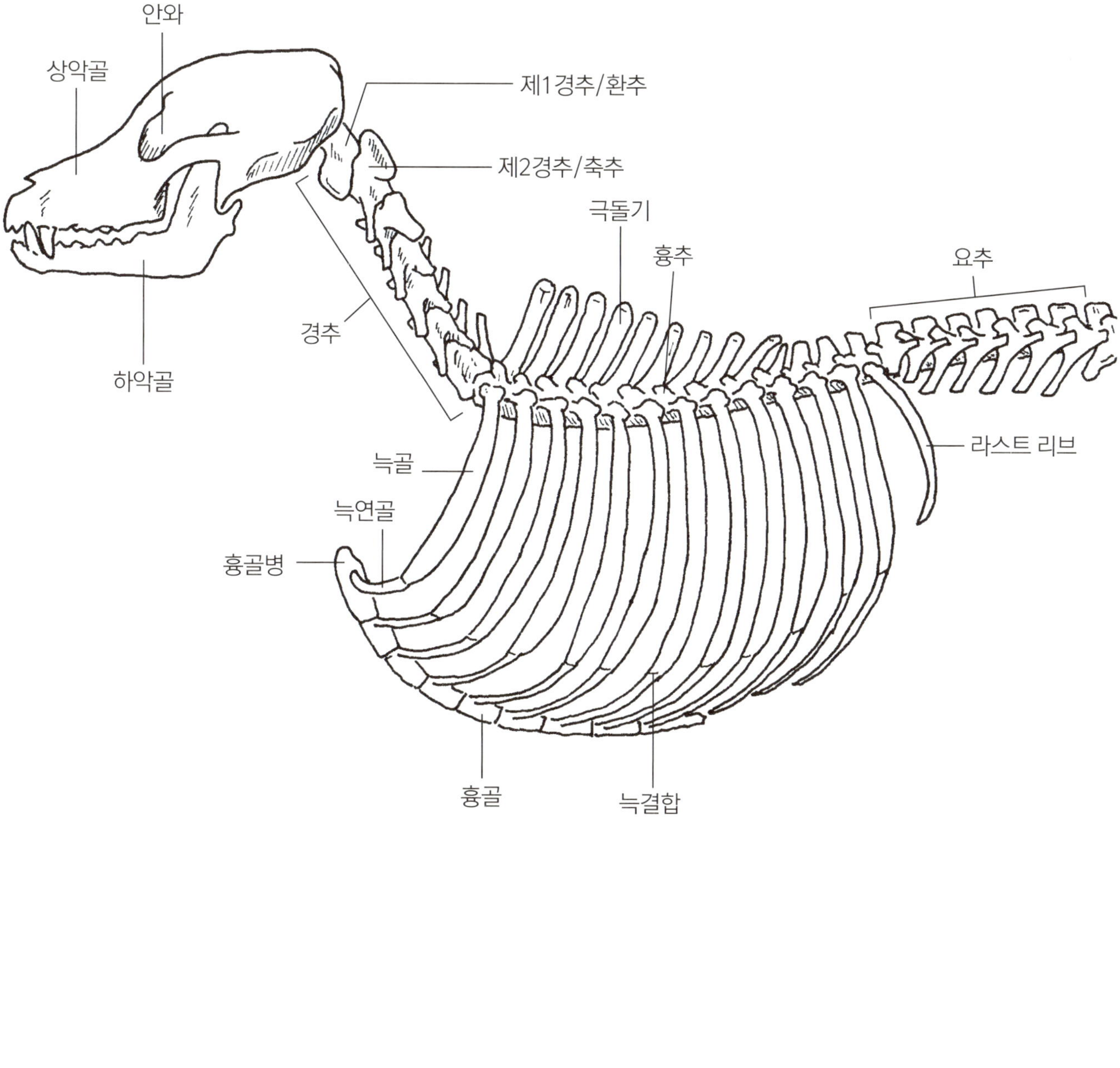

안와
상악골
제1경추/환추
제2경추/축추
극돌기
흉추
요추
경추
하악골
라스트 리브
늑골
늑연골
흉골병
흉골
늑결합

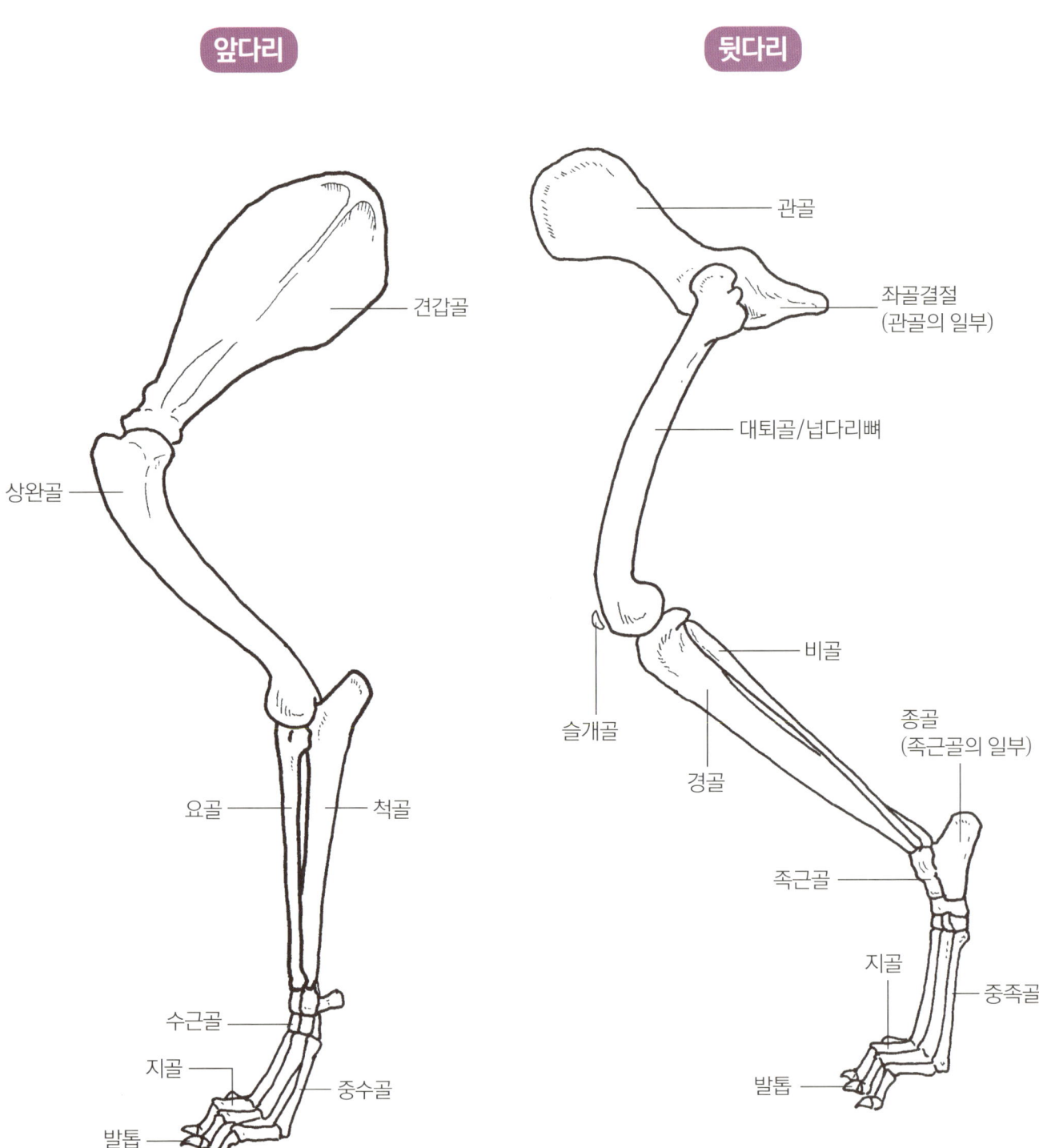

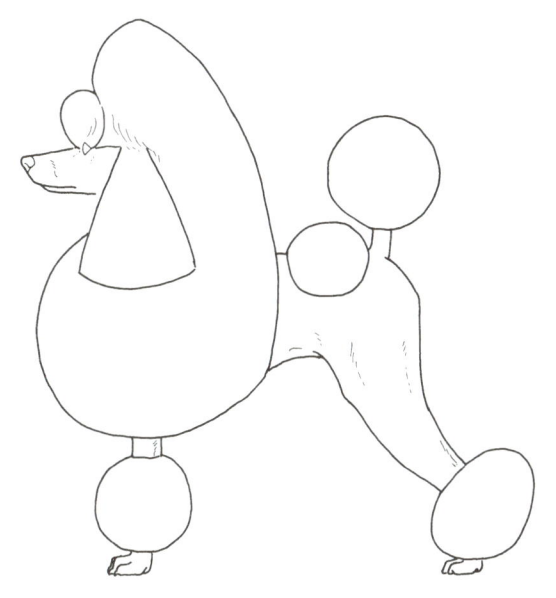

스퀘어

스퀘어형 체구로 균형이 잘 잡혀 있다. 예) 푸들

오프 스퀘어

체고보다 체장이 조금 길다
예) 셔틀랜드 쉽독

장방형

(렉텡글 Rectangle: 다리가 짧고 몸통이 긴 체구)

체고:체장=10:17~18
예) 닥스훈트

피부의 기초를 배운다
개의 피부

피부의 역할

피부는 개의 몸 전체를 덮고 눈, 코, 입, 외음부, 항문에서 점막으로 이어집니다. 피부의 역할은 다음의 네 가지입니다.

● 외부로부터의 보호작용

외부의 다양한 자극으로부터 내장 기관 등을 보호하고, 바이러스 등의 병원체가 몸에 침입하는 것을 막습니다.

● 지각작용

피부는 감각기관 중 하나입니다. 몸에 무언가 닿았다는 느낌과 따뜻함, 차가움, 통증 등을 느낍니다.

● 분비작용

피부에는 피지샘과 땀샘이 있습니다. 피지샘에서 분비되는 피지는 피부와 피모에 유분을 보충하는 외에 체취의 근원이 되기도 합니다.

땀샘에는 몸 전체에 분포된 아포크린샘(대한선)과 발바닥 육구와 비경 등에 존재하는 에크린샘(소한선)의 두 종류가 있습니다. 아포크린샘에서 배출되는 땀은 피지와 섞여 피부 표면에 피지막을 형성해 피부를 보호하는 역할과 다른 개와의 커뮤니케이션 역할이 중심으로, 체온조절에는 그리 도움이 되지 않습니다.

반면에 에크린샘에서는 물과 같은 땀이 나옵니다. 발한량이 적어 체온조절 효과는 기대할 수 없습니다. 육구에서 나오는 땀은 걸을 때 미끄럼 방지 역할을 합니다.

● 체온 조절작용

외부의 더위와 추위로부터 몸을 보호합니다. 다만 땀을 흘리는 것에 의한 체온조절 기능은 낮으며 더울 때에는 주로 팬팅(panting : 혀를 내밀고 거칠게 숨을 내쉬는 것)으로 체온을 낮춥니다. 또한 개는 추위에 강하다는 이미지가 있지만 싱글코트나 체구가 작은 견종은 추위에 약한 경우도 있습니다.

피부의 구조

몸의 표면에서부터 '표피', '진피', '피하조직'의 세 개의 층으로 나뉩니다.

● 표피

① 각질층

표피는 '각질층', '중간층', '기저층'이라는 세 개의 층으로 나뉩니다. 각질층은 피부의 가장 바깥쪽 부분으로 죽은 표피세포인 각질세포로 이루어져 있습니다. 인간에 비해 개의 표피는 얇으므로 외부로부터의 자극과 건조에 약하다고 합니다.

표피세포는 항상 새로 만들어지고 있습니다. 기저

층에서 만들어진 세포는 피부의 표면으로 서서히 밀려 올라가 마지막에는 각질층에서 비듬이 되어 떨어집니다.

② 중간층

기저층에서 만들어지며 피부의 표면으로 밀려 올라가는 살아 있는 표피세포로 이루어져 있습니다.

③ 기저층

표피의 가장 깊은 곳에 해당되며 표피세포를 만들어냅니다. 기저층에 있는 멜라노사이트(멜라닌 세포)에서는 멜라닌 색소(검은 색소)가 만들어져 이로 인해 피부와 털의 색깔이 결정됩니다.

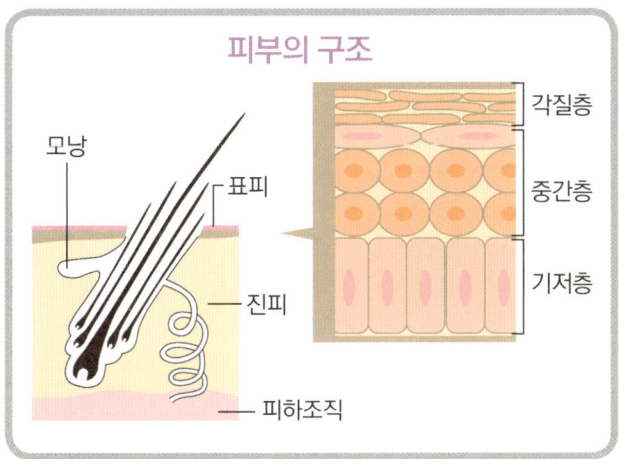

피부의 구조

● 진피와 피하조직

① 진피

콜라겐 등 단백질 섬유가 주성분으로 표피를 밑에서 지탱하고 있습니다. 모세혈관과 림프관, 각종 지각신경이 많이 분포되어 있는 것도 바로 이 부분입니다.

② 피하조직

진피보다 더 아래에 있는 층으로 대부분 피하지방입니다. 축적된 지방은 에너지원이 되는 외에 몸을 충격으로부터 보호하는 쿠션의 역할을 하거나 체온을 유지하는 역할을 합니다.

특수한 피부

● 육구(패드)

사지의 발바닥에 있는 육구에는 털이 없고 지방이 많이 함유된 탄력적인 조직이 두껍고 딱딱한 각질층으로 뒤덮여 있습니다. 육구는 지면에서 전해지는 압력을 효율적으로 분산하는 구조로, 걸을 때 쿠션 역할을 합니다. 가장 큰 육구를 앞다리에서는 '장구(掌球)', 뒷다리에서는 '족저구(足底球)', 각 발가락의 육구는 '지구'[1]라고 합니다. 앞다리에는 장구보다 위에 '수근구'라 불리는 자그마한 육구도 있지만 서 있을 때 지면에 닿는 것은 장구와 지구뿐입니다.

● 코끝(비평면)

비평면의 피부는 딱딱하고 색소가 침착되어 있으며 표면에는 얕은 홈이 수없이 많습니다. 코 표면의 촉촉함은 주로 코 구멍 입구 근처에 있는 분비샘(외측비샘 등)에서 나온 분비물에 의한 것입니다. 코 표면을 촉촉하게 하여 냄새물질이 코 표면에 부착되기 쉽도록 합니다. 자는 동안에는 마르는 수가 있습니다.

정성스럽게 케어해야 할 부분

항문낭샘(항문샘)

항문 주변에 있는 '항문샘'에서 나오는 분비물은 '항문낭'에 축적됩니다. 항문낭의 개구부에는 항문으로부터 비스듬히 아래에 좌우 한 쌍이 있습니다. 항문낭에 분비액이 쌓이면 세균에 감염되어 염증을 일으키는 경우가 있습니다.

외이도샘

개의 외이도에는 피지 등을 분비하는 샘이 많습니다. 분비물이 쌓여 세균에 감염되면 외이도염을 일으켜 악취가 나는 귀지가 쌓이고, 통증과 가려움이 생기는 경우가 있습니다.

---

1 * 발음은 같지만, 앞다리의 것은 '지(指)구', 뒷다리의 것은 '지(趾)구'로 한자가 다릅니다.

피모의 기초를 배운다
개의 피모

피모의 다양성과 그 이유

개만큼 다양한 유형의 피모를 지닌 동물은 없습니다. 그 피모의 다양성은 인간과 함께 열대지역에서 한랭지에 이르기까지 매우 다양한 장소에서 서식해 온 것과 무관하지 않습니다.

개의 피모는 사는 장소의 환경에 적응하기 위해 진화하여 모질과 모량, 털의 길이, 털의 밀도 등에 영향을 끼쳤습니다. 그리고 인간의 기호에 따라 서로 다른 모질의 개끼리 교잡된 결과 피모의 유형은 견종에 따라 제각각 특징을 보이게 되었습니다.

피모에 관한 기초지식

개의 피모는 주모, 부모(하모, 언더코트라고도 함), 촉모의 세 종류로 나눕니다.

● **주모**

주모는 굵고 단단한 털입니다. 발수기능과 햇볕과 충격으로부터 피부를 보호하는 등 주로 몸을 보호하는 역할을 합니다. '상모', '오버코트', '1차모' 등으로 불립니다.

● **부모**

가늘고 부드러우며 주모보다 짧고 빽빽하게 나 있습니다. 주로 체온조절이나 충격으로부터 몸을 보호하는 역할 등을 합니다. 상모에 대비되는 개념으로 '하모', 오버코트에 대해서는 '언더코트', 1차모에 대해서는 '2차모'라 불립니다.

● **촉모**

굵고 단단하고 긴 털로 머즐과 눈 주위, 턱 등에 자랍니다. 피부의 깊은 부분에서 자라나며 촉각을 관장하는 감각기로서의 역할을 합니다.

피모의 유형

개의 피모는 몸에 나는 털의 유형과 양에 따라 '더블코트(이중모)'와 '싱글코트(단모)'로 나눌 수 있습니다. 더블코트란 주모와 부모 둘 다 갖추고 있는 이중 구조의 피모를 말합니다. 싱글코트란 거의 한층으로 이루어진 피모입니다.

● **더블코트의 특징**

추위로부터 몸을 보호하기 위한 부모는 따뜻한 계절에는 필요가 없어 봄철부터 대량으로 빠집니다. 점차 추워지면 다시 나기 시작해 겨울철에는 다 자라나게 됩니다.

● **싱글코트의 특징**

싱글코트도 엄밀하게는 주모와 부모, 양쪽 다 나는 것이 대부분입니다. 또한 '부모가 없다'고 표현되는 경우가 많지만 견종에 따라서는 주모가 적고 발달된 부모가 피모의 대부분을 차지하는 경우(발달된 부모가 주모의 역할을 한다)도 있습니다. 예를 들어 몰티즈는 주모가 많고 부모가 적은 반면에 푸들은 피모의 대부분이 발달된 부모로 주모가 적습니다.

또한 '환모(換毛)가 없다'고 하지만, 계절성 털갈이가 있습니다. 다만 더블코트의 개와 같이 극단적인 탈모가 보이지 않고 환모기에도 평소와 거의 다르지 않을 정도로 털이 빠지는 경우가 대부분입니다.

견종에 따른 피모 타입의 차이

싱글코트
- 단모종
  미니어처 핀셔, 그레이하운드, 복서, 그레이트 데인 등
- 장모종
  푸들, 몰티즈, 요크셔 테리어, 파피용 등

더블코트
- 단모종
  일본견, 래브라도 리트리버, 프렌치 불독, 퍼그 등
- 장모종
  골든 리트리버, 미니어처 닥스훈트, 슈나우저, 롱코트 치와와 등

털의 구조

털은 피부보다 아래에 있는 '모근'과 피부 위에 있는 '모간'으로 나뉩니다. 모낭(털구멍)의 바닥에는 모유두라 불리는 조직이 있습니다. 모유두로부터 보내지는 지령에 따라 모모(毛母) 세포가 분열을 거듭하여 털이 만들어집니다.

모주기

털은 일정한 주기로 빠지고 새 털이 나서 자랍니다. 이 주기를 '모주기'라 하며 각각의 모낭이 독립적인 모주기를 갖습니다. 모주기는 다음의 4단계로 나눌 수 있습니다.

① 성장기
모모세포가 활발하게 분열하여 새로운 털이 나고 자랍니다.

② 퇴행기
성장기가 끝나고 털이 더 이상 자라지 않게 됩니다. 털의 뿌리와 모낭이 수축되어 갑니다.

③ 휴지기
털의 뿌리가 모유두로부터 떨어져 나갑니다.

④ 신생기
모유두에서 새로운 털이 만들어지기 시작합니다.

● 모색을 만드는 색소

털의 주성분은 '케라틴'이라는 단백질의 일종입니다. 한 가닥의 털은 바깥쪽부터 '모소피(毛小皮)', '모질층(毛質層)', '모수질(毛髓質)'의 3층 구조로 이루어져 있습니다.

피모의 색은 다양하지만 모질층에 함유된 멜라닌 색소의 종류와 양, 크기에 따라 결정됩니다. 멜라닌은 동식물에 널리 존재하는 색소입니다.

멜라닌 색소에는 '유멜라닌'과 '페오멜라닌'이라는 두 종류가 있습니다. 유멜라닌은 피부와 피모를 흑색과 갈색으로 만드는 색소이며, 페오멜라닌은 적색과 황색으로 만드는 색소입니다.

●모색을 결정짓는 원리

멜라닌 색소에는 빛을 흡수하는 기능이 있어 털에 함유된 멜라닌 색소의 양이 많을수록 검게 보입니다. 반대로 멜라닌 색소가 함유되지 않은 털은 빛을 모두 반사하기 때문에 하얗게 보입니다.

흑색과 백색 이외의 모색도 멜라닌 색소의 양과 관련되어 있으며 함유된 양이 많은 순서대로 '블랙', '레드', '탠(Tan: 황갈색)', '화이트' 등입니다.

멜라닌 색소는 모질층에 작은 입자의 형태로 존재하며, 그 입자가 큰 경우에는 블랙, 작은 경우에는 레드와 탠에 가까워집니다. 멜라닌 색소가 많은 털은 입자가 크며 반대로 멜라닌 색소가 적으면 입자도 작은 경향이 보입니다.

모질과 그루밍

●피모를 세우는 경우

개의 피모는 머리에서 꼬리, 바디의 상부에서 복부로 향하는 모류(털의 결)를 만드는 것이 자연스럽습니다. 하지만 털의 볼륨감을 풍성하게 만들거나 등 라인에서 우아하고 아름다운 커브를 연출하기 위해 푸들이나 비숑 프리제, 포메라니안 등의 견종에서는 피모를 세워서 세팅하는 테크닉이 사용되는 경우가 있습니다. 털을 서게 하려면 베이싱 후에 모류와 역방향으로 브러싱을 하면서 드라잉을 합니다.

●피모를 눕히는 경우

피모를 자연스럽게 눕히는 경우에는 모류를 따라 브러싱하면서 드라잉을 하는 것이 기본입니다. 요크셔 테리어나 몰티즈와 같이 등라인에서 좌우로 털을 갈라 눕힙니다. 골든 리트리버와 같이 매끈한 등선을 만들고 싶을 때는 몸을 타올 등으로 감싸 털을 피부에 밀착시킨 상태로 말리는 '색킹(sacking)'이란 방법을 사용하는 경우도 있습니다.

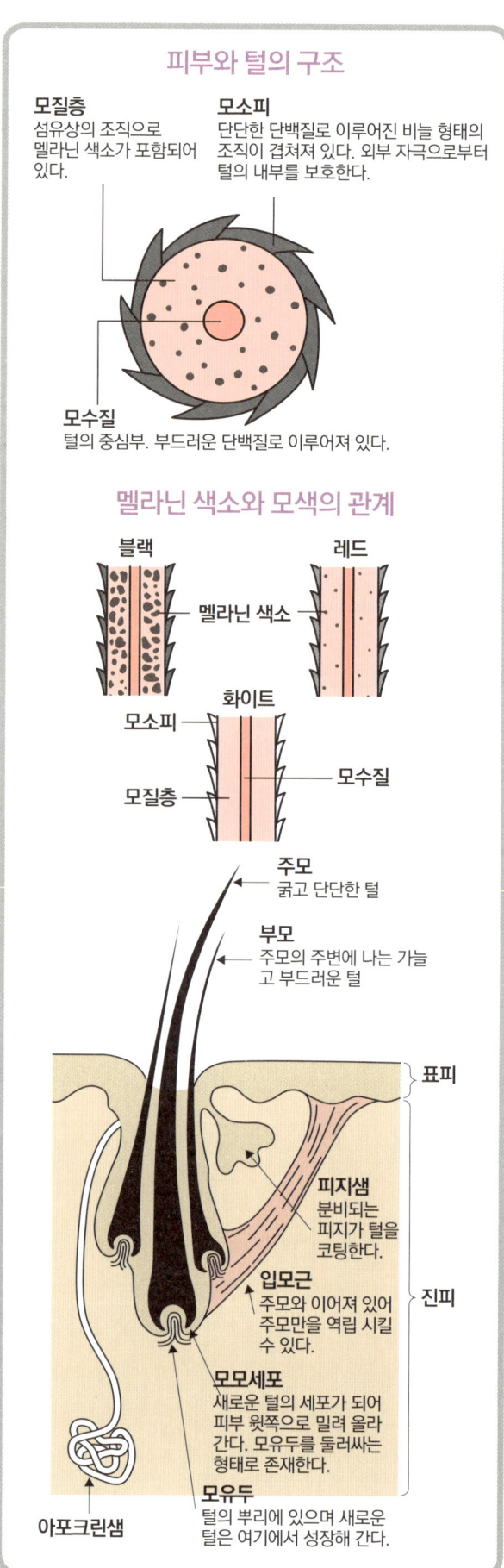

평상시 관리

눈·발톱·치아의 관리

트리머가 하는 케어

피모의 관리와 마찬가지로 중요한 것은 눈과 치아, 발톱 등의 케어입니다. 트리머가 안전하게 할 수 있는 방법을 선택하며, 높은 기술과 의학적 처치가 필요한 것은 수의사에게 맡깁시다.

눈의 케어

눈 주위의 고민으로 가장 많이 들을 수 있는 것이 '눈물자국'입니다. 눈물자국의 경우 정확한 원인을 찾아내서 대처하는 것이 중요합니다.

피모가 붉게 변색된 눈물자국은 눈물이 끊임없이 흘러내려 생기는 것입니다. 눈물이 많은 원인은 눈물길이 막히거나 눈썹이 눈을 찌르는 것 등입니다.

눈구석이나 상안검의 털을 짧게 커트하는 등 눈에 대한 자극을 줄이는 방법을 모색해봅시다. 눈물길의 이상 등으로 보일 경우에는 수의사의 진단·치료가 필요합니다.

발톱 케어

발톱깎기의 기본은 '진피의 주변만을 자르는 것'입니다. 개의 발톱은 중심에 있는 진피(연부조직)와 그 주변의 딱딱한 각질층으로 이루어져 있습니다. 진피에는 혈관과 신경이 지나가므로 상처를 내지 않도록 주의합니다. 각질층은 잘라도 아프지 않고 출혈도 없습니다. 발톱이 하얀 색이면 혈관이 비쳐 보이는 곳까지가 진피입니다. 검은 발톱은 단면의 중심에 하얀 조직이 보인다면 자르는 것을 멈춥시다.

발톱 깎는 방법

❶ 패드를 엄지 손가락으로 가볍게 눌러 발바닥을 평평하게 합니다.

❷ 발톱 중심 흰 부분(진피)에 상처 내지 않도록 주변의 단단하고 검은 부분만을 두 번에 나눠 자릅니다.

❸ 왼손 손가락을 발톱 아래에 대고 커트라인 모서리를 줄로 한 방향으로만 움직여 갈아 다듬습니다.

줄 대신 그라인더를 사용해도 OK

치아 케어

양치질은 치주질환의 원인인 플라크(치태)를 제거하는데 필요한 케어입니다. 플라크는 24~72시간만에 부분적으로 치석화되므로 반려인이 일상적으로 케어하는 것이 기본입니다. 애견미용실 등에서 트리머가 하는 양치질은 개를 케어에 길들이는 것과 구강의 이상을 조기에 발견하는 것이 주목적입니다.

● **치아의 케어는 칫솔만으로**

사용하는 칫솔은 부드러운 미세모로 고밀도의 것이 좋습니다. 이의 표면·치간·이와 잇몸 사이에 칫솔을 대고 '부드럽고', '미세한 움직임으로', '여러 번(한 부위당 스무 번이 기준)' 움직여 닦습니다.

치석은 플라크 속 세균이 타액 속의 칼슘에 의해 석회화된 것으로 양치질로 제거할 수는 없습니다. 치석 제거는 수의사가 치료의 일환으로 해야 하는 것입니다. 치석제거용 '스케일러'는 날붙이의 일종이므로 전문 교육을 받지 않고 충분한 지식과 기술이 없는 트리머가 사용하는 것은 금지해야 합니다.

양치질 방법

칫솔 고르는 법
- 털이 부드럽다
- 털의 양이 많다
- 털이 가늘고 길다
- 헤드가 어느 정도 크다

❶ 왼손으로 머즐을 위, 아래에서 살짝 잡는다.

❷ 입술과 잇몸 사이에 칫솔을 밀어 넣어 칫솔을 미세하게 움직이며 문지른다.

❸ 칫솔을 이동시켜 앞니도 같은 방법으로 닦는다.

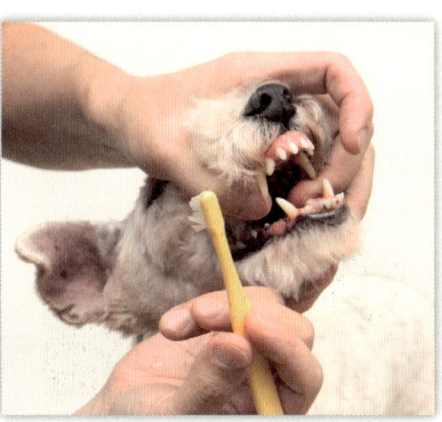

❹ 머즐의 위쪽에서 손으로 감싸고 견치 뒤쪽에 손가락을 넣어 이의 뒷면을 닦는다.

POINT
- 한 부위마다 칫솔을 20회 왕복할 것!
- 한 부위가 끝나면 약 1cm씩 칫솔을 이동시킨다.

개가 싫어할 경우에는 무리하지 말고 가능한 범위만 닦는다.

제 4 장

개의 보정

후쿠야마 다카아키

- '개의 보정'과 마음가짐
- 보정·핸들링의 기본

트리밍에 필수적인 기술
'개의 보정'과 마음가짐

트리밍 시의 보정이란

'보정(保定)'이란 '인간이 동물의 움직임을 제어하여 움직임의 자유를 없애는 것', '인간이 의도하는 대로 동물의 움직임을 컨트롤 하는 것'을 말합니다.

트리밍에서는 인간의 목소리와 손, 도구를 사용하여 보정합니다. 이는 특별한 것이 아니라, 개를 기르고 있다면 누구나 일상생활 속에서 칼라의 탈착, 산책 후 발 닦기, 안아 올리기 등의 보정을 합니다.

하지만 트리밍은 날붙이를 동물의 몸 가까이에 대고 사용하는 작업이 많아 움직이지 않도록 보정하고 있는 시간이 매우 깁니다. 트리밍을 안전하게 하기 위해서 트리머는 개와 자신에게 부담이 적게 가는 보정기술을 익혀야 합니다.

보정기술을 향상시키기 위해서는 실제로 개와의 상호관계 속에서 배우는 것이 기본입니다. 이는 여러 마리의 개를 트리밍하는 과정에서 자연히 습득할 수도 있지만, 개의 부담을 줄이고 싶다는 마음과 보다 효율적인 보정법을 익히려는 마인드를 갖게 된다면 기술 향상 속도가 눈에 띄게 빨라집니다.

공격적 행동 나오지 않게 하는 보정

본 장에는 개의 보정의 기술면에 포인트를 맞춘 해설을 담았습니다. 이들은 격투기의 관절기술처럼 개를 움직이지 못하게 하는 것, 제압하는 것이 목적이 아닙니다. 보정하는 사람(트리머)의 안전과 개의 안전, 각 작업의 실시를 보다 수월하게 하는 방법에 초점을 맞춰 정리했습니다.

개는 공포를 느끼면 공포반응으로 도피·공격·경직 중 어느 하나의 행동을 보입니다. 트리머의 입장에서는 모두 '작업효율을 떨어뜨리는 행동'입니다. 보정 등으로 도피(개가 도망가는 것)를 하지 못하게 된 경우, 개는 공포자극에서 벗어나기 위해 신음소리를 내거나 물어뜯는 행동(공격)을 취합니다. 그것도 어렵다면 긴장한 상태에서 굳어버립니다(경직).

더욱 자극이 지속되면 엎드려 복종의 자세로 경직 상태를 유지합니다. 이 상태가 되면 개와 인간 모두 다칠 위험은 줄어들지만, 개가 떨기 시작해 트리밍 중에 보정으로 제어를 할 수 없게 됩니다. 개의 좋은 행동을 이끌어 내기 위해서는 트리머가 개의 상태를 항상 관찰하는 것이 중요합니다. 접촉 시 본인의 행동, 브러시를 대는 방법, 보정하는 손에 어떤 식으로 힘을 주는가 등 스스로의 행동이 개에게 공포와 불쾌감을 주고 있지는 않은지 판단하는 것입니다.

개가 공포반응을 보이기 쉬운 것은 '인간의 손과 얼굴'이라고 합니다. 필요 이상으로 밀접한 커뮤니케이션을 취하려 해서 개가 거부하는데도 얼굴을 가까이 들이대고 말을 거는 것은 좋지 않습니다.

개의 행동은 행동 직후의 결과에 따라 출현빈도가 늘기도 줄어들기도 합니다. 트리머는 이 '행동 직후의 결과'를 컨트롤하여 개에게 트리밍 중에 취해야 할 행동을 학습시킵니다. 트리머가 원하는 협조적인 행동이 보인다면 곧바로 다정하게 말을 걸며 칭찬을 하거나 상으로 간식 등을 주도록 합시다. 반대로 옳지 않은 행동을 보일 경우에는 불쾌한 자극이 되는 낮은 톤의 목소리로 확실하게 주의를 줍시다.

또한 개로부터 공격을 받아도 사람이 아무 반응을 보이지 않으면 공격행동은 사라집니다. 개로부터 공격 받았을 때 트리머가 놀라 작업을 멈추면 개가 공격행동을 학습해버립니다. 이를 몇 번 정도 경험한 개는 속칭 '무는 개'가 될 가능성이 높습니다. 하지만 물렸는데 반응하지 않는다는 것은 불가능하므로 물 것 같은 개에게는 사전에 입마개를 씌웁니다.

입마개를 장착한 개는 물리적으로 매우 안전한 상태이므로, 트리머는 경계하지 않고 개를 다정하게 다룰 수 있습니다. 우선 개로부터 공격적인 행동이 나오지 않도록 개에게 주는 자극을 철저히 컨트롤하는 것이 중요합니다.

*

마지막으로 트리밍 중에 개의 스트레스 요인이 되는 사항을 아래쪽에 열거했습니다. 개의 스트레스를 줄이는 것은 트리밍 경력과는 상관없이 누구나 할 수 있습니다. 개에게 부담이 적은 환경에서 개의 생리적인 반응을 관찰할 수 있고 보인 행동에 따라 개의 심리상태를 추측할 수 있게 되면 자신 있게 개를 보정할 수 있게 됩니다.

또한 개를 제압하는 것이 아니라, '개를 서포트한다, 인도한다'는 부드러운 인상을 주게 됩니다. 그렇게 되면 개는 물론 반려인과 주위 트리머도 마음을 놓을 수 있을 것입니다. 트리밍 분야에서는 주로 커트기술에만 주목하기 쉽지만, 이 또한 안정된 보정이 있어 가능한 것이라는 점을 충분히 인식하고 보정기술의 향상에 힘씁시다.

트리밍을 받을 때 개가 스트레스를 느끼는 요인

- 반사광, 반향음
- 화학향료, 약액의 냄새
- 차가운 기구, 찬 물
- 미끄러운 바닥, 딱딱한 바닥, 울퉁불퉁한 바닥
- 방 안의 더위
- 금속에 몸이 닿는다
- 다른 개의 짖는 소리, 드라이어 소리
- 눈과 코에 대한 자극(드라이어 바람, 샤워 물, 사람 손가락)
- (몸을) 잡아당긴다
- 누가 (신체부위를) 꽉 쥔다
- 누가 몸의 말단 부위(입, 귀, 꼬리, 발끝 등)를 만진다
- 누가 내 눈을 똑바로 쳐다본다
- 끌어 안는다
- 잽싼 핸들링
- 사람의 큰 목소리
- 불안한 인간의 눈, 손
- 누가 피모를 어지럽힌다
- 누가 피부의 연한 부분을 만진다

개에게 부담을 주지 않는
보정·핸들링의 기본

개의 보정과 핸들링은 그루밍의 기본이 되는 기술입니다.
개를 능숙하게 컨트롤 하는데 중요한 것은 개의 신체구조를 정확히 알고
육체적·정신적인 부담을 주지 않는 것입니다.

올바르게 안는 법

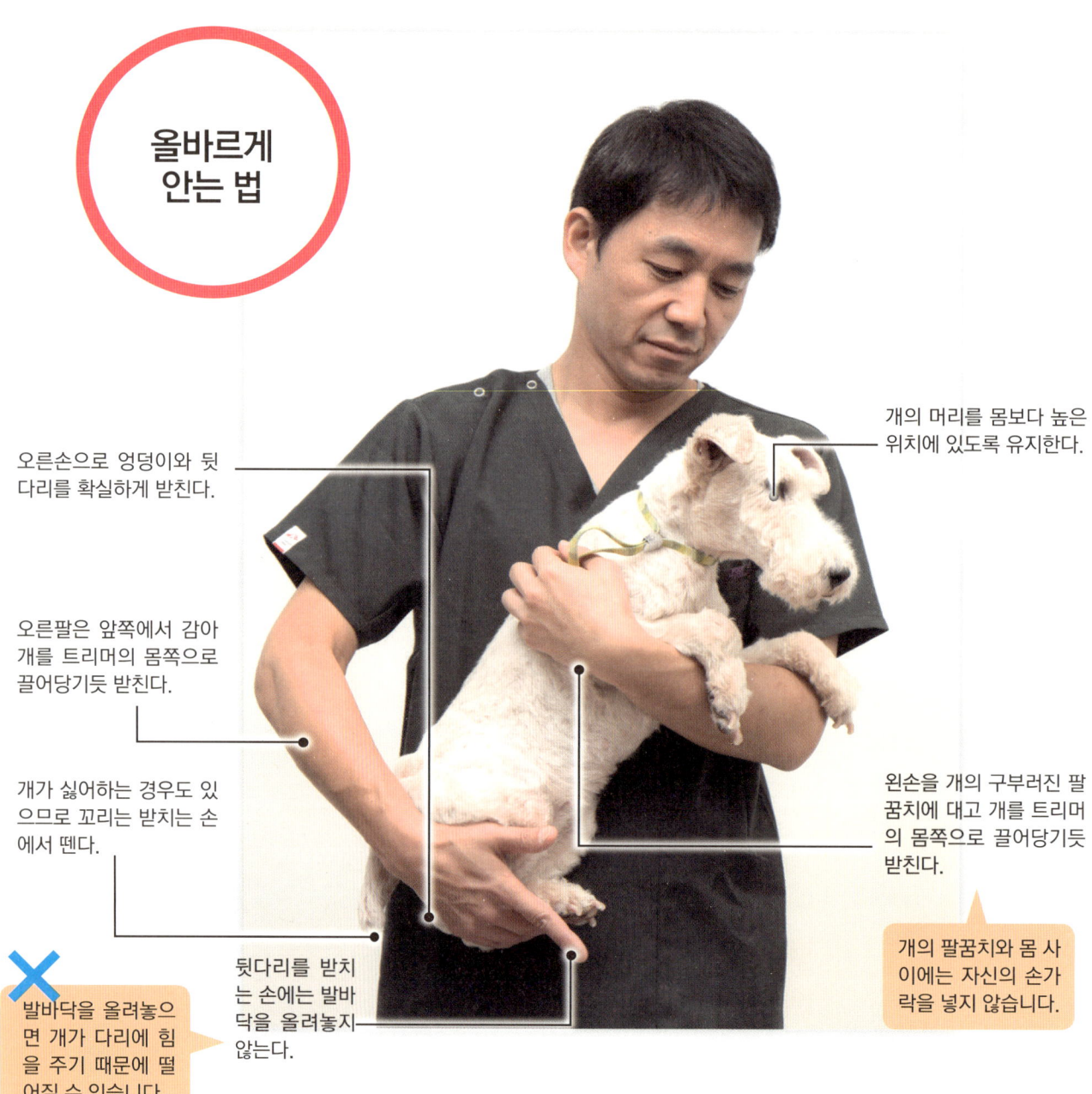

- 개의 머리를 몸보다 높은 위치에 있도록 유지한다.
- 오른손으로 엉덩이와 뒷다리를 확실하게 받친다.
- 오른팔은 앞쪽에서 감아 개를 트리머의 몸쪽으로 끌어당기듯 받친다.
- 개가 싫어하는 경우도 있으므로 꼬리는 받치는 손에서 뗀다.
- 뒷다리를 받치는 손에는 발바닥을 올려놓지 않는다.
- 왼손을 개의 구부러진 팔꿈치에 대고 개를 트리머의 몸쪽으로 끌어당기듯 받친다.
- 개의 팔꿈치와 몸 사이에는 자신의 손가락을 넣지 않습니다.

✗ 발바닥을 올려놓으면 개가 다리에 힘을 주기 때문에 떨어질 수 있습니다.

케이지에서 꺼내기/넣기

케이지에서 꺼내기

POINT 튀어나오지 않을까, 공격하지 않을까 등을 확인

1 케이지 앞에 자세를 낮추고 앉아 문을 살짝 열어 무릎으로 고정한 후 개의 상태를 관찰합니다.

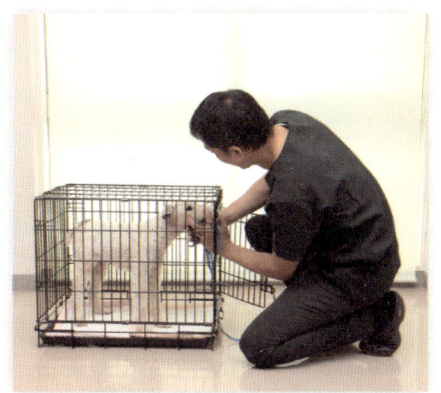

2 트리머의 팔이 들어갈 만큼 문을 열고 개에게 리드줄을 채웁니다.

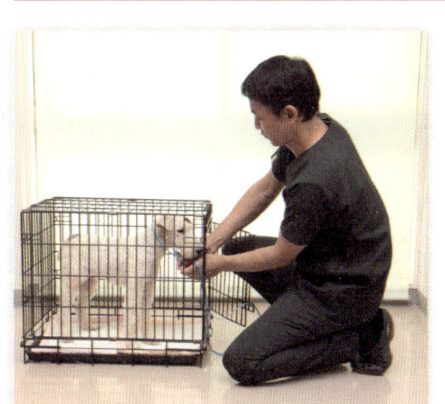

3 개의 머리를 통과시키는 타입의 리드를 걸 때는 조이는 부분을 개의 목 앞쪽으로 돌려 길이를 조절합니다.

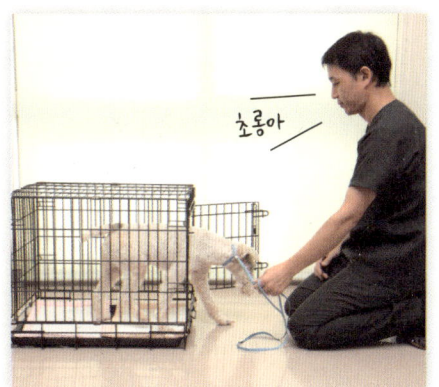

4 문을 열어 이름을 부르고 개를 케이지에서 꺼냅니다.

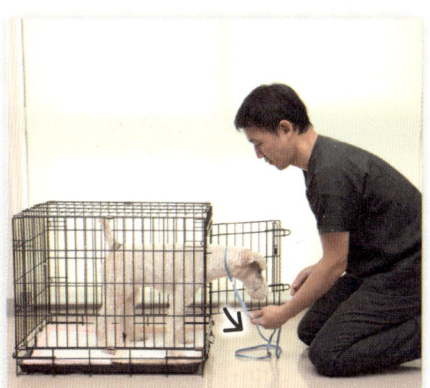

5 불러도 나오지 않을 경우에는 리드를 비스듬히 아래로 살짝 당겨서 밖으로 나오게 합니다.

케이지 안에 넣기

1 개를 트리머의 몸에 밀착되도록 안고 머리 쪽부터 케이지에 넣습니다.

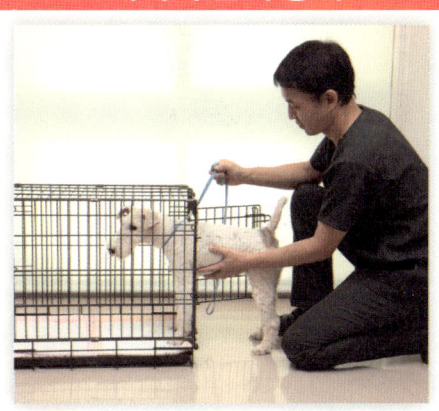

2 양쪽 앞다리를 케이지 안쪽에 착지시킨 후 개를 바닥에 내려놓습니다.

3 개의 몸을 가볍게 밀어 케이지 안에 넣습니다.

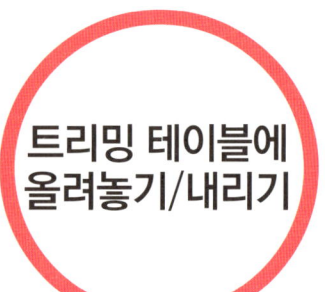

트리밍 테이블에 올려놓기/내리기

소형견

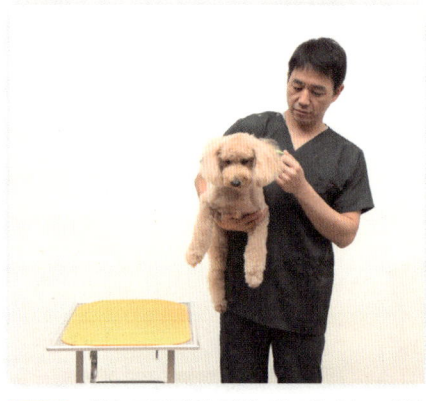

1 개를 트리머의 몸에 닿도록 안고 테이블 바로 옆에 섭니다.

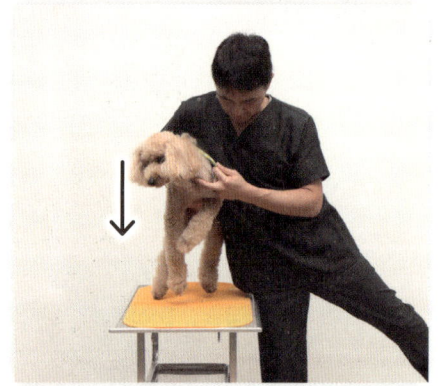

2 개를 몸에 밀착시킨 상태로 몸을 쭉 뻗어 테이블 바로 위에 개를 내려놓습니다.

대형견/테이블에 올려놓기 ①

1 개의 양 팔꿈치를 잡고 테이블에 앞다리를 걸칩니다.

2 팔꿈치와 허벅지 뒤에 각각 손을 넣습니다.

3 개의 몸을 테이블 위로 밀어 올립니다.

대형견/테이블에 올려놓기 ②

1 개의 옆에 자세를 낮추고 앉아 앞다리 접합부의 앞과 무릎 뒤에 팔을 감습니다.

2 좌우 팔을 가운데로 약간 모으면서 트리머의 상반신에 개의 몸을 올려놓듯이 안아 올립니다.

3 개의 자세를 안정시킨 다음 천천히 일어섭니다.

대형견/테이블에서 내려놓기

4 테이블 바로 옆으로 이동하여 테이블 위로 몸을 쭉 뻗은 다음 개를 내려놓고 작업을 시작합니다.

1 테이블 옆에 서서 앞다리 접합부 앞과 무릎 뒤쪽에 팔을 감아 개를 안아 올립니다.

2 천천히 무릎을 굽혀 개를 낮은 위치에서 바닥에 내려놓습니다.

테이블 위에 세우는 법

기본

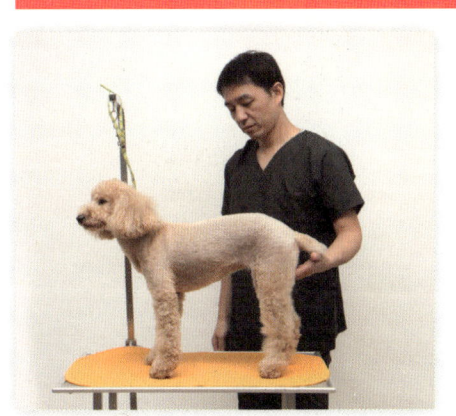

1 트리밍은 개에게 편안한 자세에서 하는 것이 기본입니다. 서있게 하고 싶을 경우에는 엉덩이 등을 가볍게 받치는 정도로 합니다.

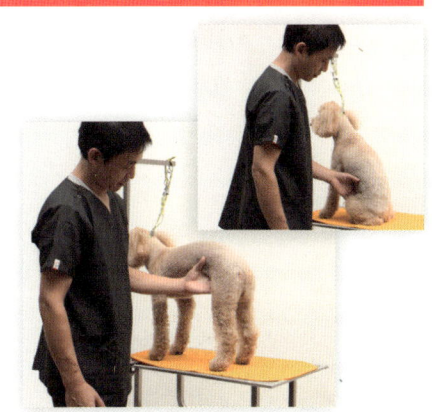

2 개가 주저 앉아버린 경우에는 사타구니에 손을 넣어 손가락의 지문부위, 즉 지복으로 가볍게 누르면 개가 스스로 일어섭니다.

앞다리를 들어올리는 법

기본

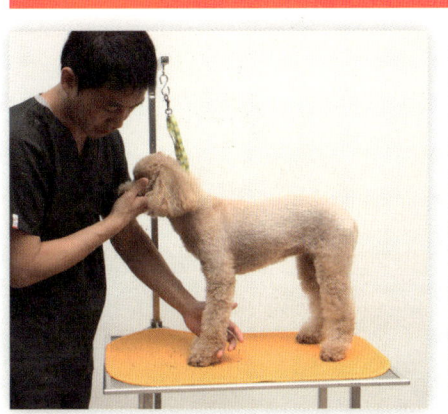

1 한쪽 손으로 머리를 받치고 나머지 한쪽 손을 앞다리 뒤쪽에 가볍게 댑니다.

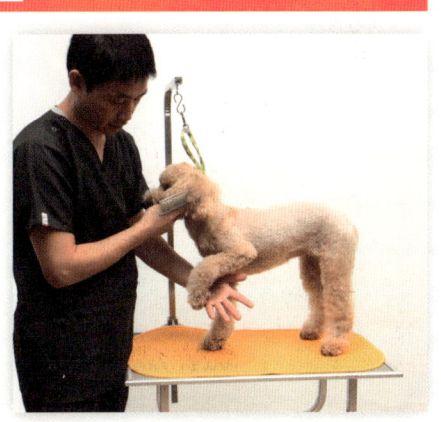

2 개가 스스로 올린 다리를 들어올립니다(밀어 올립니다).

앞다리를 앞으로 뻗게 하기

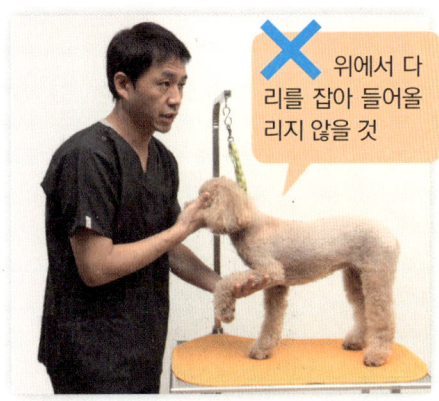

❌ 위에서 다리를 잡아 들어올리지 않을 것

3 다리 뒤쪽에 손을 대고 아래쪽에서 확실하게 지탱합니다.

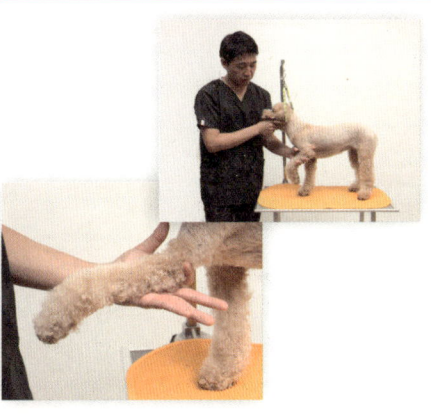

1 들어올린 앞다리를 아래에서 받친 상태로 개의 팔꿈치 뒤쪽을 검지로 가볍게 누릅니다.

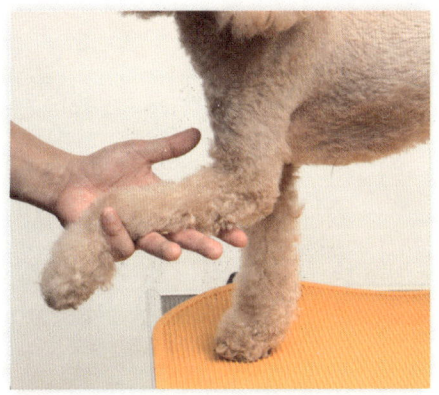

2 개가 자연히 다리를 뻗으므로 트리머의 손 위치를 옮겨 다리를 밑에서 받칩니다.

앞다리를 뒤로 올린다/우측 앞다리

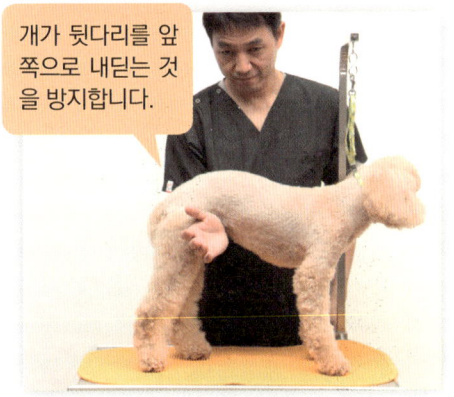

개가 뒷다리를 앞쪽으로 내딛는 것을 방지합니다.

1 개의 옆에 서서 뒷다리의 앞에 오른팔을 넣어 손목을 개의 몸의 뒤쪽으로 꺾습니다.

2 앞다리의 앞쪽에서 왼손을 얹고 자연스러운 각도로 구부리면서 밀어 올립니다.

앞다리를 뒤로 올린다/좌측 앞다리①

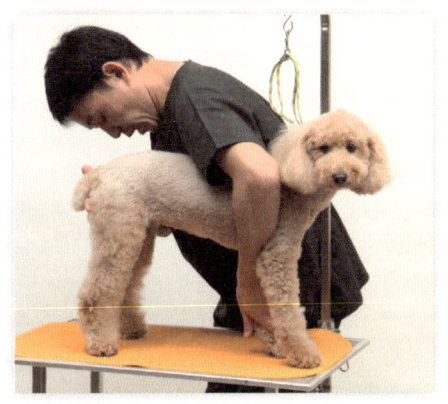

1 개의 옆에 서서 오른손으로 엉덩이를 받치고 개 몸의 좌측에서 왼팔을 감습니다.

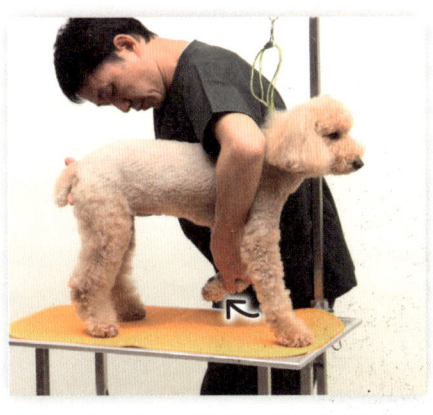

2 앞다리의 앞쪽에서 왼손을 얹고 자연스러운 각도로 구부리면서 밀어 올립니다.

앞다리를 뒤로 올린다/좌측 앞다리②

1 양쪽 앞다리 사이에 왼팔을 넣어 다리 앞쪽에서부터 손을 대고 자연스러운 각도로 구부리면서 밀어 올립니다.

앞다리를 뒤로 올린다/좌측 앞다리③

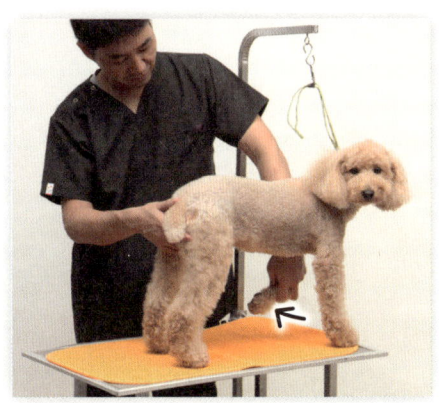

1 좌측 앞다리의 뒤쪽에서 손을 넣어 다리 안쪽에서부터 손을 대고 자연스러운 각도로 구부리면서 밀어 올립니다.

뒷다리를 들어올리는 법

우측 뒷다리

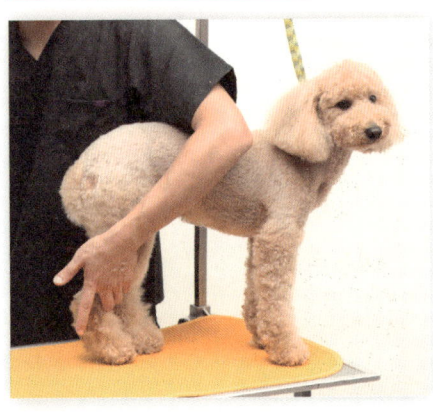

1 개의 옆에 서서 오른손으로 엉덩이를 받칩니다. 개의 몸 위에서부터 왼팔을 감아 무릎 아래에 바깥쪽에서부터 손을 얹습니다.

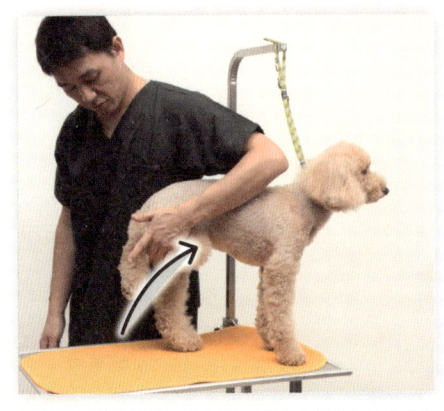

2 무릎을 앞쪽으로 굽히면서 다리를 밀어 올립니다. 무릎이 완전히 구부러지는 지점까지 올리면 OK.

좌측 뒷다리①

개의 몸 위쪽에서 왼팔을 감고 양쪽 뒷다리 사이로 앞쪽에서 왼손을 넣고 좌측 뒷다리의 무릎 아래에 안쪽에서 손을 얹어 밀어 올립니다.

좌측 뒷다리②

대형견은 개의 좌측 뒷다리 앞쪽에서 왼손을 넣고, 무릎 아래에 안쪽에서 손을 얹어 밀어 올립니다.

좌측 뒷다리③

대형견이나 ①, ②를 싫어하는 개는 개의 좌측 뒷다리의 뒤쪽에서 왼손을 넣고 무릎 아래에 안쪽에서 손을 얹어 밀어 올립니다.

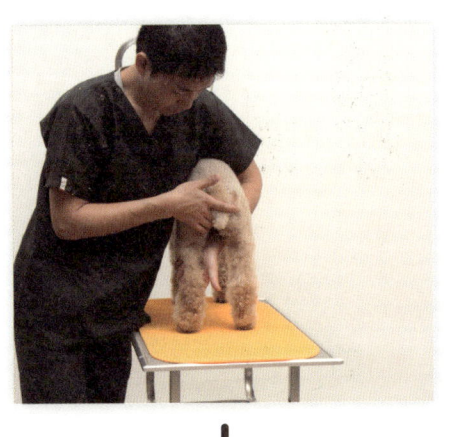
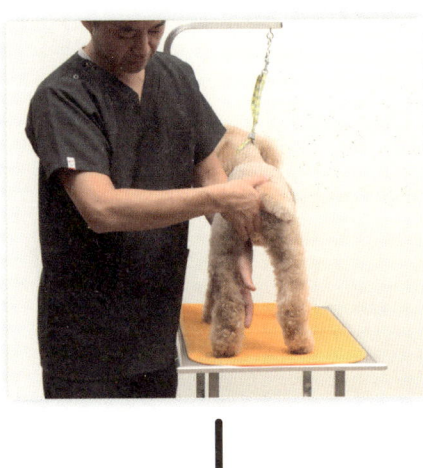
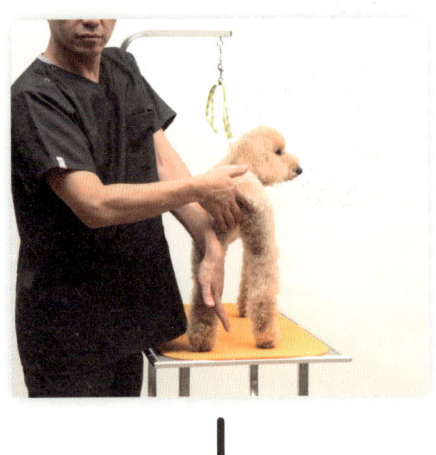

↓ ↓ ↓

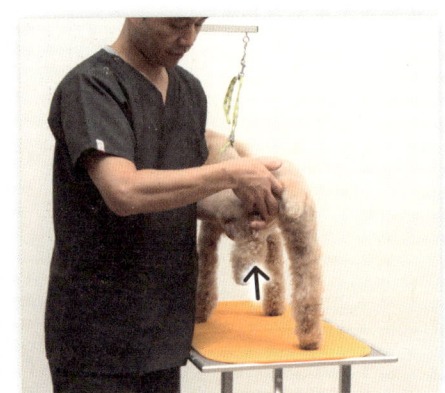
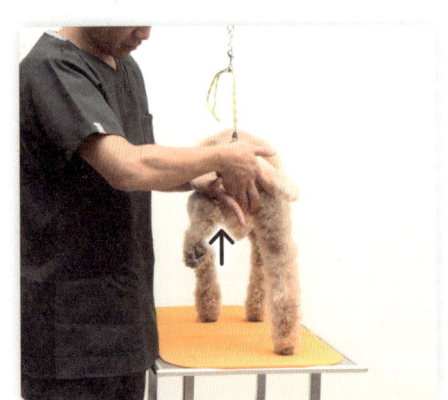

항문 주위 & 복부를 처리하는 경우

항문 주위

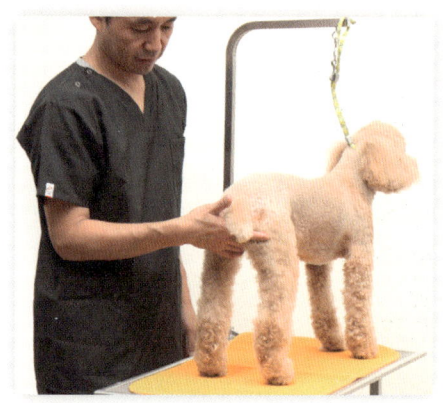

1 주저 앉지 않도록 오른손으로 대퇴부 안쪽을 가볍게 받칩니다.

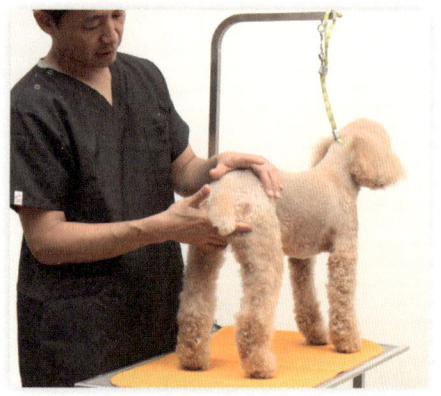

2 개의 몸에 왼손을 놓은 다음 쓰다듬듯이 몸 뒤쪽으로 이동시켜갑니다.

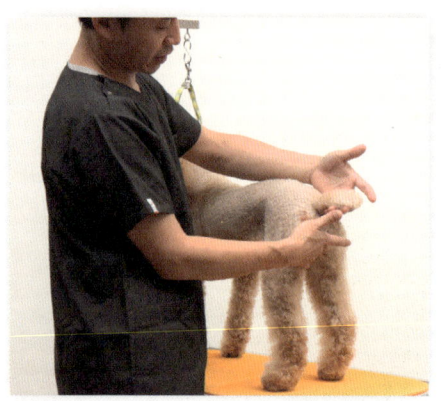

3 왼손을 꼬리 접합부 근처까지 옮겨간 다음, 손(오른손)을 바꿔 꼬리 아래에 댑니다.

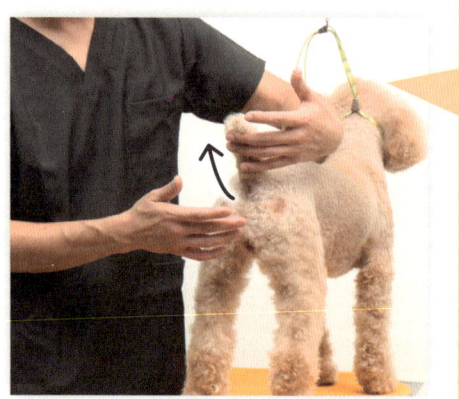

4 왼손으로 천천히 꼬리를 들어올립니다.

POINT

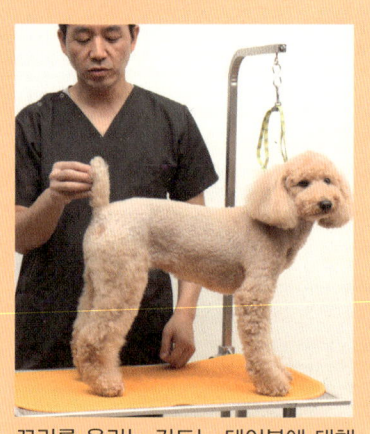

꼬리를 올리는 각도는 테이블에 대해 90도까지만

복부

1 개의 앞에 서서 앞다리를 한 쪽씩 올립니다 (앞다리를 들어 올리는 법을 참조)

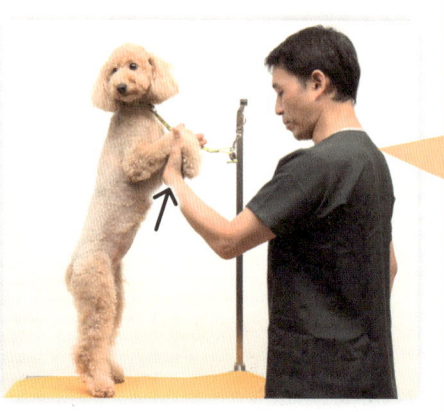

2 왼손으로 좌우의 앞다리를 모아 받치고, 개가 싫어하지 않는 정도까지만 들어올립니다.

POINT

양쪽 앞다리 사이에 검지 손가락을 넣어 개의 발 끝이 편안하게 구부러지고 어느 정도 움직일 만큼의 공간적 여유가 있는지 확인할 것.

제 5 장

베이싱

가네코 고이치

- 브러싱의 기본
- 귀 청소의 준비
- 샴핑
- 드라잉

브러시와 코움의 사용법을 배우자
브러싱의 기본

샴푸를 하기에 앞서 전신을 정성스럽게 브러싱합니다.
브러싱의 목적은 피모에 묻은 먼지와 오염물질을 제거하고 엉킨 털을 푸는 것입니다.
브러싱을 마치면 반드시 부위별로 코밍을 하여 뭉친 털이 남아있지 않은지 확인합니다.

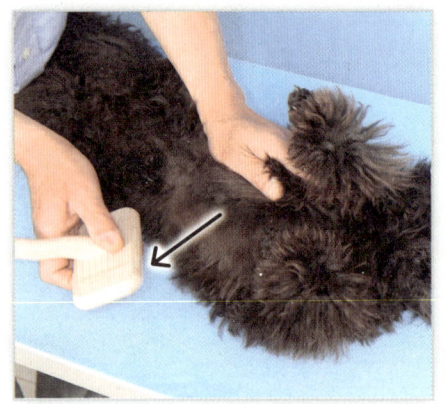

1 복부를 브러싱 합니다. 개를 위를 바라보게 눕히고 정중앙에서 바깥쪽을 향해 슬리커로 털을 풀어줍니다.

2 브러시를 대는 부분보다 윗쪽은 털을 뿌리부터 들어올리고 왼손으로 가볍게 누릅니다.

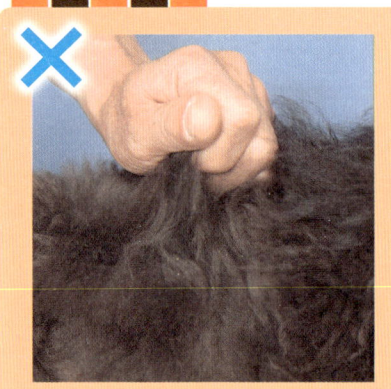

POINT ✗

왼손으로 강하게 누르거나 세게 쥘 경우에는 피부도 당겨져 핀이 부분적으로 세게 닿아 살갗에 상처를 낼 수 있으니 주의합시다.

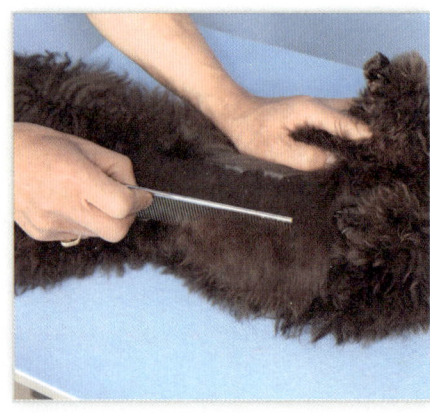

3 아래가슴~복부를 코밍합니다. 힘을 주지 않고 코움을 통과시켜 뭉친 털이 걸리지 않는지 확인합니다.

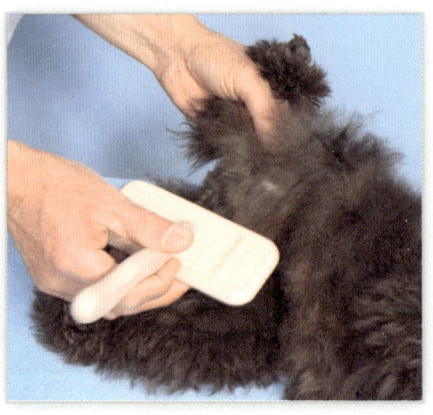

4 서혜부(뒷다리 접합부)의 털 뿌리부터 대퇴 안쪽과 뒷다리 안쪽을 브러싱한 다음, 코밍합니다.

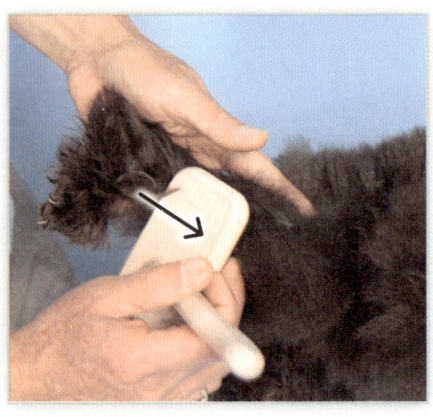

5 뒷다리의 앞쪽~바깥쪽은 모류와는 반대방향으로, 즉 다리의 아래부터 위를 향해 브러싱한 다음, 모류를 따라 코밍합니다.

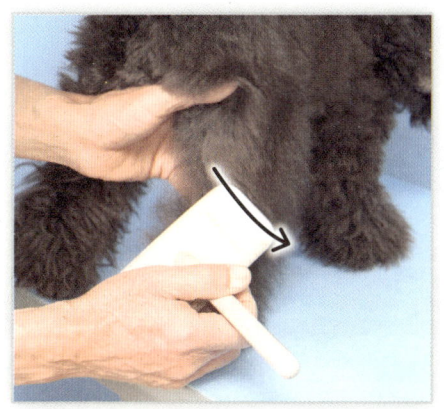

6 뒷다리 뒤쪽은 개를 세워서 비절의 위까지 비골(종아리뼈)의 양 옆면을 향해 털을 흘려주듯 브러싱한 다음, 코밍합니다.

비골을 따라 털을 풀어주면 뼈 위의 살갗이 얇은 부분에 상처를 낼 수 있습니다.

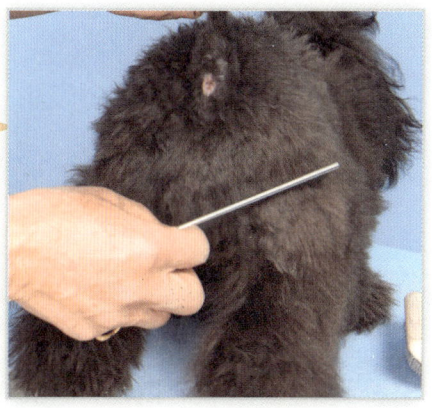

7 엉덩이는 모류를 따라 브러싱한 다음 코밍합니다. 비골을 따라 털을 풀어주면 뼈 위의 살갗이 얇은 부분에 상처를 낼 수 있습니다.

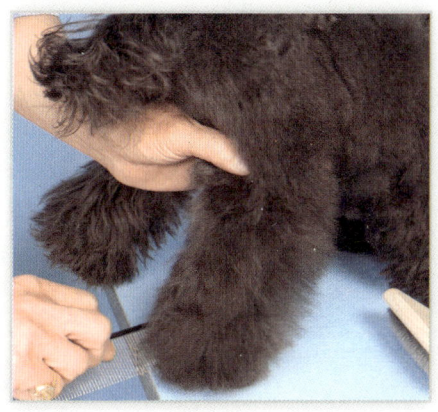

8 뒷다리 뒤쪽의 비절보다 아래는 아래에서 위를 향해 브러싱을 한 다음, 모류를 따라 코밍합니다.

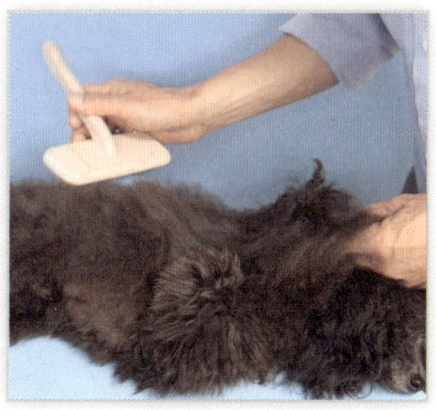

9 대퇴부~바디는 모류를 따라 브러싱한 다음 코밍합니다.

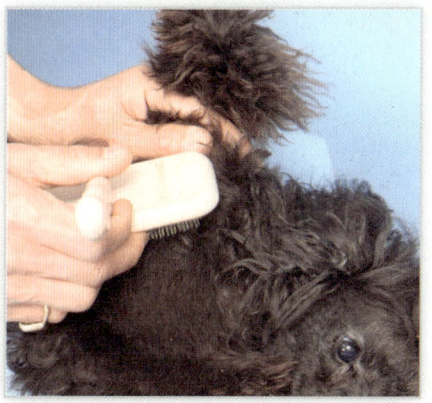

10 개를 위를 바라보게 눕히고 겨드랑이 털을 풀어줍니다. 털이 잘 뭉치는 부위이니, 슬리커를 이용해 여러 방향으로 브러싱을 한 다음 모류를 따라 코밍합니다.

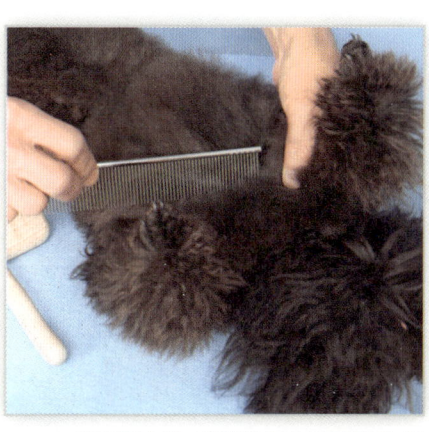

11 아래가슴은 정중앙에서 바깥쪽을 향해 브러싱한 다음 코밍합니다.

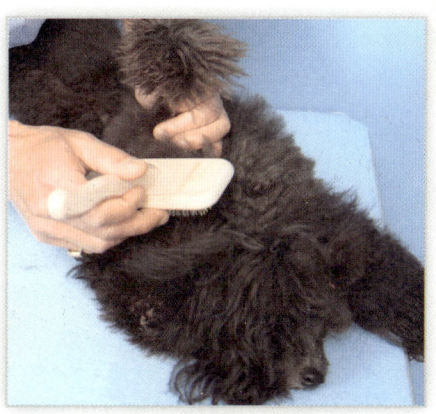

12 앞다리의 안쪽~앞쪽~뒤쪽은 모류와 반대방향으로 다리의 아래에서 위쪽을 향해 브러싱한 다음 모류를 따라 코밍합니다.

POINT 위에서 아래방향으로 빗질 하면 발가락 관절 등에 핀으로 상처를 낼 수도 있습니다.

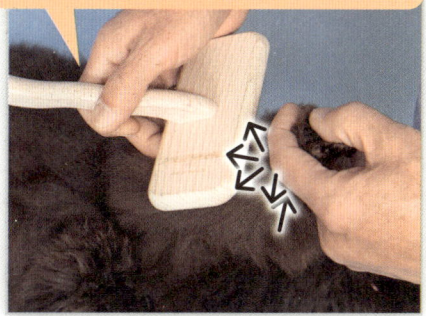

13 패드 주변은 털 뿌리부터 바깥쪽을 향해 방사형(화살표)으로 털을 풀어줍니다.

14 앞다리 바깥쪽 패스턴보다 아래는 아래에서 위로, 패스턴보다 위는 위에서 아래로 브러싱을 한 다음, 각각 모류를 따라 코밍합니다.

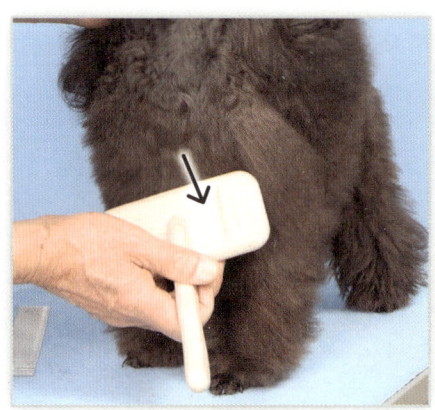

15 개를 세우고 앞가슴을 모류를 따라 브러싱한 다음 코밍합니다.

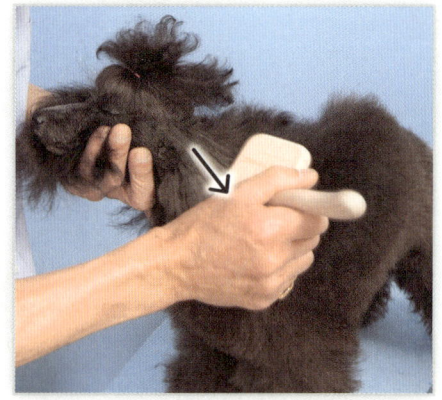

16 귀 겉쪽은 가장자리의 위치를 확인하면서 모류를 따라 브러싱한 다음 코밍합니다.

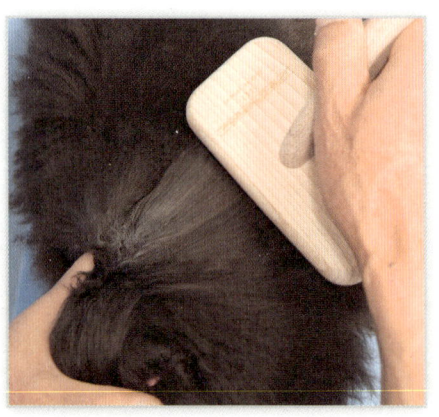

17 귀를 뒤집어 머리에 얹듯이 펼칩니다. 귀 뒷면을 모류를 따라 브러싱한 다음 코밍합니다.

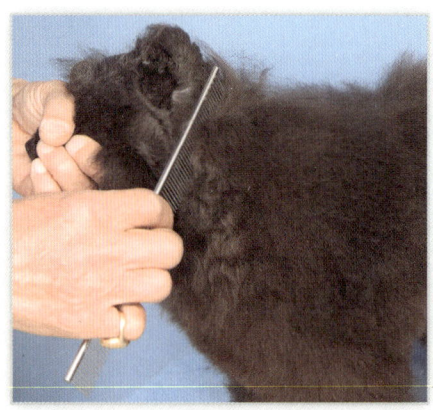

18 귀의 뒷부분을 브러싱한 다음 코밍합니다.

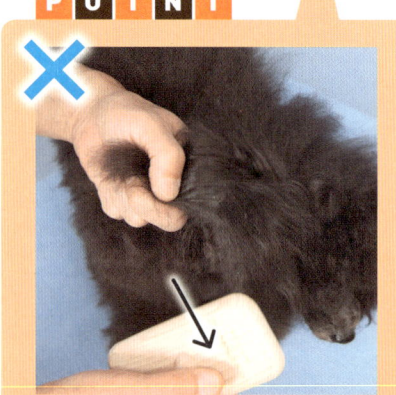

POINT ✗

모류에 대해 횡방향 등으로 빗질을 하면 털뭉치가 핀에 걸렸을 때 세게 당겨지게 되어 귀의 피부가 찢어질 수 있으니 주의합니다!

POINT

뭉친 털은 브러시를 롤링시켜 엉킨 털에 핀이 걸리도록 하면서 풀어줍니다.

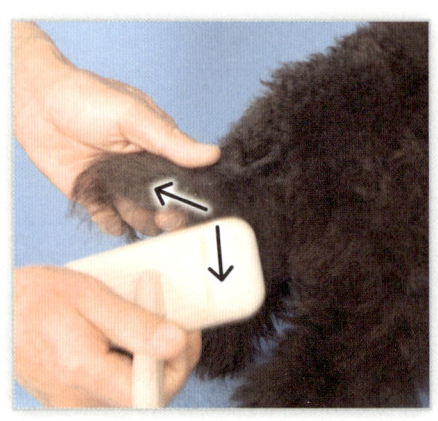

19 꼬리는 중앙에서 좌우로 갈라 브러싱한 다음 코밍합니다.

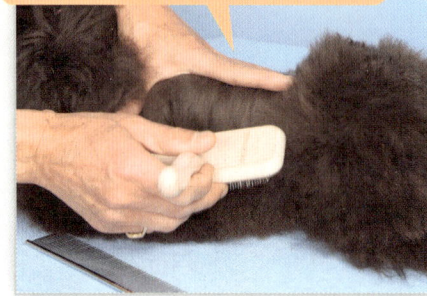

20 코움이 뭉친 털에 걸리는 감촉이 있을 때는 위에서 덮는 털을 왼손으로 고정하고, 뭉친 털에 직접 핀을 대어 풉니다.

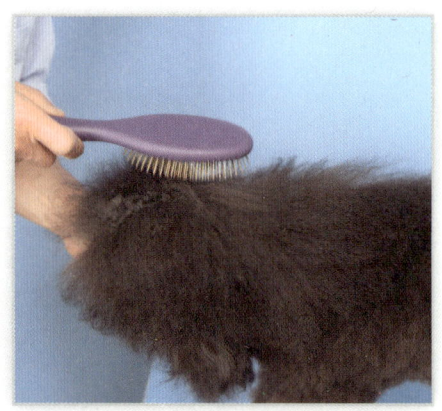

21 두부는 귀 접합부에서 좌우를 향해 브러싱을 한 다음 코밍합니다.

샴핑 전의 귀 케어
귀 청소의 준비

귀 속이 더러울 경우 샴핑 시에 귀 속을 씻어냅니다.
귀를 씻을 때는 샴핑 전에 귀 털을 뽑아두어야 합니다.
귀가 깨끗하고 건강한 상태라면 이런 귀 케어를 굳이 할 필요는 없습니다.

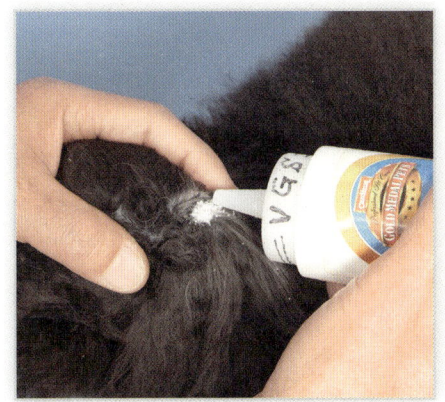

1 귓구멍 위에 이어 파우더를 뿌립니다. 구멍 안에 직접 넣지는 마세요.

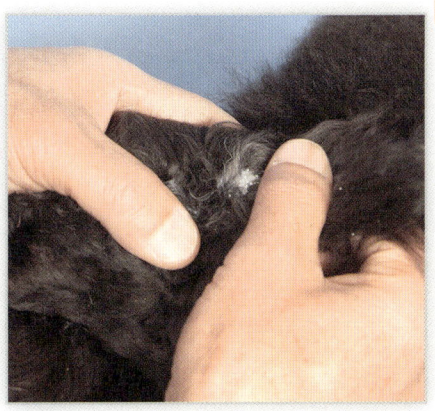

2 귀 접합부를 잡고 살살 흔들어 이어 파우더가 귓속으로 조금씩 들어가게 합니다.

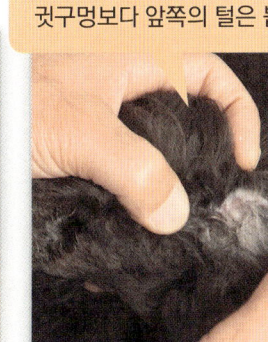

POINT 귓구멍보다 앞쪽의 털은 뽑지 말 것!

3 귓구멍 주변과 안쪽 털을 손가락으로 쥐고 뽑습니다.

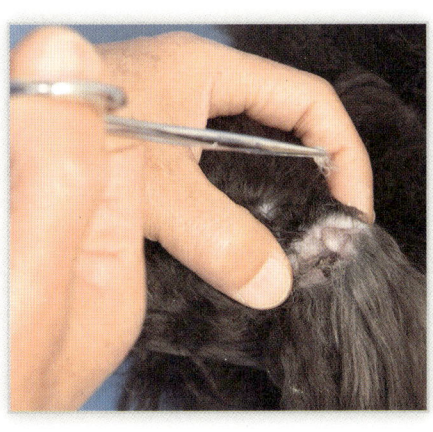

4 귓구멍 안 쪽의 보이는 범위의 털만을 겸자로 잡아 뽑습니다.

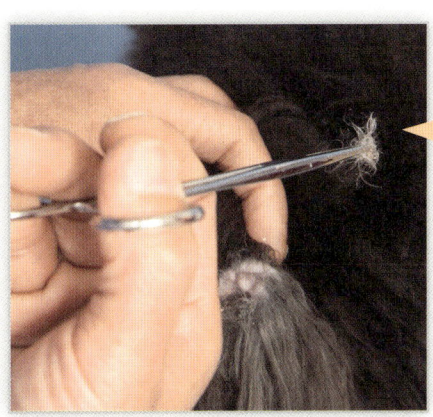
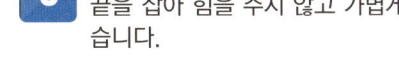

5 겸자를 사용할 때는 뽑고 싶은 털의 끝을 잡아 힘을 주지 않고 가볍게 뽑습니다.

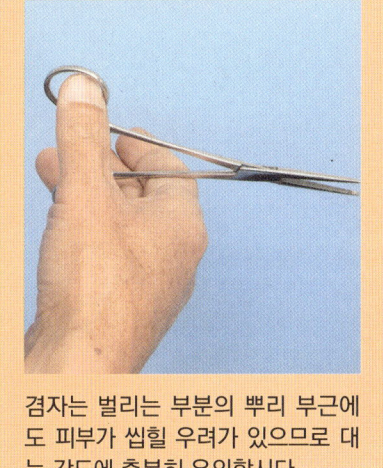

POINT

겸자는 벌리는 부분의 뿌리 부근에도 피부가 씹힐 우려가 있으므로 대는 각도에 충분히 유의합시다.

※ 가볍게 제거되는 오염은 이어로션과 면봉으로 닦아내는 경우도 있습니다.

더러움을 완전히 제거하는
샴핑

샴핑은 개의 피모와 피부에 맞는 샴푸제로 두 번에 걸쳐 하는 것이 기본입니다.
첫 번째는 더러움의 80~90%를 제거할 생각으로 정성스럽게,
두 번째는 아직 남아 있는 오염을 완전히 제거하도록 합니다.
샴핑 후에는 린스를 하고 타올 드라이로 물기를 제거합니다.

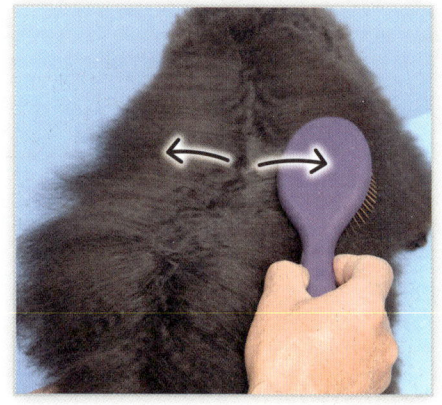

1 등의 털을 갈라 가르마를 만듭니다. 바디의 털을 등라인에서 좌우로 가릅니다.

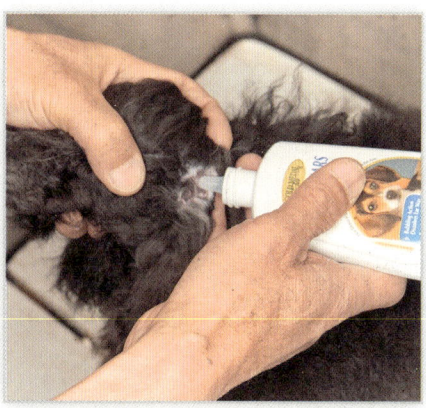

2 귓구멍에 이어로션을 넣습니다. 기름 성분을 녹여 더러움 등이 떨어져 나오는 효과가 있습니다.

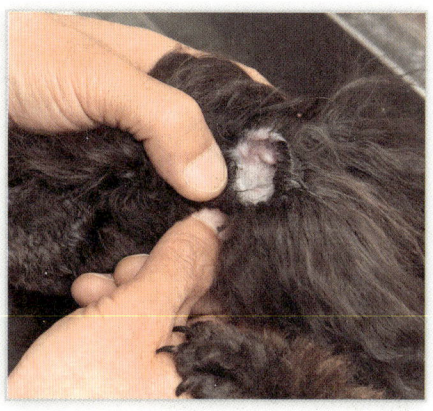

3 엄지손가락을 귓구멍 앞, 약간 아래쪽에 대고 아래에서 위를 향해 살짝 주무릅니다. 귓구멍에서 더러운 거품이 나옵니다.

4 귓구멍에 미지근한 물을 넣어 확실하게 헹굽니다.

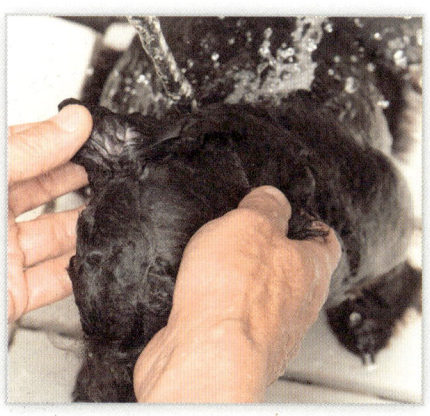

5 귀 접합부를 잡고 귓구멍을 벌리듯이 가볍게 잡아당겨 더러움을 씻어 냅니다. 더러움이 아직 남아 있다면 [3]~[5]를 다시 반복합니다.

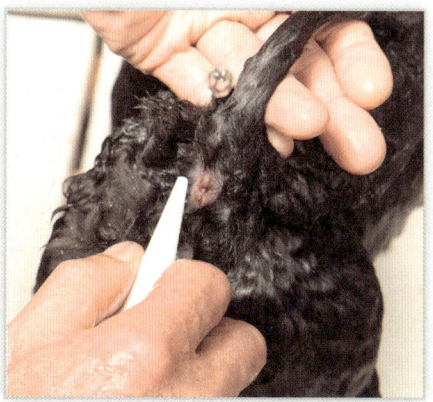

6 항문샘을 짭니다. 항문의 양 옆에 있는 작은 구멍이 항문샘의 출구입니다. 분비물이 쌓이는 항문샘의 낭은 항문 중심부에서 비스듬히 아래 쪽에 있습니다. (가리키고 있는 부분)

> **POINT**
> 엄지와 집게손가락을 안쪽으로 밀어 넣는 것이 아니라 손목스냅을 이용해 안에서 바깥으로 움직인다는 느낌으로 위쪽으로 밀어냅니다.

7 손으로 만져보아 항문샘 낭의 위치를 확인하고 손바닥으로 항문샘 출구의 구멍을 위에서 덮습니다. 엄지와 집게손가락을 낭 아래에 대고 (힘을 주지 않고) 두 개의 손가락을 그대로 위쪽으로 이동시킵니다.

8 분비물을 닦아내고 항문샘이 부풀어 있지 않은지 확인합니다.

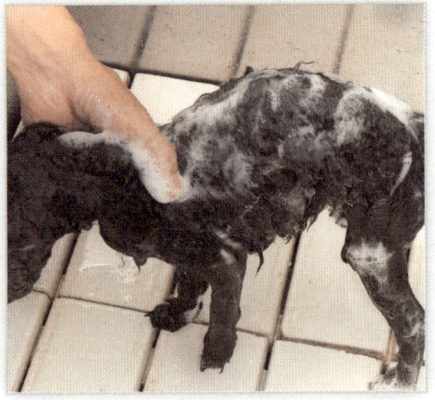
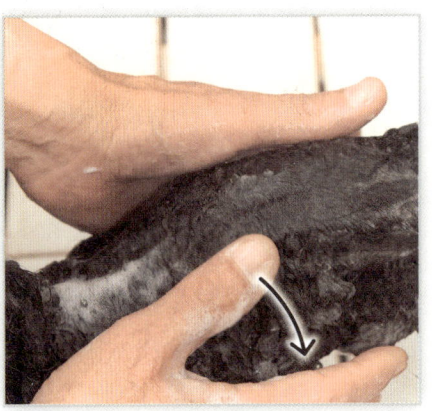

9 몸에 물을 적십니다. [1]에서 가른 등 가르마가 흐트러지지 않도록 주의하면서 샤워 또는 수도꼭지에서 나오는 미지근한 물을 끼얹습니다.

10 적절한 농도로 희석시킨 샴푸제를 충분히 거품을 내어 머리 이외의 전신에 발라 골고루 펴줍니다.

11 털을 비벼서 닦아줍니다. 손의 접합부~엄지손가락을 이용해 모류를 따라 한 방향으로 닦아 나갑니다.

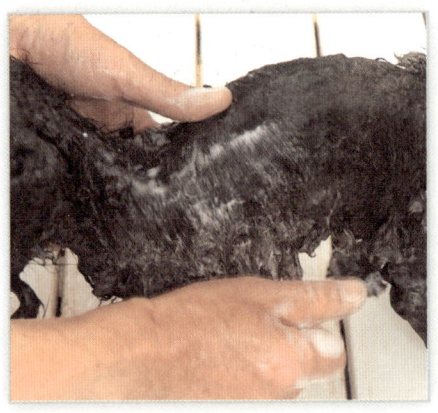
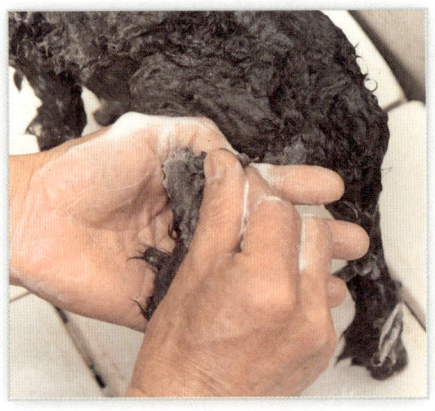
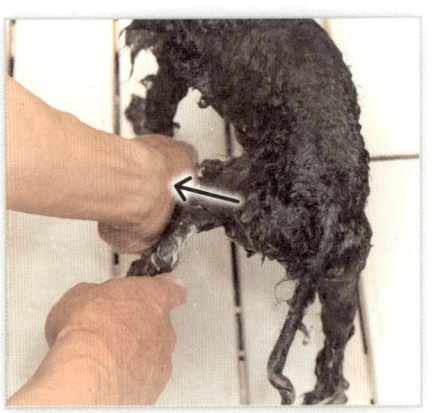

12 가볍게 비비면서 털과 털 사이에 공기를 머금도록 하면 거품이 잘 납니다.

13 뒷다리의 뒤쪽, 비절보다 아래쪽은 엄지손가락의 지문 부위를 이용해 꼼꼼하게 문질러 닦습니다.

14 뒷다리의 앞쪽~바깥쪽 털은 모류를 따라 비스듬히 앞쪽을 향해 닦습니다.

15 꼬리는 접합부에서 꼬리 끝까지 엄지손가락의 지문부위를 이용해 문지릅니다.

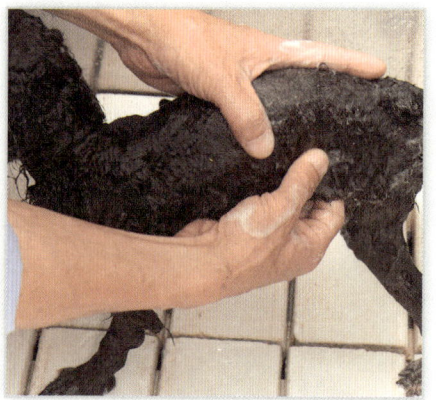

16 턱업은 엄지손가락과 나머지 네 개의 손가락 사이에 끼워 넣고 씻습니다.

17 팔꿈치 뒤에서부터 겨드랑이는 확실하게 비벼서 닦고, 앞다리는 모류를 따라 씻겨줍니다.

18 수근구는 패드 주위에 손가락을 넣어 닦습니다.

19 거품을 낸 샴푸제를 얼굴에 묻혀 눈꼬리에서 귀 접합부를 잇는 이매지너리 라인(Imaginary Line)까지 위쪽으로 문질러 닦습니다.

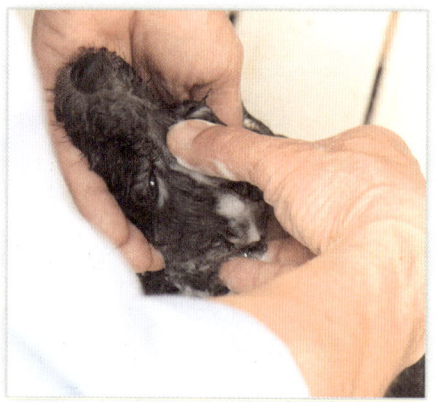

20 스톱에서부터 눈 사이는 엄지손가락을 세로로 대고 닦습니다.

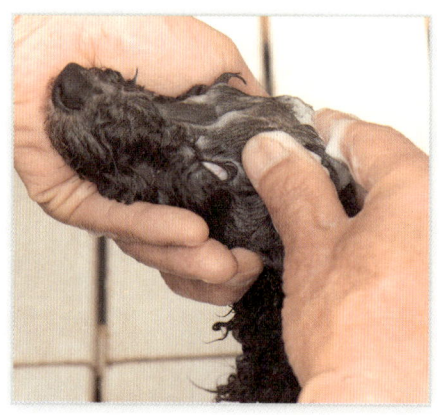

21 샴푸제가 눈에 들어가지 않도록 주의하면서 눈 가장자리까지 깨끗하게 닦습니다.

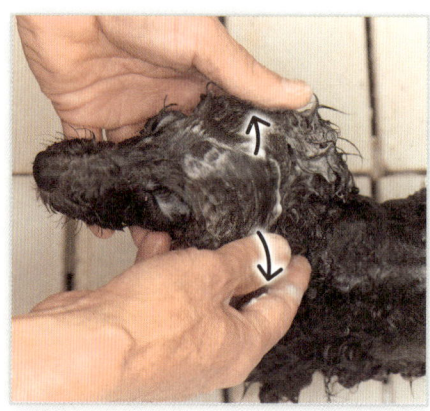

22 두정부는 털을 정 중앙에서 갈라 좌우를 향해 닦습니다.

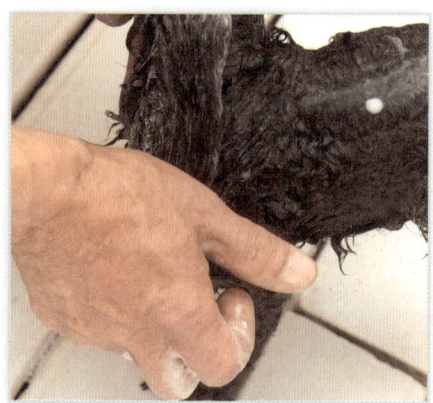

23 거품을 낸 샴푸제를 귀의 털끝까지 묻혀 엄지손가락의 지문부위로 꼼꼼하게 문지르면서 닦습니다.

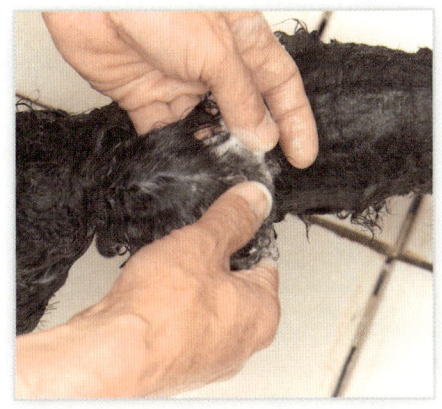

24 귀 털을 양쪽으로 갈라 귀의 피부를 엄지손가락의 지문부위로 문질러 닦습니다.

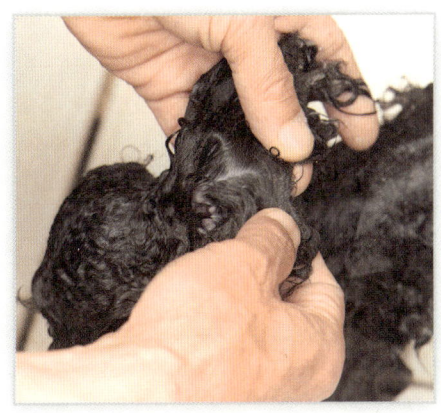

25 귀 뒤편의 주름진 부위는 피부가 겹쳐져 있으므로 잘 펴서 닦아줍니다.

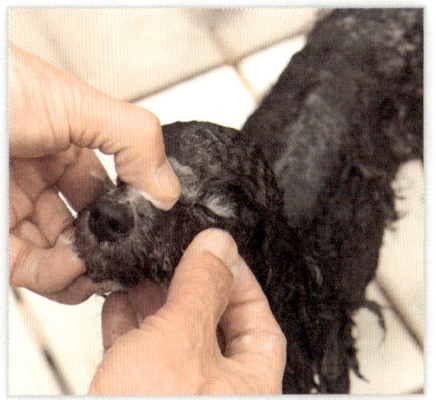

26 머즐의 중심에서 털을 좌우로 갈라 얼굴을 닦습니다. 눈 아래는 눈 가장자리에 거의 닿을 듯 말 듯한 부근까지 조심스럽게 닦습니다.

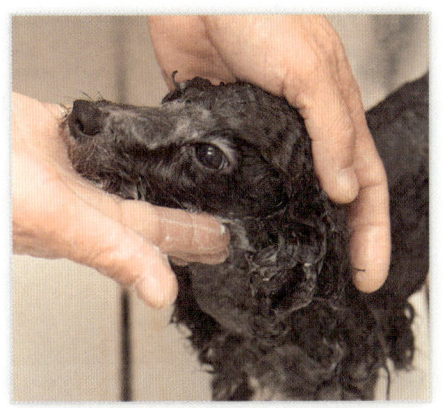

27 아래턱은 아래쪽에서 손바닥을 대고 목의 접합부에서 입까지 꼼꼼히 닦습니다.

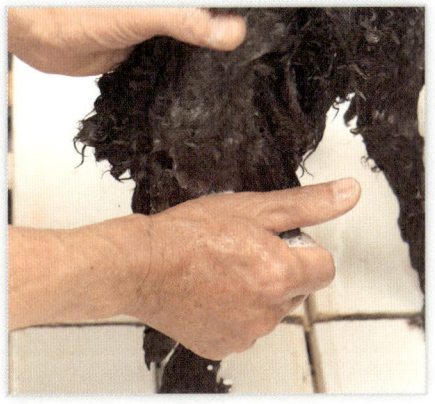

28 가슴은 모류를 따라 위에서 아래를 향해 닦습니다.

29 수도꼭지 또는 샤워기로 머리부터 헹구어 나갑니다. 눈에 물이 직접 들어가지 않도록 주의합시다.

30 머리부터 바디, 사지, 발의 순서로 헹구어 나갑니다.

31 몸의 하부(겨드랑이, 아래가슴, 대퇴 안쪽 등)는 한쪽 손을 아래쪽에 대고 손바닥에 물을 받아 아래 쪽에서도 헹구도록 합니다.

POINT

샤워기를 사용할 경우, 피부 가까이 샤워헤드를 댑니다.

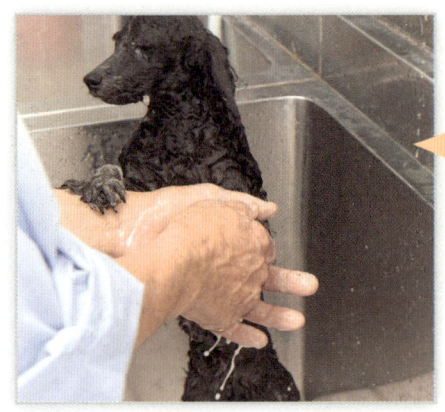

POINT

기름 때가 남아 있으면 털을 비벼도 소리가 나지 않습니다. 제대로 씻지 않은 털은 잘 마르지 않아 보기 좋게 펴지 못합니다.

32 두 번째 샴핑을 하고 거품을 완전히 헹굽니다. 손가락으로 털을 집어 비볐을 때 '뽀드득' 소리가 나는 것을 확인합니다.

33 린스를 사용합니다. 적절한 농도로 희석한 린스액을 스펀지 등에 머금게 하여 얼굴 이외의 전신에 묻힙니다.

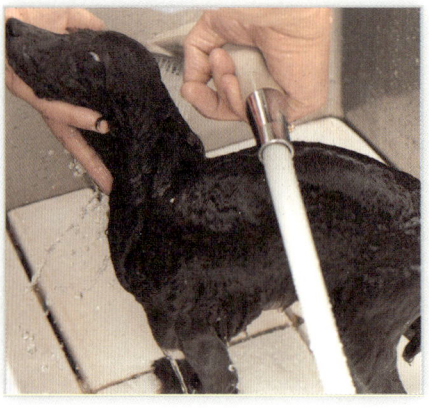
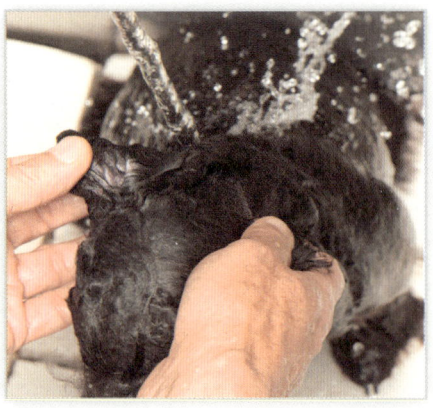

34 머리는 손에 린스액을 담아 뿌려줍니다. 눈에 들어가지 않도록 머리의 각도 등에 주의합니다.

35 린스를 완전히 헹굽니다. 헹구지 않은 부위가 남지 않도록 주의합니다.

36 귀가 심하게 더러울 경우, 샴푸까지 끝난 후에 다시 한 번 귀 속을 헹굽니다.

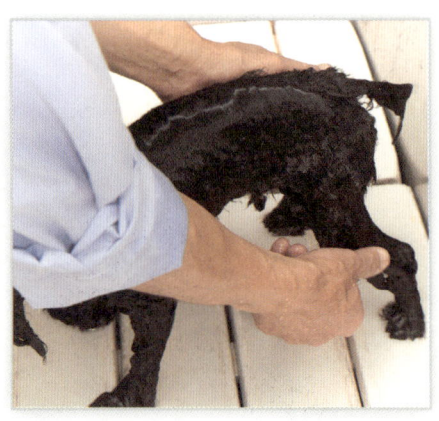
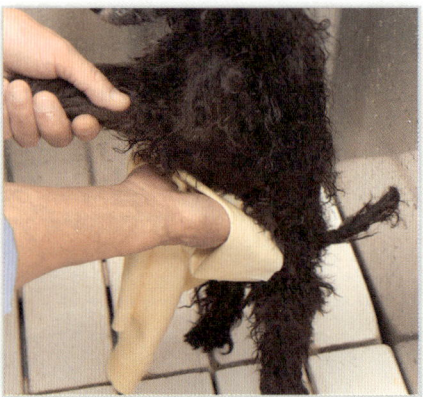
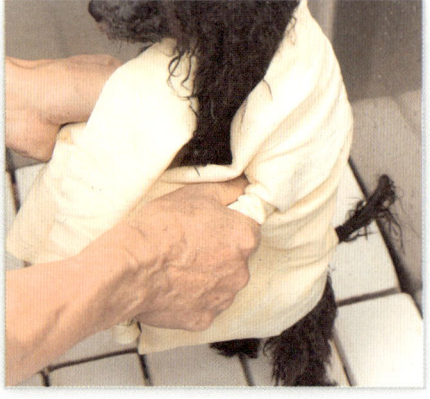

37 털을 손바닥으로 누르듯이 하여 물기를 짭니다

38 타월로 물기를 제거합니다. 바디 등은 손바닥에 타월을 올려 꾹꾹 눌러 물기를 제거합니다.

39 털이 긴 부분과 사지 등은 손으로 가볍게 쥐어 물기를 제거합니다.

트리밍의 완성도에 직결되는 작업

드라잉

트리밍을 보기 좋게 완성하는 조건 중 하나가 드라잉으로 털을 충분히 펴두는 것입니다.
푸들의 곱슬 털을 펴기 위해서는 일정한 수분량이 필요합니다.
털이 다 펴지기 전에 말라 버리면 수정이 불가능합니다.
털의 양과 길이, 마른 정도 등을 살펴보면서 작업을 진행합시다.

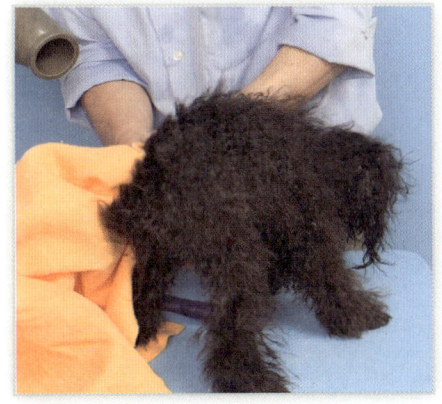

1 맨 처음 말릴 부위(이번에는 후구의 좌측면)만 드라이어로 바람을 쏘여주면서 타올로 물기를 제거합니다.

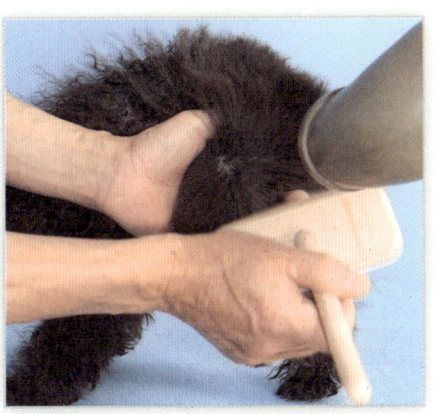

2 [1]에서 말린 부분에 바람을 쏘이면서 슬리커로 털을 풀어줍니다.

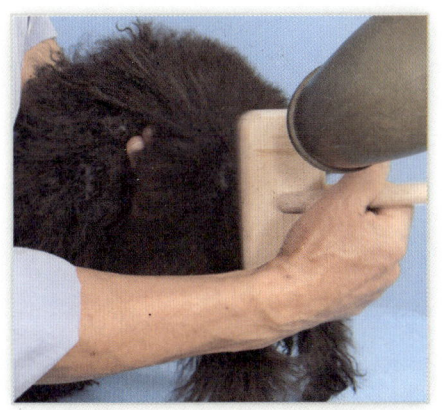

3 모류를 따라 위에서 아래쪽으로 풀어주는 동시에 횡방향 등으로도 풀어주면서 털 뿌리 쪽까지 바람을 쏘입니다.

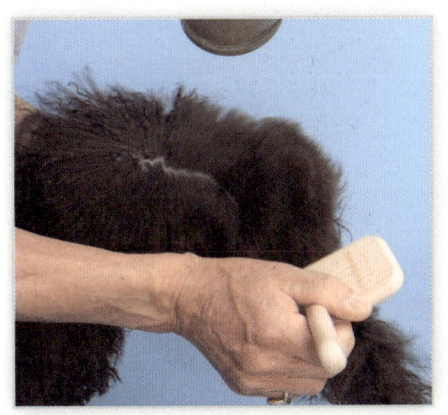

4 털의 물기는 위에서 아래쪽으로 떨어지므로 드라잉도 위에서 아래쪽(높은 부위부터 낮은 부위로)으로 진행합니다.

POINT 털이 짧은 부분은 잘 마르므로 먼저 드라잉 할 것!

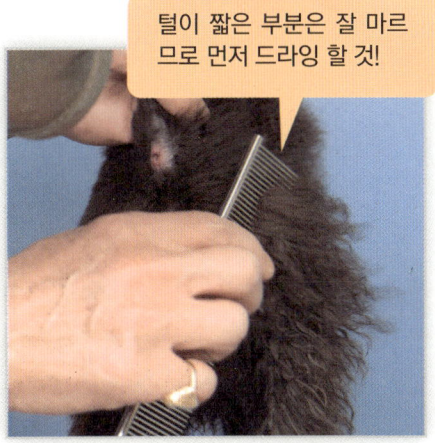

5 엉덩이를 말립니다. 항문 주변은 피부에 상처를 내는 것을 막기 위해 코움으로 털을 풀어주면서 바람을 쏘입니다.

6 후구(뒷몸통)의 꼬리쪽을 말립니다.

POINT

말리려는 부위의 옆 부분은 특히 주의가 필요합니다. 옆 부분에도 바람이 닿아 브러시로 털을 펴기 전에 말라 버리면 나중에 수정이 불가능하기 때문입니다.

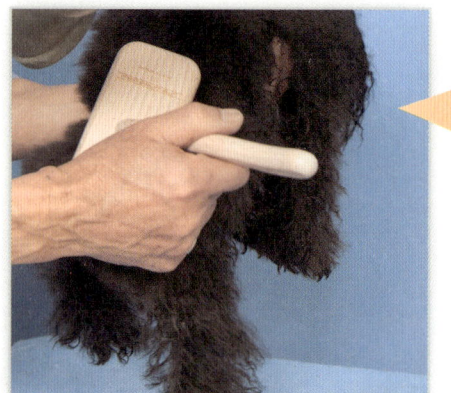

7 드라잉은 한 부위를 완전히 말린 다음, 다음 부위로 옮겨갑니다. 지금 말리는 부위 이외에는 바람이 닿지 않도록 드라이어의 방향과 개의 위치를 고려하면서 작업합니다.

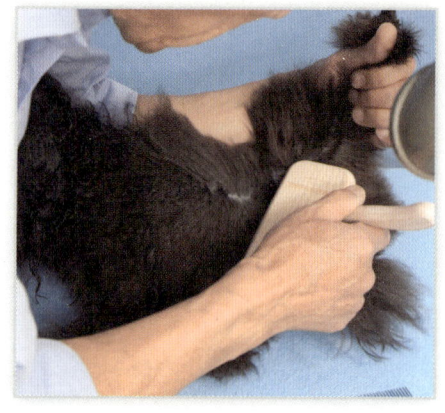

8 대퇴 안쪽을 말립니다. 피부에 상처를 내기 쉬운 부위이므로 바람이 닿는 부분을 확인하면서 털 뿌리 쪽부터 브러시로 빗질을 해 천천히 털을 펴줍니다.

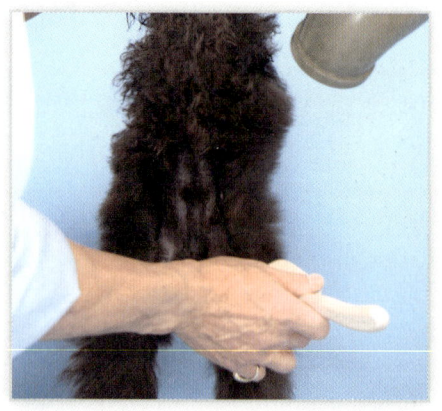

9 바람이 잘 닿지 않는 부분과 털을 펴기 힘든 부분은 개를 세우는 등 자세를 바꿔가며 확실하게 말립니다.

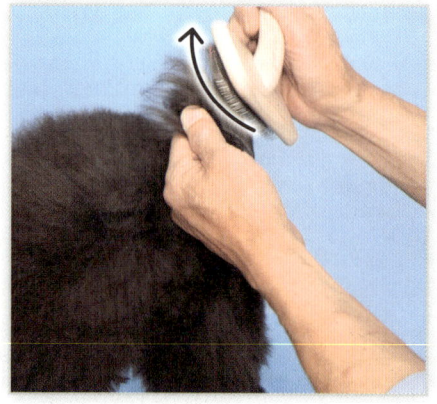

10 꼬리를 말립니다. 슬리커를 가볍게 롤링하는 식으로 움직이면 긴 털의 뿌리까지 바람이 잘 들어가 털을 보기 좋게 펼 수 있습니다.

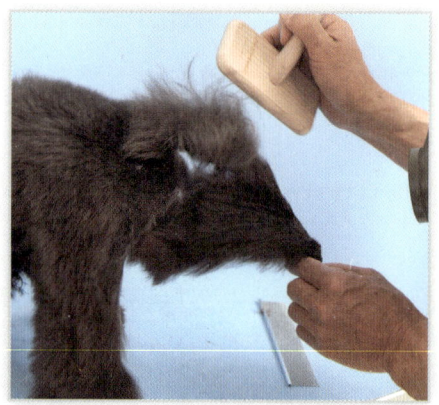

11 뒷다리의 안쪽, 아래가슴, 겨드랑이, 앞다리의 순서로 작업을 진행합니다.

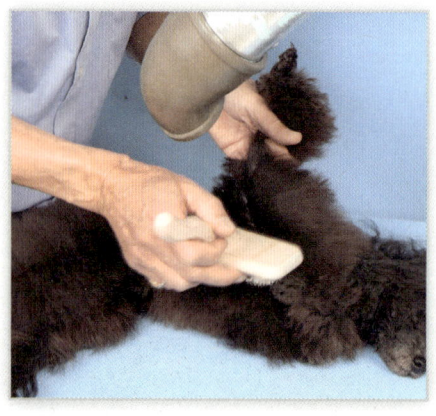

12 개를 눕힌 상태에서 작업을 할 때는 머리를 들어올리기 힘든 자세로 보정하면 개가 일어서는 것을 방지할 수 있습니다.

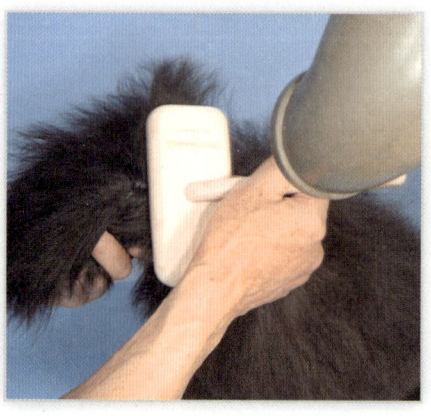

13 귀를 들어올리고 목 주위를 말립니다.

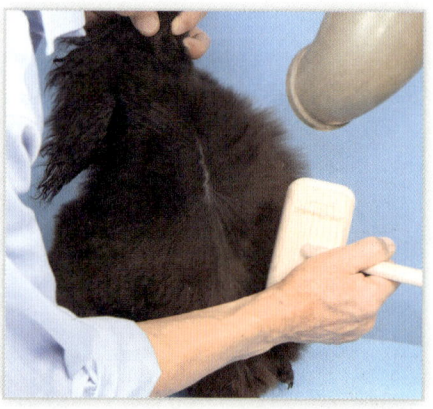

14 가슴에서부터 전구(앞몸통)의 양 옆까지 말립니다. 모류를 따라 털을 풀어주면서 횡방향으로도 풀어 털을 확실하게 펴줍니다.

POINT
여유가 있을 때는 바디를 다 말리기 전에 귀를 조금만 말려 둡니다. 도중에 바람을 쏘여 두면 마지막에 귀를 말리는데 걸리는 시간을 단축할 수 있습니다.

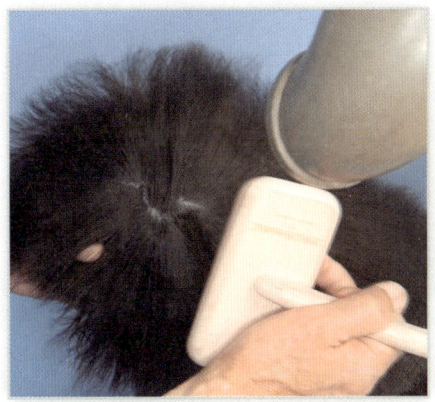

15 두부를 말립니다. 귀 접합부의 턱(단차)에 핀이 걸리지 않도록 주의합니다.

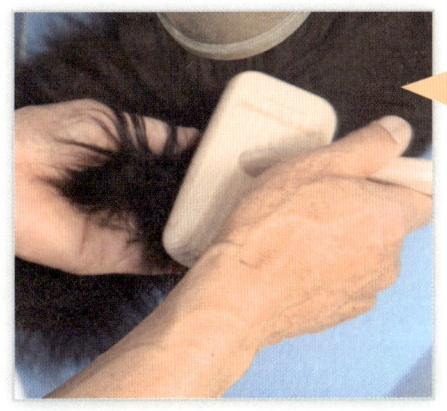

16 귀를 말립니다. 귀 털은 바디와 같은 곱슬 털이 아닌데다 밀도가 높아 잘 마르지 않으므로 제일 마지막에 드라잉을 해도 무방합니다.

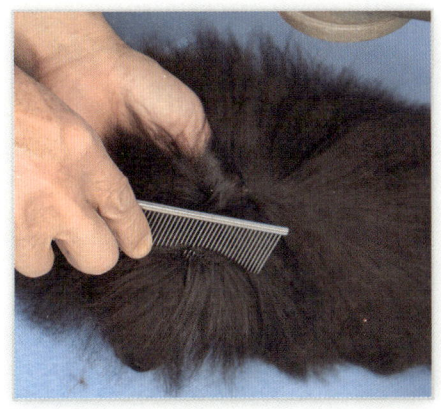

17 귀는 말리는데 시간이 걸리므로 슬리커로 계속해서 빗질을 하면 피부에 부담을 줍니다. 중간에 코움으로 바꾸고 거의 다 말랐을 때 다시 슬리커를 사용합니다.

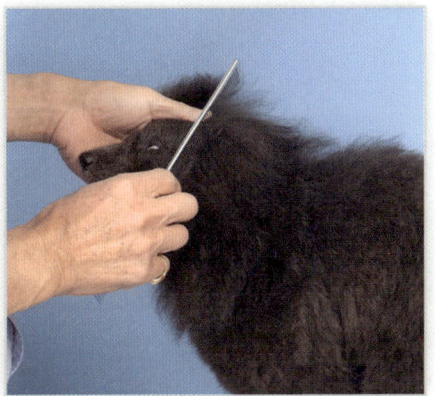

18 귀를 뒤집어 뒤쪽에서도 바람을 쏘여 줍니다.

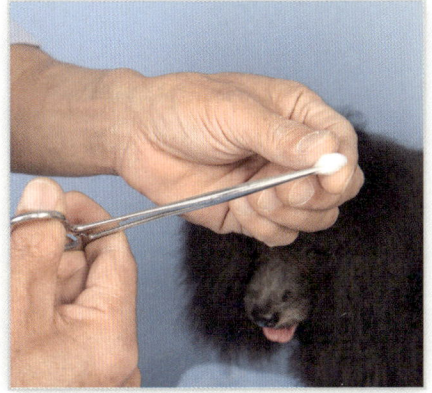

19 귀의 케어를 마무리합니다. 손가락으로 둥글게 뭉친 솜을 겸자 사이에 끼웁니다.

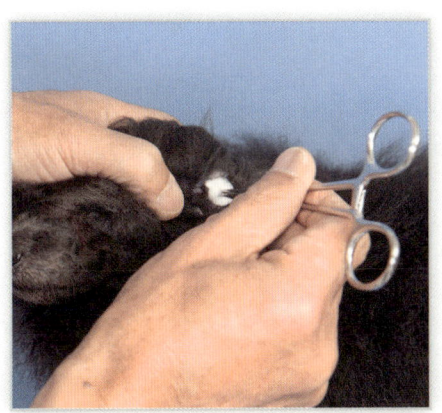

20 귓속의 보이는 범위를 가볍게 닦아냅니다.

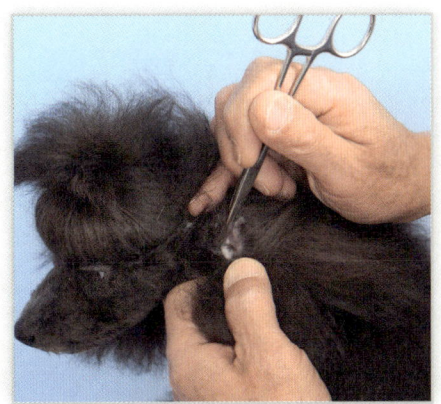

21 비스듬히 개 뒤쪽에 서서 (귓구멍의 아래쪽을 가볍게 잡아당기면서) 겸자가 무리 없이 들어가는 곳까지 귓구멍 속을 닦습니다.

finish

column
래핑(Wrapping)의 테크닉

쇼클립 푸들의 메인코트와 귀 등 길게 남기는 피모는
평소에는 래핑해서 보호할 필요가 있습니다.

두부의 래핑

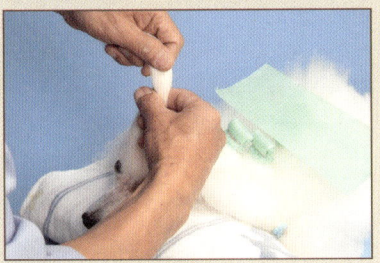

1 개의 앞쪽에 서서 래핑할 털을 스톱의 앞쪽에서 모아 쥡니다.

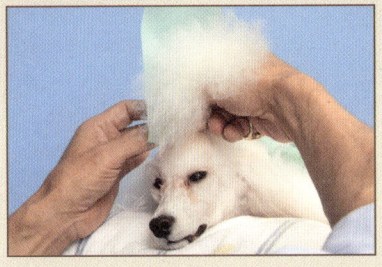

2 ①의 털 다발 뒤쪽에 래핑 페이퍼를 대고 뿌리 쪽에 잘 고정하고, 페이퍼는(트리머 기준) 앞쪽은 짧게 뒤쪽은 길게 나오도록 합니다.

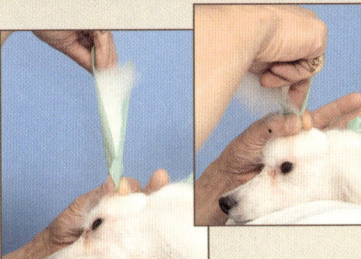

3 털 다발의 뿌리를 왼손 엄지와 집게손가락으로 눌러 고정합니다. 오른손 중지를 털 뿌리에서 털끝 쪽으로 슬라이딩시키면서 털 다발을 페이퍼 안쪽으로 넣어갑니다.

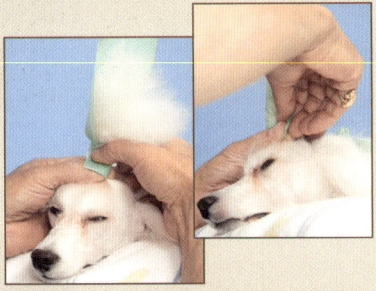

4 왼손의 엄지손가락을 좌측으로 움직이면서 오른손으로 뒤쪽의 페이퍼를 감습니다.

5 아래쪽 끝을 왼손으로 단단히 고쳐 잡고, 오른손으로 털 다발을 털끝까지 페이퍼 안에 넣습니다.

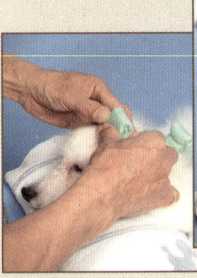

6 페이퍼로 감싼 털 다발을 뒤쪽으로 반 접고, 다시 한번 접어, 털 다발 밑에서 1/3 정도 위치에 고무줄을 감습니다.

귀의 래핑

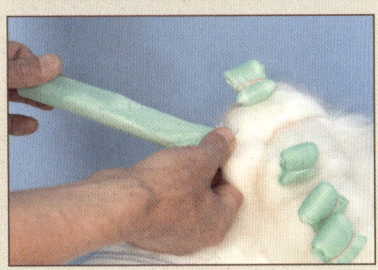

1 귀 털을 모아 잡고, 귀의 가장자리보다 살짝 위에서 래핑 페이퍼로 감쌉니다.

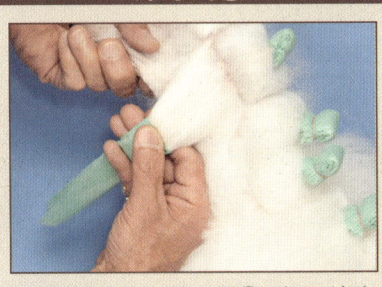

2 페이퍼의 위쪽 끝을 잡고, 살짝 안쪽으로 당기면서 아래쪽으로 내립니다.

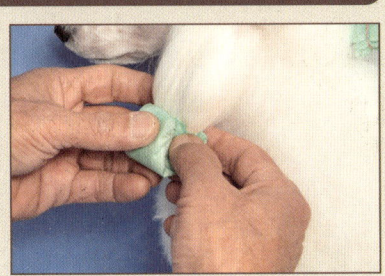

3 털 다발을 안쪽으로 절반 접고, 다시 한 번 접은 다음 고무줄을 감습니다.

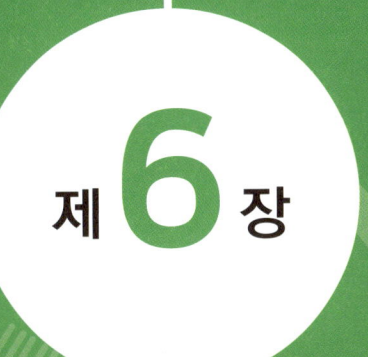

제 6 장
클리핑과 시저링

가네코 고이치

- '면과 각' 잡는 법
- 얼굴·발·바디의 클리핑
- 시저링
- 브레이슬릿 만들기

균형 잡힌 완성형을 만들기 위한
'면과 각' 잡는 법

'면과 각'으로 표현한 램클립의 게이지(작업 도중의 상태). 작업을 진행할 때는 이런 '면과 각'의 연결성을 항상 머리 속에 그리도록 합시다.

©Kouichi Kaneko 2017

'둥글게 자르자' 는 생각을 버리자

커트를 할 때 가장 애를 먹는 것 중 하나가 '둥근 부분'을 어떻게 다듬는가 하는 것입니다. 아무리 정성 들여 잘라도 좌우 밸런스가 깨지거나 원하는 형태가 나오지 않는 등… 수정을 하려다 보니 오히려 찌그러지기 일쑤였다는 경험들은 누구나 갖고 있을 것입니다.

'원'을 잘 만들지 못하는 주된 원인은 처음부터 '둥글게' 자르려고 하기 때문입니다. 정사각형의 종이를 컴퍼스 없이 둥글게 자르는 방법을 생각해봅시다. 종이와 가위를 빙글빙글 돌려가면서 잘라도 예쁜 원이 나오기란 어렵습니다. 그보다는 사각형의 모퉁이(각)를 쳐내서 점점 원에 가깝게 하는 것이 확실한 방법입니다.

우선 정사각형의 네 모퉁이를 각각 45도로 잘라 정팔각형으로 만듭니다. 그런 다음 그 각들을 같은 각도로 다시 쳐내면 정십육각형. 이 시점에서 이미 정원형에 상당히 가까워진 상태일 것입니다. '면과 각' 이론은 트리밍 분야에서도 마찬가지로 '각을 쳐내어 둥글게 만들어간다'는 것을 기본으로 하고 있

트리밍의 5가지 기본원칙

1 개를 자연스러운 자세로 세운다.

개의 체형, 골격은 다양하므로 커트로 커버할 수 있는 부분은 커버하고 각각의 개의 체형에 맞춰 적절한 형태로 마무리합니다.

2 눈높이의 위치에 주의한다.

개를 위에서 내려다보는 자세로 작업하면 가위 각도가 앞뒤로 기울어집니다. '테이블과 평행한 면'을 만들고 싶을 때는 같은 높이까지 눈높이를 낮춰 확인해야 합니다.

3 입모(立毛)는 바르고 정성스럽게

모질·모량·모류 등을 고려해서 코움으로 확실하게 털을 세워 보다 자연스러운 상태로 피모를 정돈한 후에 커트합니다.

4 가위의 방향, 각도를 이해한다.

일정한 각도로 가위를 움직일 수 있도록 기본적인 동작을 확실하게 연습해둡니다.

5 현재 어느 부분을 자르고 있는지 파악한다.

'면과 각'으로 완성하는 기본을 이해하고 현재 어느 부분을 자르고 있는지 의식하면서 작업합니다. 중간에 이상한 면을 만들면 완성도에 영향을 미치므로 주의합시다.

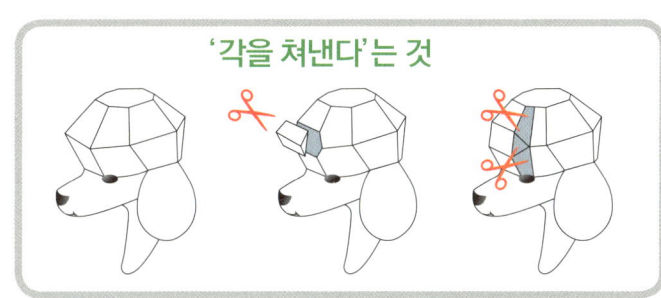

'각을 쳐낸다'는 것

© Kouichi Kaneko 2017

습니다. 다시 말해 '원'을 만드는데 필요한 것은 '면'과 '면'이 접하는 '각'을 올바른 각도로 잘라내어 최종적으로 '원에 가까운 형태'로 만들어내는 기술인 것입니다.

'면'과 '각'을 의식한다

이 장에서는 램클립(Lamb Clip)을 예로 들어 해설합니다. '면과 각' 이론은 모든 커트에 응용할 수 있습니다. 또한 해설에서 제시하는 각도는 표준적인 체형의 개를 기준으로 한 것입니다. 몸통이 길고 다리가 짧은 '로온 렝스 타입'이나 몸통이 짧고 다리가 긴 '하이온 렝스 타입'과 같은 체형의 차이와 사지의 형태, 앵귤레이션(angulation)의 깊이 등 커트를 할 개의 체형에 맞춰 세부조정을 해 나갑시다. 또한 개를 정확하게 살펴보는 것과 도구를 적절하게 사용하는 것도 중요합니다. 트리밍의 기본을 다시 한번 되돌아보고 정확하고 성의 있게 작업을 진행합시다.

푸들의 얼굴을 바리칸으로 작업하는
얼굴의 클리핑

얼굴의 클리핑은 스탠더드 스타일은 물론 펫 커트에도 응용할 수 있는 기술입니다.
얼굴의 인상을 결정짓는 중요한 포인트이므로 기본을 숙지해서
균형 잡힌 형태로 완성합시다.

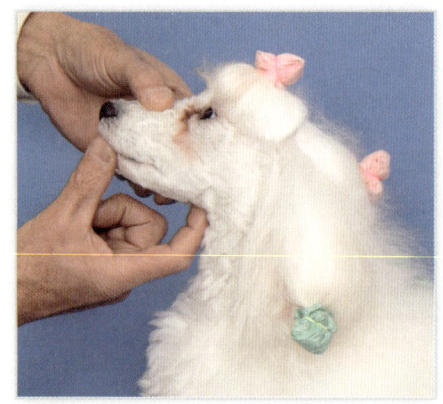

1 네크라인의 정점을 정합니다. 우선 목~머즐 끝까지의 길이를 확인합니다.

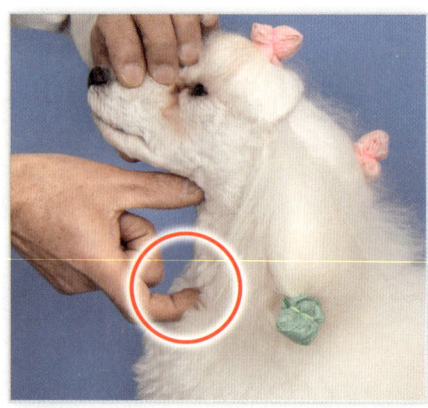

2 인후부부터 아래쪽으로 [1]의 길이와 동일한 거리를 재고, 그곳을 네크라인의 정점으로 정합니다.

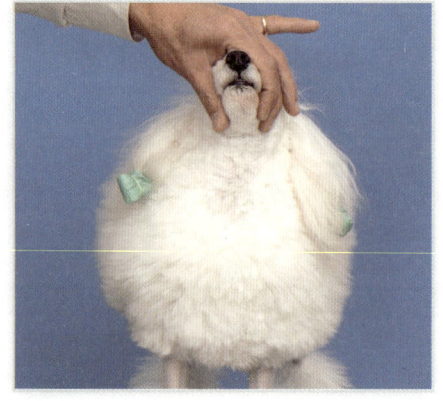

3 개를 올바른 자세로 세우고 앞을 바라보게 하여 좌우 앞 다리의 중앙에 개의 코(비경)가 위치하는지 확인합니다.

4 [2]에서 정한 포인트에 날의 중앙이 닿도록 1mm의 날을 장착한 클리퍼를 댑니다.

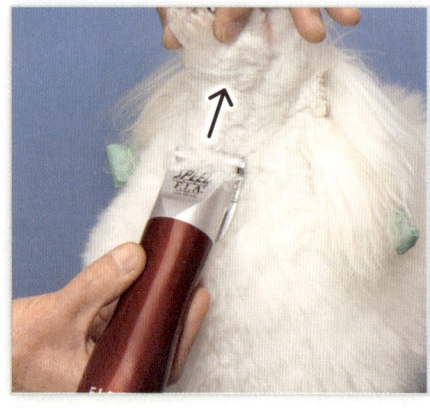

5 [4]에서 클리퍼를 댄 위치에서 인후부 쪽으로 반듯이 역방향으로 밉니다.

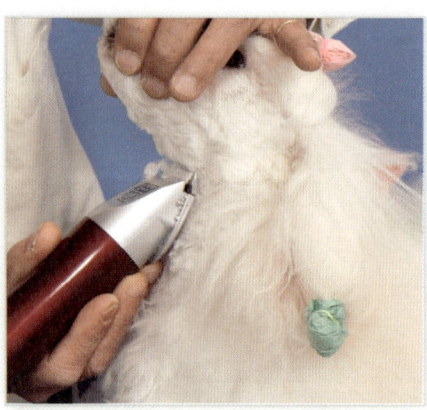

6 날 끝이 인후부에 닿을 때까지 블레이드의 바닥을 피부의 곡선을 따라 움직입니다.

POINT

클리퍼의 날이 좌우 어느 쪽으로든 빗나가지 않도록 주의합니다. 사진은 중심에서 오른쪽으로 빗나간 상태.

날을 바짝 세우지 말고 개의 피부에 블레이드의 바닥(정날의 뒤쪽)이 닿도록 합니다. 사진은 날이 서 있는 상태.

밀기 시작할 때는 인후부를 향해 수직으로. 날은 테이블에 평행하게 댑니다. 사진은 중심을 기준으로 오른쪽으로 기울어진 상태.

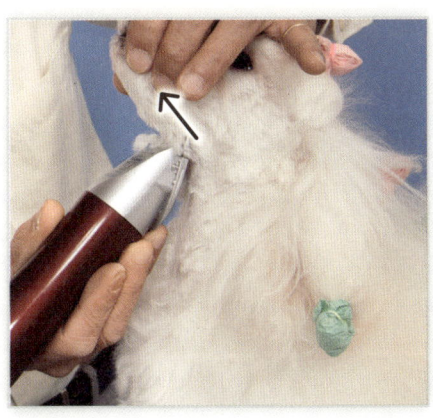
7 날 끝이 인후부에 닿으면 클리퍼의 각도는 바꾸지 말고 그대로 트리머 본인의 앞쪽으로 가볍게 미끄러지듯 인후~아래턱으로 이어지는 부분을 깎습니다.

8 블레이드의 바닥을 피부에 자연스럽게 댈 수 있는 위치까지 오면 클리퍼의 각도를 바꾸어 아래턱 끝까지 밉니다.

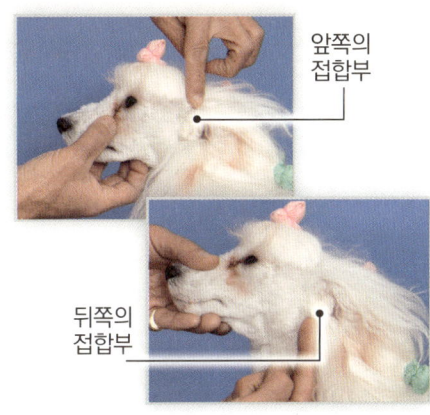
9 이매지너리 라인을 만들어 갑니다. 귀를 뒤집어 귀 접합부의 높이를 확인합니다.

POINT

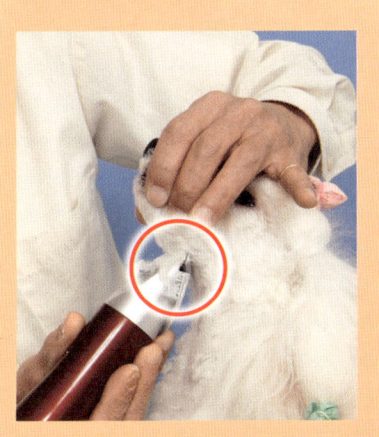
이 때는 블레이드의 바닥을 피부에서 떼어도 OK.

POINT
개의 얼굴 각도는 '10m 앞의 지면을 보는 정도'를 기준으로 합니다.

10 개를 올바른 자세로 세우고 코끝을 살짝 낮춘 상태로 보정합니다.

11 테이블면(바닥)과 평행해지도록 밀기 시작하는 위치(높이)를 정합니다.

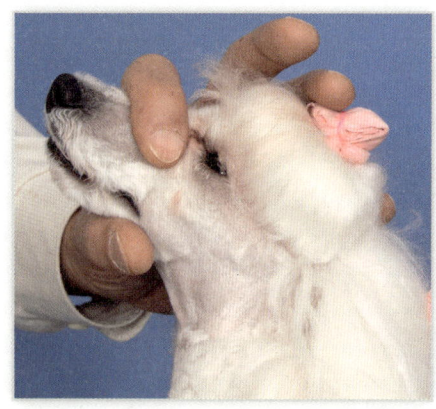

12 얼굴의 좌측을 밀 때는 개가 목을 움직이지 않도록 왼손의 엄지손가락을 아래턱에 대고 검지를 머즐의 위에서 감은 다음, 새끼 손가락으로 후두부를 고정합니다.

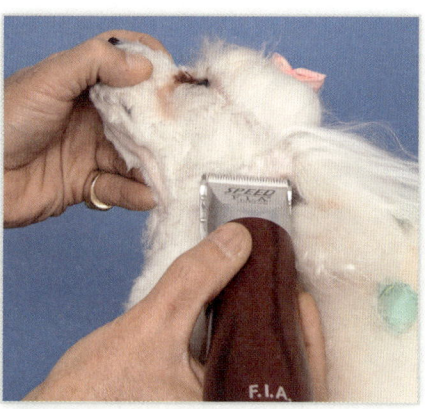

13 귀 앞쪽의 접합부를 향해 귓구멍의 앞쪽 털을 깔끔하게 클리핑합니다.

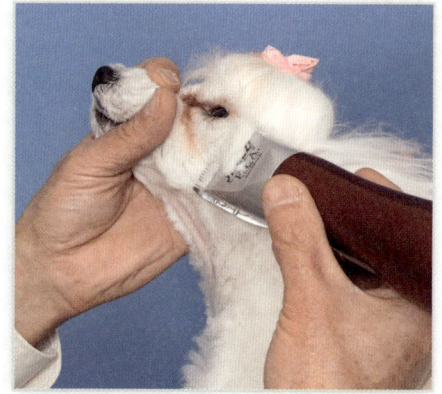

14 귀 앞쪽의 접합부까지 밀었다면 클리퍼의 방향을 바꿉니다. [11]에서 정한 이매지너리 라인을 의식하면서 눈꼬리를 향해 반듯하게 밀어줍니다.

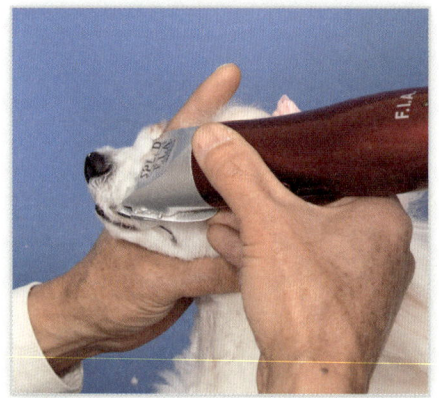

15 눈꼬리까지 밀었다면 그대로 이어서 눈 아래~머즐을 밀어나갑니다.

16 개를 [10]과 같이 세우고 이매지너리 라인의 각도를 확인하여 필요에 따라 조정합니다.

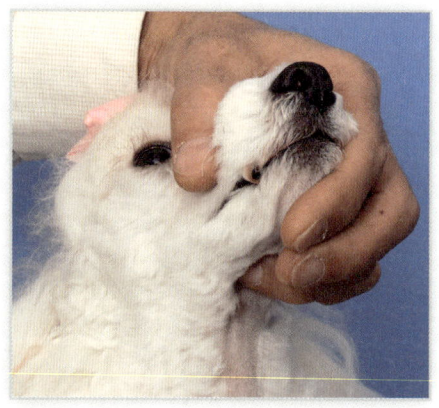

17 반대쪽도 동일합니다. 얼굴의 오른쪽을 밀 때는 왼손의 엄지손가락을 위로 하여 머즐을 잡고, 약지를 인후부의 함몰부에 살짝 넣어 보정합니다.

18 네크라인을 만듭니다. 우선 귀 뒤쪽의 접합부와 아담스애플(목 울대)이 반듯이 이어지도록 역방향으로 밀어줍니다.

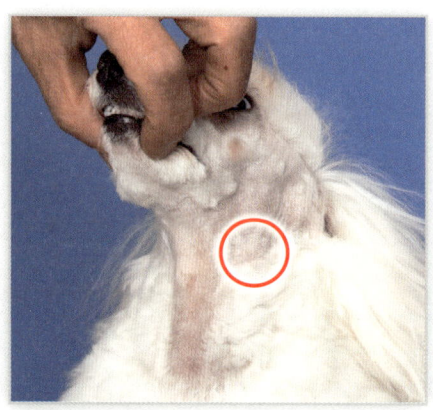

19 [18]까지의 작업을 마친 상태. 네크라인의 안쪽에 각이 남아 있습니다.

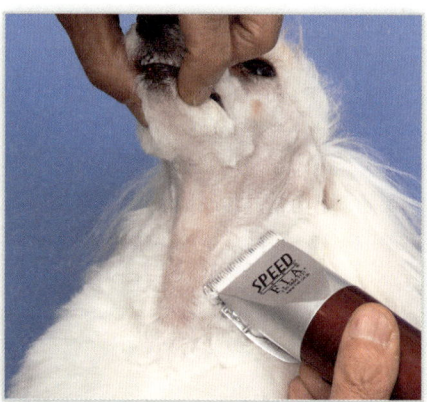

20 [19]의 각을 없애기 위해 역방향으로 밀어주고 [2]에서 정한 네크라인의 정점과 귀 뒤쪽의 접합부를 연결하는 네크라인을 대략적으로 만듭니다.

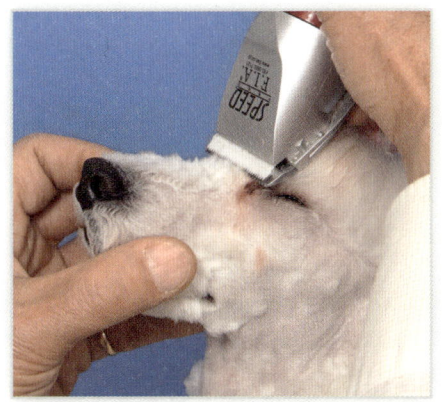

21 스톱~머즐을 밀어줍니다. 좌우의 눈구석이 반듯이 이어지는 위치에서부터 밀어줍니다

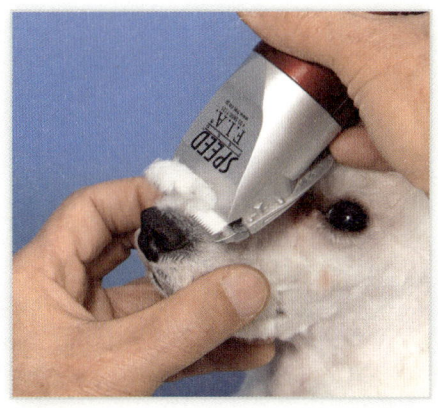

22 [21]에 이어 비량(콧대)을 밀어줍니다.

23 코끝~인덴테이션의 정점 : 정점~후두부가 1:1이 되는 깊이를 기준으로 인덴테이션(indenta-tion)을 넣어줍니다.

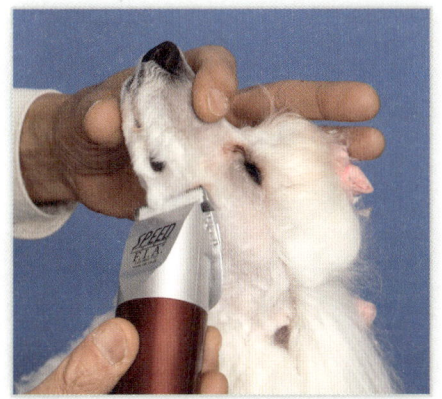

24 입술 주변을 밀어줍니다. 왼손의 엄지와 검지로 머즐을 잡고, 약지를 후두부에 대어 보정합니다.

POINT

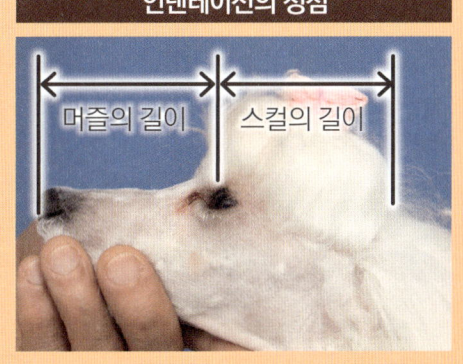

인덴테이션의 정점 / 머즐의 길이 / 스컬의 길이

토이푸들은 스컬과 머즐의 비율이 10:8.5 정도가 많습니다. 스컬 쪽을 향해 인덴테이션을 넣어주면 머즐이 길어 보이는 효과가 있습니다.

스컬의 길이 / 머즐의 길이

POINT

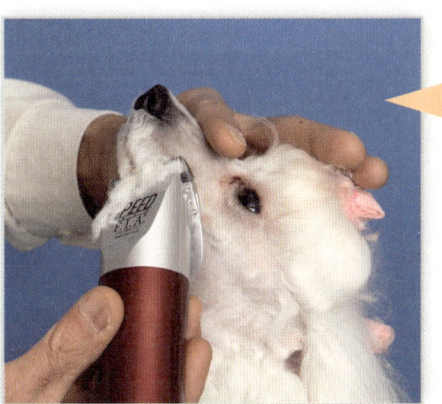

25 피부를 잡아당기지 않고 클리퍼를 살짝 대어 윗입술을 따라 가볍게 밀어줍니다.

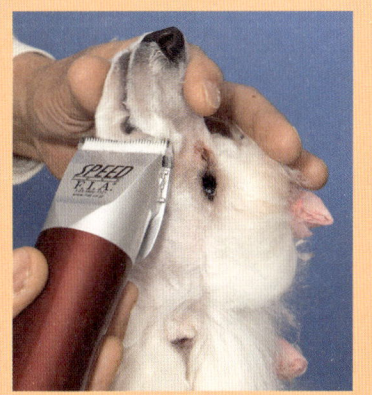

클리퍼를 강하게 밀면 피부가 처진 부분에 날이 닿아 입술 주변에 상처를 낼 수 있습니다.

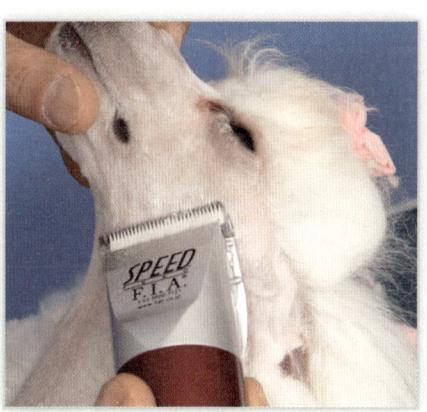

26 볼~머즐에 남아 있는 털을 깨끗하게 밀어줍니다.

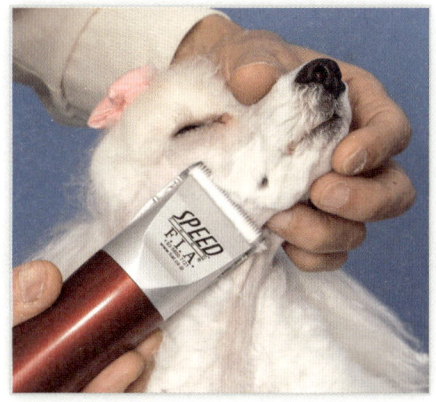

27 반대쪽을 클리핑할 때는 [17]과 동일하게 보정합니다.

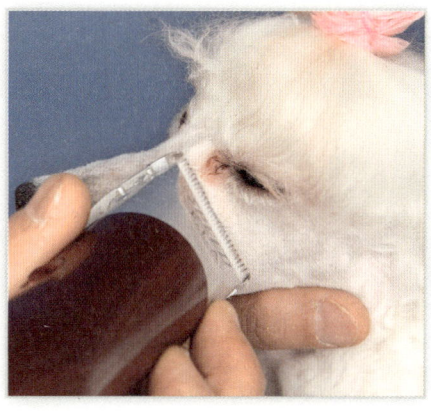

28 눈구석의 눈물자국이 신경 쓰일 때는 머즐을 향해 순방향으로 민 다음, 눈구석 아래만을 역방향으로 밀어줍니다.

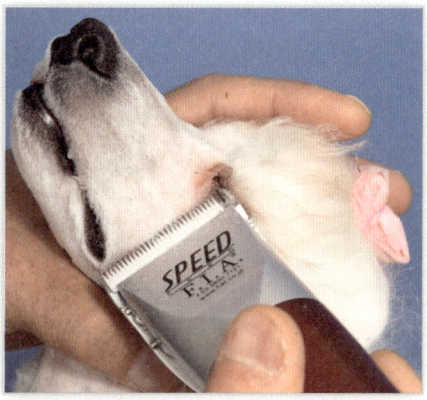

29 눈 아래를 밀어줍니다. 볼에 왼손의 엄지손가락을 대어 피부를 가볍게 당기고, 클리퍼의 날 모서리를 눈꺼풀의 가장자리를 따라 움직입니다.

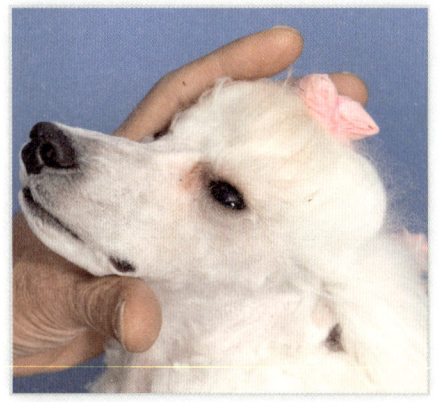

30 [29]까지의 작업을 마친 상태

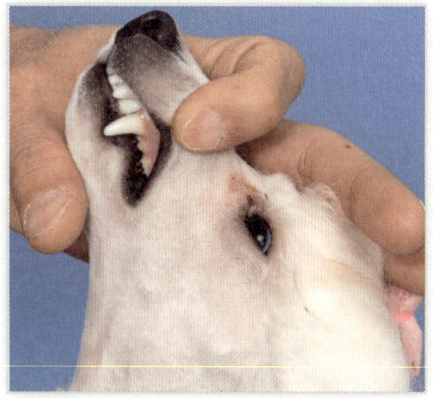

31 입술 주변을 마무리합니다. 왼손으로 머즐을 잡고 위쪽에서 감은 검지 손가락으로 윗입술을 뒤집습니다.

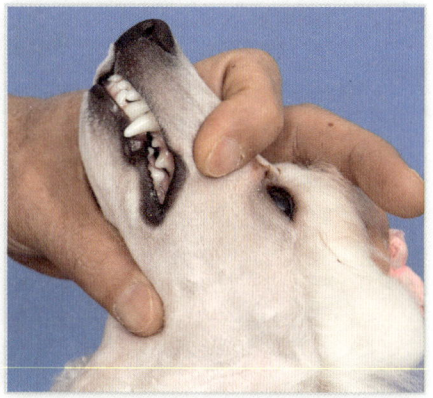

32 엄지손가락으로 아래턱의 피부를 목 쪽으로 살짝 당깁니다.

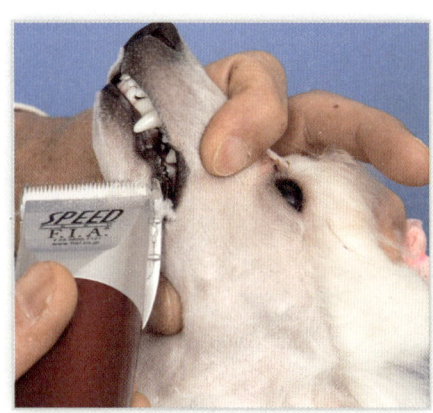

33 입꼬리부터 시작해 클리퍼의 모서리를 아래 입술의 가장자리를 따라 움직이듯이 밀어나갑니다.

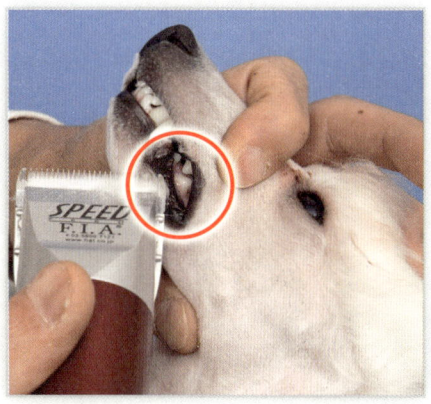

34 견치가 닿는 부분 뒤쪽의 함몰부도 클리퍼의 각도를 바꾸어가며 털을 확실하게 밀어줍니다.

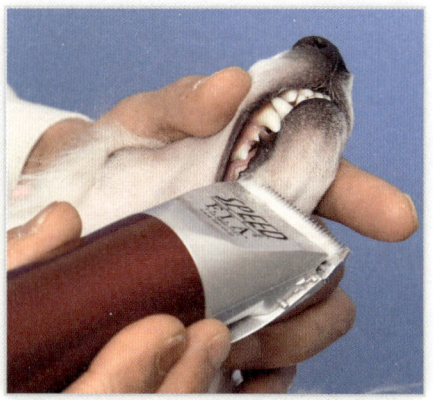

35 반대편을 작업할 때는 [17]과 동일하게 보정하고, 엄지손가락으로 윗입술을 뒤집고, 중지와 약지로 아래턱의 피부를 당깁니다.

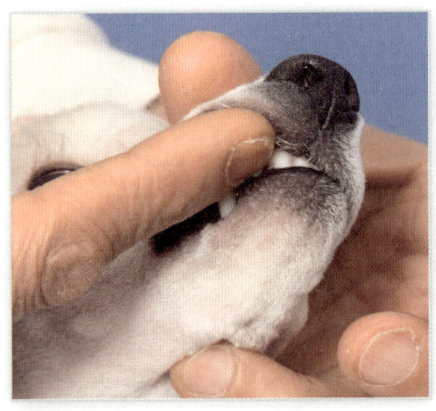

36 입안으로 말려 들어가는 윗입술의 털을 손가락으로 끄집어냅니다.

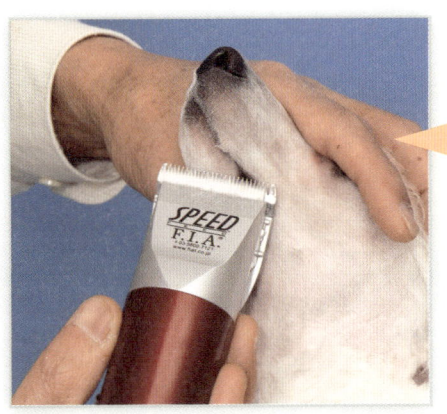

37 클리퍼 날 위쪽의 모서리를 윗입술의 가장자리를 따라 움직여 [36]에서 꺼낸 털을 깨끗하게 밀어줍니다.

POINT

날 아래쪽의 모서리를 대고 밀기 시작하면 밀고 있는 부분이 손에 가려 보이지 않게 됩니다.

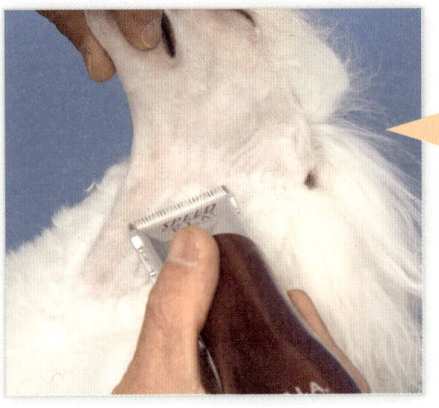

38 네크라인을 완성합니다. 전체의 밸런스를 확인하면서 [20]에서 대략적으로 다듬은 네크라인을 조금 더 넓혀나갑니다.

POINT

귀 뒤쪽의 접합부

네크라인은 [38]과 같이 바깥쪽에서 안쪽으로, 또는 아래에서 위쪽으로 밀어도 OK. 이런 경우 클리퍼의 바깥쪽 모서리의 연장선이 귀 뒤쪽의 접합부보다 바깥쪽으로 나가지 않도록 주의합니다.

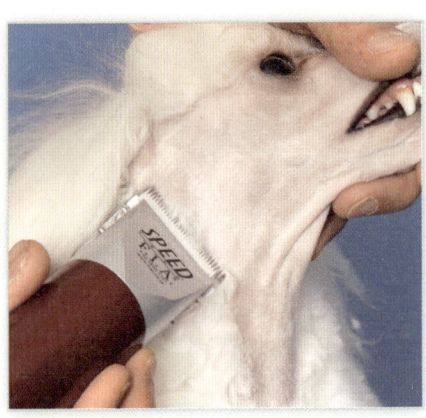

39 귀의 조금 아래 부분은 모류가 위를 향하고 있으므로 미는 방법에 주의가 필요. 먼저 네크라인의 바깥쪽에서 안쪽으로 클리퍼를 대어 날에 털이 감기게 합니다.

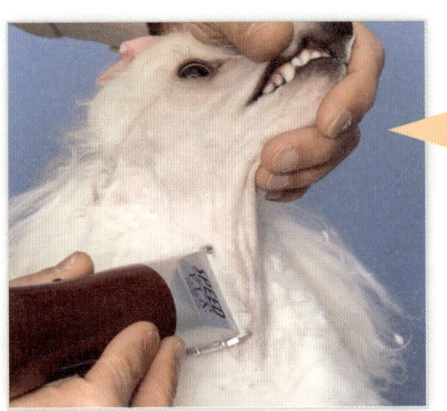

40 [39]의 각도를 유지한 상태로 클리퍼를 아래쪽으로 이동시켜 남은 털을 밀어줍니다.

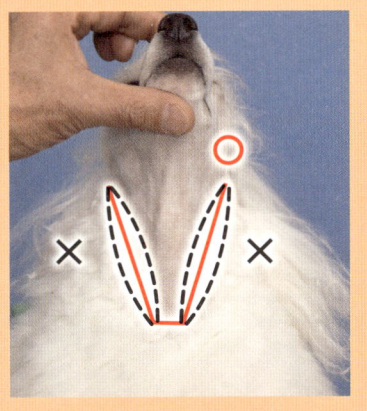

POINT

네크라인은 그 정점부터 귀 뒤쪽의 접합부를 반듯이 이어주는 것이 기본입니다.

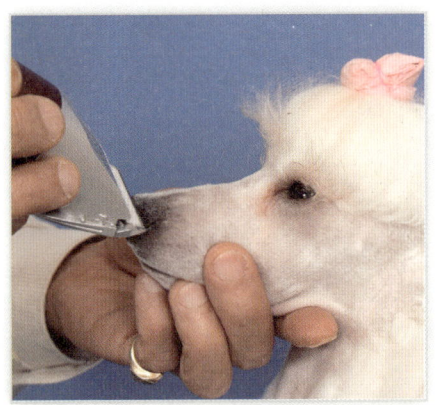

41 비경에 내려온 머즐 끝의 털을 비경 쪽에서부터 클리퍼를 대고 밀어줍니다.

활용도가 높은 테크닉
발의 클리핑

발의 클리핑에는 푸들의 몸매를 맵시 있고 날렵하게 보여주는 효과가 있습니다.
발가락 사이, 발바닥의 털을 깨끗하게 제거해 놓으면 피부 트러블의
예방·개선 효과도 기대할 수 있습니다.

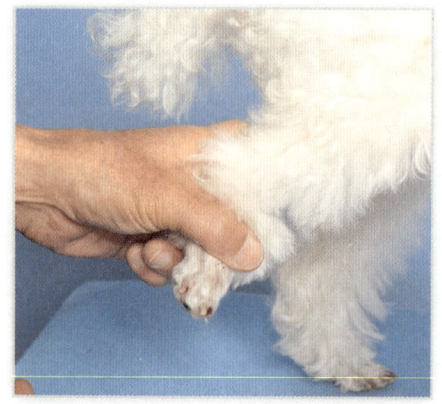

1 뒷다리 풋라인을 클리핑합니다. 왼손을 다리 바깥쪽에서 감고 검지를 비절의 위, 엄지를 풋라인(쥔 손가락이 굽어진 부분)에 대고 다리를 구부린 다음, 중지~약지로 밑에서 받칩니다.

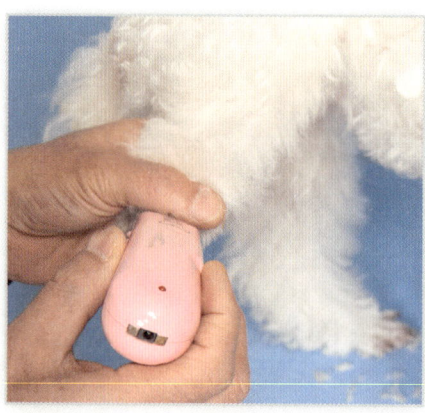

2 가운데 두 개의 발가락에 수직으로 미니 클리퍼를 대고 왼손의 엄지손가락에 닿을 때까지 역방향으로 밀어줍니다.

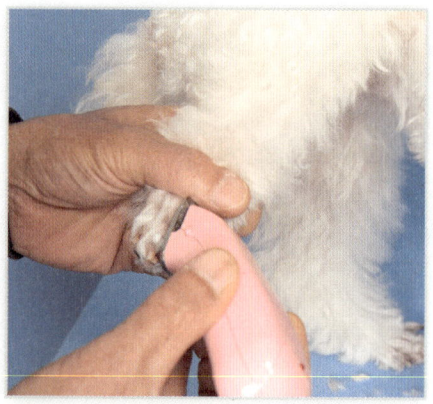

3 같은 자세로 보정한 채로 쥐고 있는 부분의 위를 역방향으로 밀어줍니다. [2]에서 민 부분의 좌우를 각각 역방향으로 밀어 남은 털을 깔끔하게 정리합니다.

POINT
왼손의 약지는 같은 위치에 고정해 둡니다.

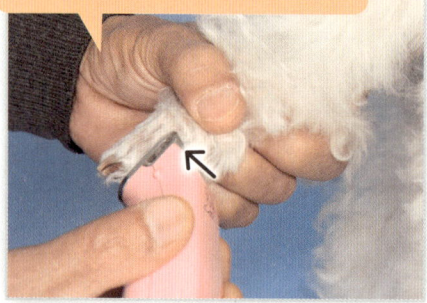

4 다리 앞쪽에서 안쪽, 바깥쪽으로 이어지는 부분은 모류가 바깥쪽을 향합니다. 풋라인까지 반듯이 역방향으로 밀었다면 날에 털을 올려놓은 상태로 모류와 반대로 조금 슬라이드시킵니다.

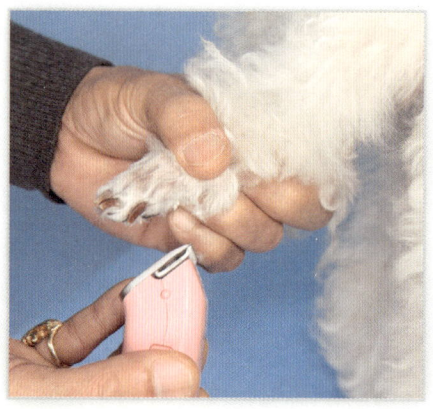

5 엄지와 약지 사이에 다리를 끼워 살짝 누르고 발가락을 벌려 물갈퀴가 보이도록 하여 발가락 사이의 털을 대강 밀어줍니다.

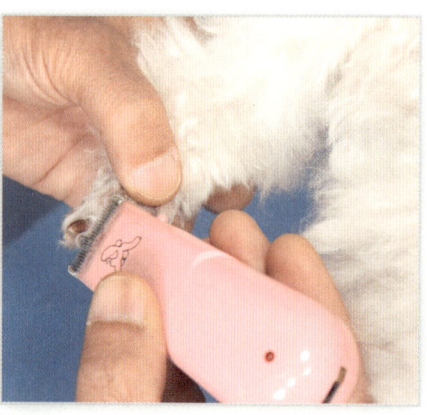

6 발가락 사이의 털이 자란 부분과 패드의 경계선을 밀어줍니다. 클리퍼 위쪽의 모서리를 사용해 깔끔하게 털을 밀어줍니다.

미는 방향으로 손목을 편안하게 움직입니다.　손목을 꺾는 각도에는 한계가 있습니다.

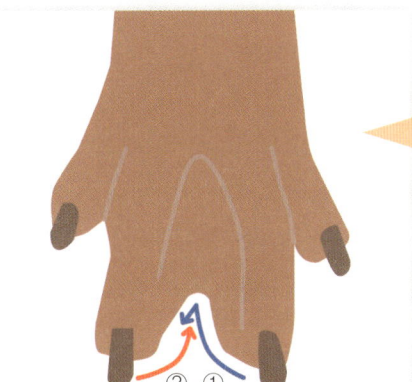
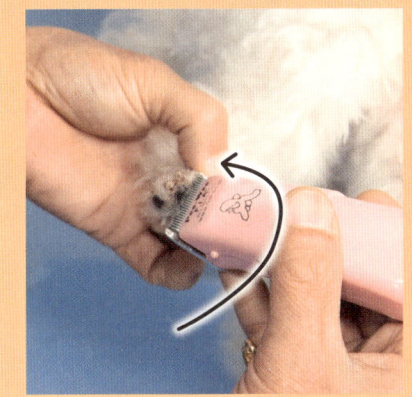
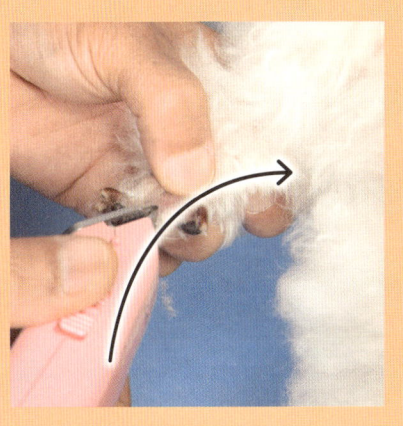

7　트리머가 오른손을 주로 사용하면, 물갈퀴를 밀 때 오른쪽 발가락부터 클리핑하고, 발가락 접합부 커브를 따라 왼쪽 물갈퀴 중간까지 밀어둡니다. 그리고 왼쪽부터 클리핑해 남은 털을 밉니다.

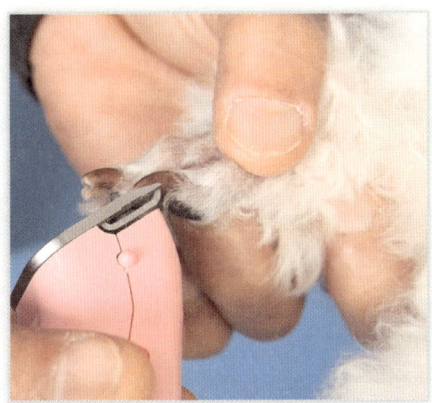
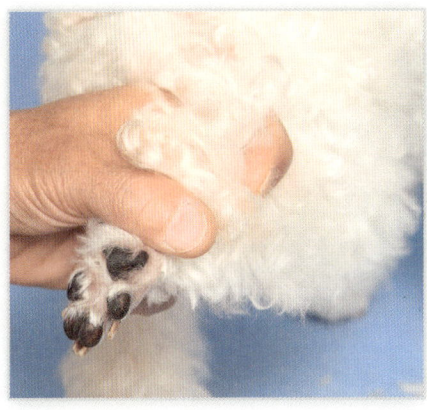

8　발가락의 측면을 밀어줍니다. 클리퍼의 아래쪽 모서리를 이용해서 [7]에서 클리핑한 곳보다 윗부분의 털을 밀어줍니다.

9　발톱 가장자리, 아래방향으로 자란 털을 밀어줍니다. 블레이드 바닥(정날 뒷면)으로 가볍게 발톱을 눌러 동날에 털이 올라오게 한 다음, 클리퍼를 가볍게 비틀듯이 움직여 털을 제거합니다.

10　개의 바로 뒤쪽에 서서 왼손을 다리의 안쪽에서 감아 검지를 비절 위에, 엄지를 뒤쪽 풋라인에 대어 보정합니다.

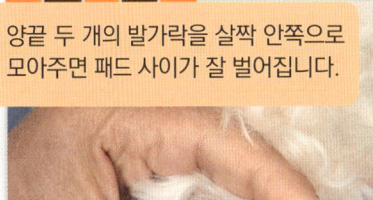

양끝 두 개의 발가락을 살짝 안쪽으로 모아주면 패드 사이가 잘 벌어집니다.

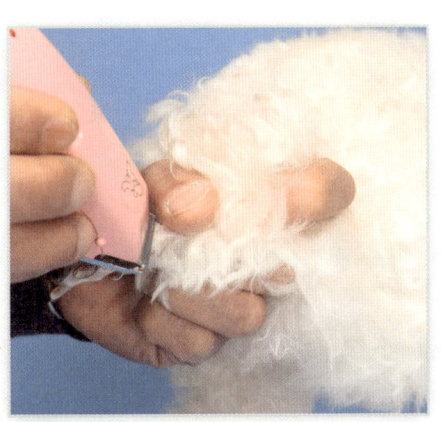
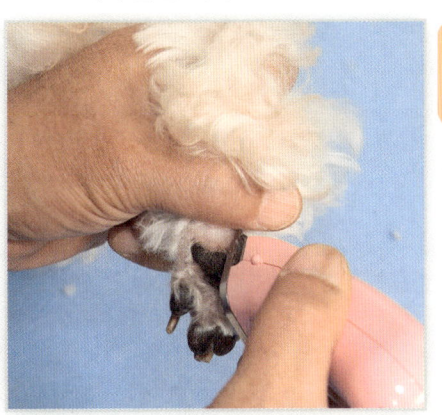
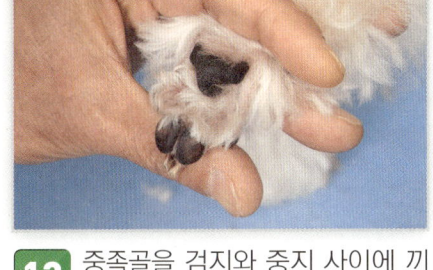

11　왼손의 엄지손가락에 날이 닿을 때까지 뒤쪽 풋라인을 역방향으로 밀어줍니다.

12　풋라인의 뒤쪽과 바깥쪽, 안쪽이 자연스럽게 이어지도록 [11]의 좌우를 역방향으로 밀어줍니다.

13　중족골을 검지와 중지 사이에 끼웁니다. 엄지로 양 옆 발가락을 고정하면서 정중앙 두 개 발가락 아래에 엄지손가락을 넣습니다.

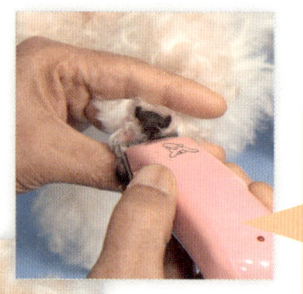

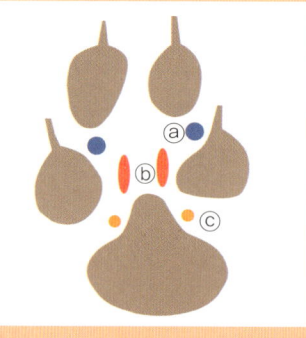
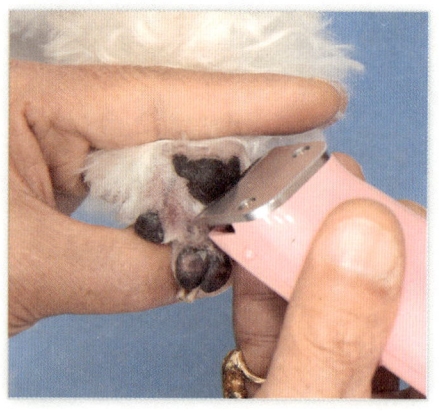

14 힐패드(장구)의 앞쪽을 세 번에 나눠 밀어줍니다. 처음에 가운데를 민 다음 오른쪽, 왼쪽에서 밀어줍니다.

발바닥 쪽의 발가락 힘줄부분 ⓐ, ⓑ는 털이 남기 쉬운 부분입니다. 함몰부에 날을 세워 넣고 날에 털이 올라오게 한 다음, 옆으로 슬라이드시키면 털을 깨끗하게 제거할 수 있습니다.

15 클리퍼의 모서리를 이용해 힐패드의 함몰부 ⓒ에 남은 털을 제거합니다.

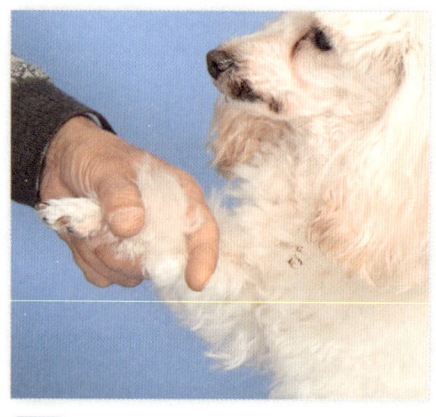
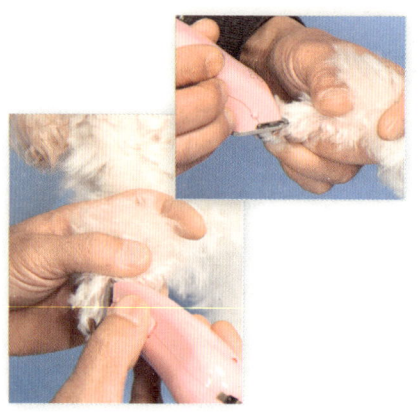
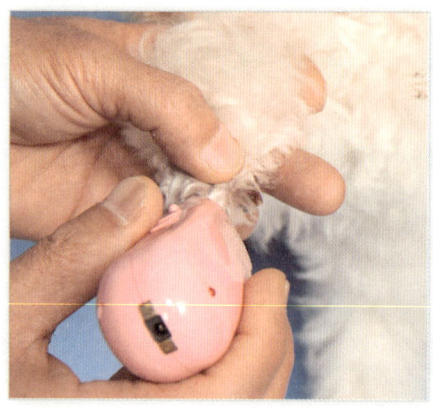

16 앞다리의 풋라인을 밀어줍니다. 중수골을 검지와 중지로 잡고, 엄지손가락을 풋라인에 대어 팔관절을 구부립니다.

17 가운데 두 개의 발가락에 수직으로 날을 대고 날이 엄지손가락에 닿을 때까지 역방향으로 밀어줍니다. 그 다음 그 양 옆도 역방향으로 밀어 남은 털을 제거합니다.

18 발가락 사이를 뒷다리와 동일하게 밀어줍니다.

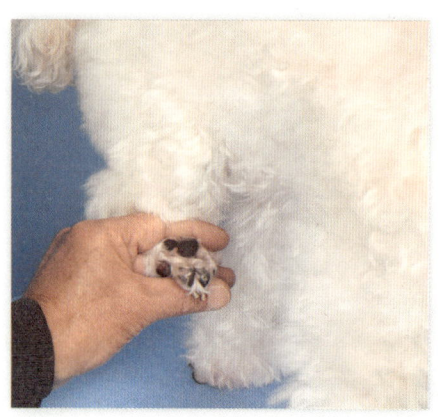
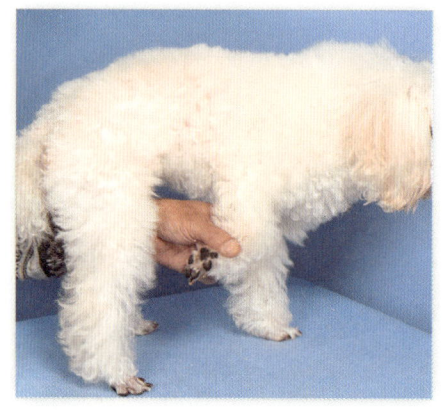
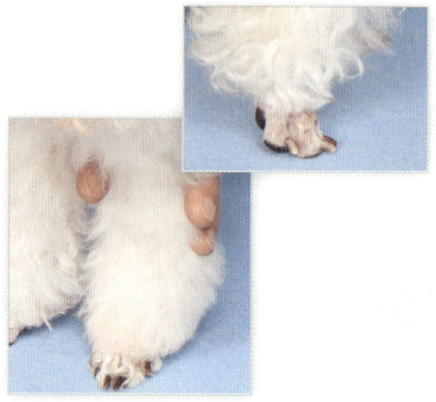

19 뒷다리와 같이 발바닥을 밉니다. 왼쪽 앞다리를 밀 때 트리머는 개바로 옆에 서서 왼손을 바깥쪽에서 감아 [13]과 같이 보정합니다.

20 오른쪽 앞다리를 클리핑할 때는 뒷다리 사이로 왼팔을 넣어 보정합니다.

21 발의 클리핑이 완성된 상태.

모든 견종에 필수적인 공정
바디의 클리핑

위생면에서 중요한 복부와 항문 주변의 클리핑은 펫 커트에서는 필수적인 요소입니다.
피부가 얇고 민감한 부위이므로 클리퍼를 올바르게 사용하고, 개의 상태에
주의를 기울이며 정성스럽게 작업을 진행합시다.

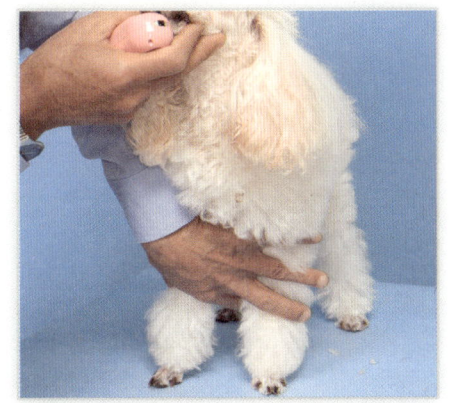

1 복부 클리핑을 위해 개를 뒷다리로 서게 합니다. 개의 옆에 서서 왼손을 앞다리 앞쪽에서 감고 그 사이에 집게손가락을 넣습니다.

2 엄지손가락을 오른쪽 앞다리, 중지~새끼 손가락을 왼쪽 앞다리에 감아 양쪽 다리를 쥐고, 팔꿈치를 위로 올려 개를 세웁니다.

POINT ✗

왼손을 다리 뒤쪽에서 감으면 개를 세웠을 때 트리머 본인의 왼팔이 시야를 가리게 됩니다.

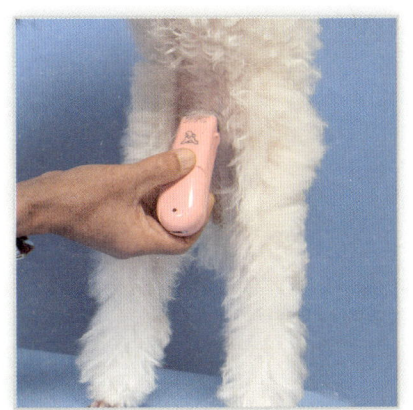

3 미니 클리퍼로 배꼽까지 반듯이 역방향으로 밀어줍니다. 수컷의 경우에는 소변으로 더러워지기 쉬우므로 배꼽 살짝 위까지 털을 밀어줍니다.

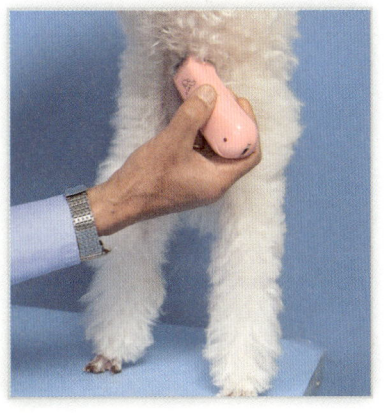

4 [3]의 좌우를 역방향으로 밉니다. 완성되면 역U자형으로 이어집니다.

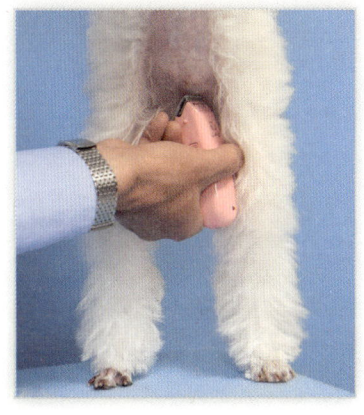

5 서혜부에 남은 털도 역방향으로 깔끔하게 클리핑합니다.

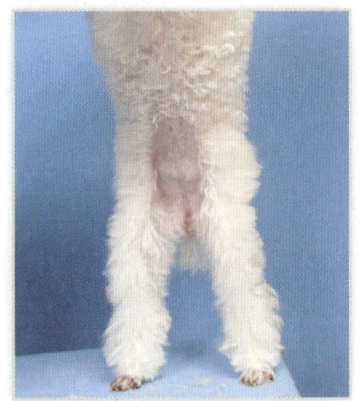

6 복부의 클리핑을 마친 상태.

7 꼬리를 클리핑합니다. 개 바로 뒤에 서서 1mm의 날을 장착한 클리퍼로 꼬리 접합부에서 2.5cm 정도 위에서 접합부까지 꼬리 겉부분을 역방향으로 밀어줍니다.

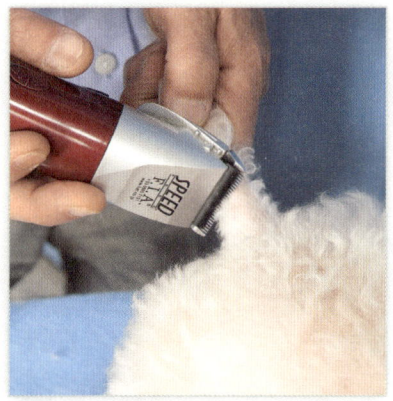

8 클리퍼를 좌우로 눕혀서 [7]의 양 옆을 역방향으로 밀어줍니다.

9 테일세트에 클리퍼로 V자 표식을 넣습니다. V자의 벌어진 쪽은 꼬리의 폭에 맞춥니다.

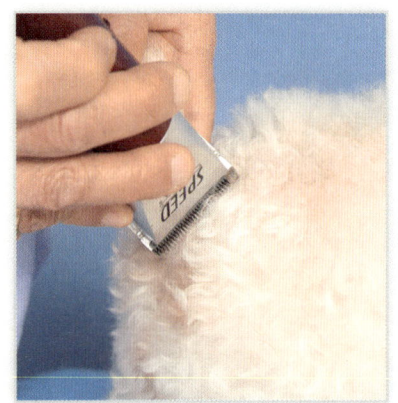

10 꼬리를 들어올리고 [9]의 V자의 벌어진 쪽에서부터 테이블과 30도의 각도를 이루도록 꼬리의 양 측면을 역방향으로 밀어줍니다.

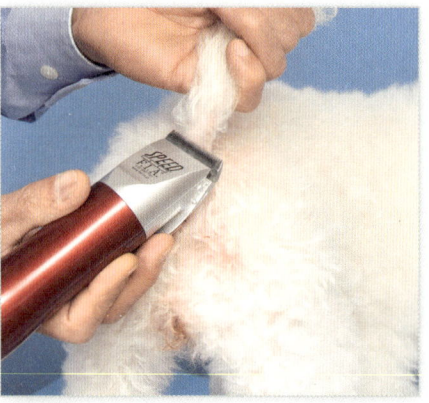

11 꼬리의 양 측면의 [10]의 완성된 지점을 항문의 아래에서 V자형으로 이어지도록 밀어줍니다.

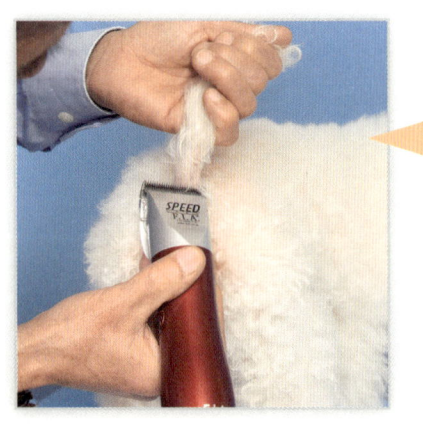

12 꼬리의 속면을 겉부분, 양 측면과 같은 높이로 역방향으로 밀어줍니다.

POINT

꼬리의 속면 중앙에 있는 단단한 힘줄 위에는 날이 닿지 않도록 주의합니다. 힘줄의 양 옆에 날을 대어 역방향으로 밀어줍니다.

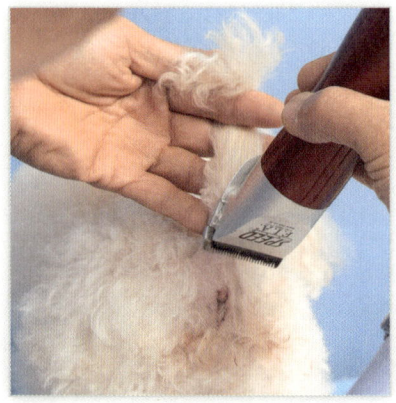

13 피부가 약한 개나 항문 주변의 클리핑을 싫어할 경우 순방향으로 밀어도 무방합니다.

램클립으로 배우는
시저링 (Scissoring)

가위를 이용한 커트는 트리밍의 핵심입니다.
작업 시에는 항상 '올바른 각도'를 의식하도록 합시다.
본 장에서는 토이푸들의 램클립을 예로 해설하지만 각 부위의 '각 잡는 법'은
어느 스타일에나 응용할 수 있는 기본적인 것입니다.

발, 복부, 꼬리, 얼굴~네크라인의 클리핑 작업을 마친 것과 거의 같은 상태.

1 뒷다리 발 주변 커트. 테이블(트리머에 가까운 끝 쪽)에 개를 올바른 자세로 세우고, 앞쪽 클리핑 라인을 따라 커트합니다. 가위는 테이블과 평행으로 댑니다.

2 [1]과 동일하게 바깥쪽·뒤쪽·안쪽의 클리핑 라인도 시저링 합니다. 가위의 날 끝으로 털의 뿌리 쪽부터 확실하게 커트합니다.

3 풋라인 뒤쪽 각도를 결정합니다. 옆에서 보아 뒤쪽 클리핑 라인에서 테이블과 45도 각도로, 적당한 곡선을 띠도록 잘라 올립니다.

4 [3]의 작업을 할 때 가위는 반드시 등뼈에 대해 직각(위에서 바라봤을 때)으로 댑니다.

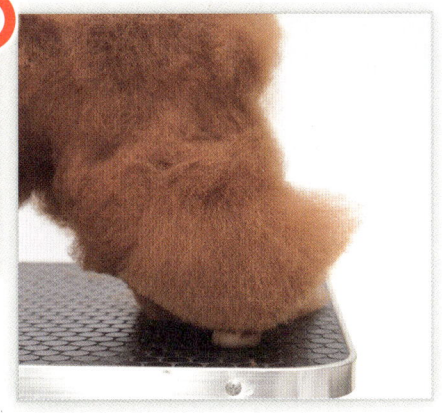

5 풋라인 앞쪽의 각도를 정합니다. 옆에서 보아 앞 풋라인에서 [3] 라인과 직각 교차하는 각도로 적당한 곡선으로 잘라 올립니다.

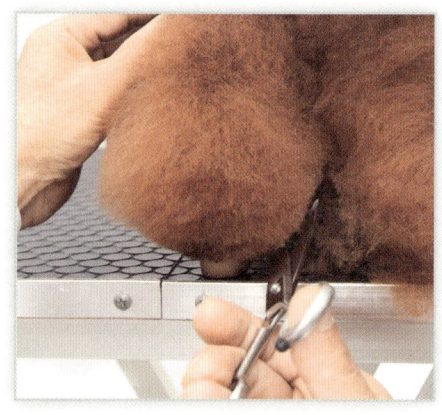
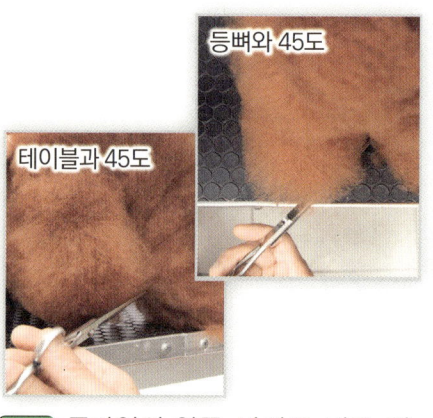
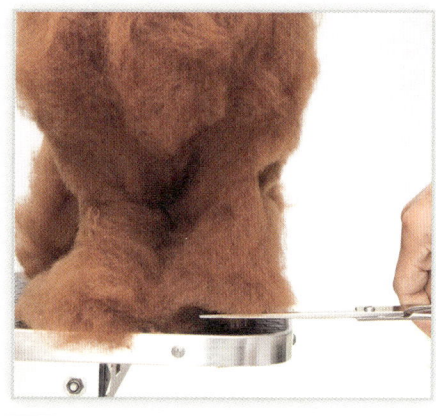

6 풋라인 바깥쪽·안쪽 각도를 정합니다. 뒤에서 보아 각각 테이블과 45도 각도를 이루고, 적당한 곡선을 띠도록 잘라 올립니다.

7 풋라인의 앞쪽·바깥쪽·뒤쪽·안쪽의 각을 없애도록 커트합니다. 가위는 등뼈와 45도, 테이블과 45도를 이루도록 댑니다.

8 앞다리 발 주변을 커트합니다. 테이블(트리머에게 가까운 끝)에 개를 바르게 세우고 앞쪽 클리핑 라인을 따라 커트합니다. 가위는 테이블과 평행을 이루도록 댑니다.

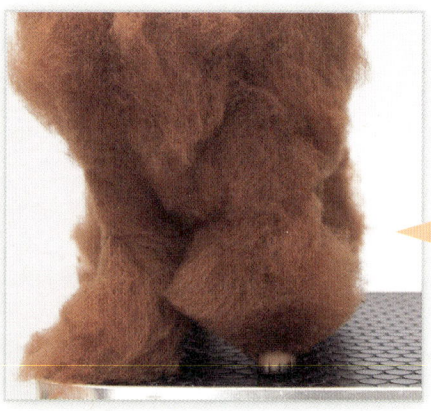

9 [8]과 동일하게 바깥쪽·뒤쪽·안쪽의 클라핑 라인도 시저링합니다.

10 풋라인의 앞쪽·바깥쪽·뒤쪽·안쪽을 각각 테이블과 45도를 이루고 적당한 곡선을 띠도록 잘라 올립니다.

POINT

풋라인을 정하는 법

기본

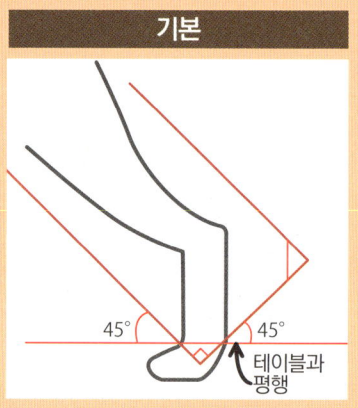

앞뒤 각도는 개의 체형에 맞춰 조정해야 합니다. 균형 잡힌 스타일을 완성하는 요령은 앞뒤 각도의 연장선이 직각으로 만나도록 하는 것입니다.

비절 모량·길이가 부족한 경우

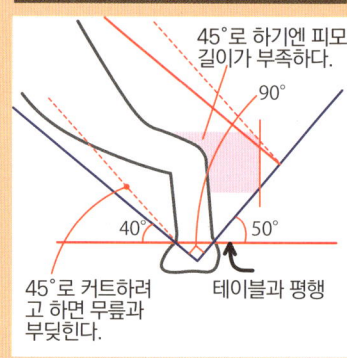

앞뒤 각도의 합계가 90도가 되도록 각각 조정해서 완성합니다.

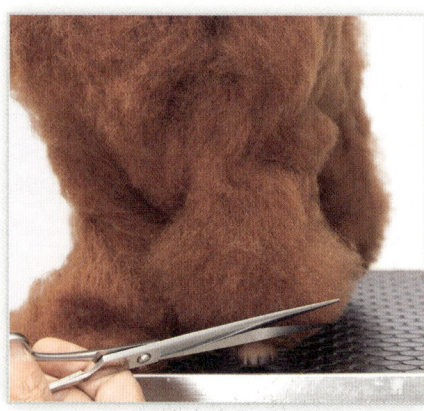

11 풋라인의 앞쪽·바깥쪽·뒤쪽·안쪽 각을 없앤다는 느낌으로 커트합니다. 가위는 등뼈와 45도, 테이블과 45도를 이루도록 합니다.

12 후구의 등라인을 커트합니다. 꼬리의 접합부에서 테이블과 평행~앞쪽으로 살짝 올라가는 라인으로 커트합니다.

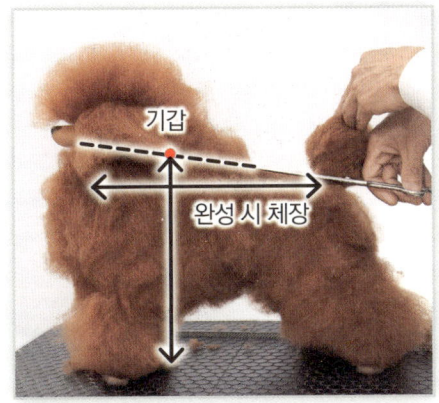

13 스퀘어에 가까운 체형이 이상적이므로 [12]의 각도는 중구까지 연장했을 때, 기갑(위더스)의 높이가 체장과 거의 같아지도록 정합시다.

14 꼬리의 앞쪽 접합부~뒤쪽 접합부는 이상적인 관골의 각도를 의식하면서 테이블과 30도 각도를 이루도록 커트합니다.

15 바디 후부를 커트하여 체장을 결정해 나갑니다. 뒷다리 앵귤레이션이 시작되는 포인트까지 테이블과 수직을 이루도록 커트합니다.

POINT

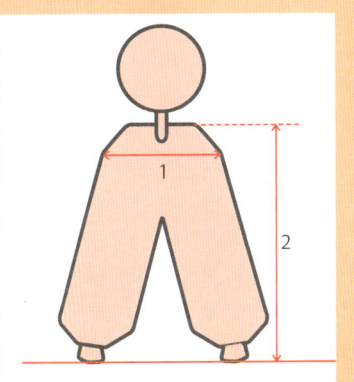

몸의 폭과 높이의 밸런스를 생각하면서 작업합니다.
폭:높이=1:2 정도의 밸런스가 척도.

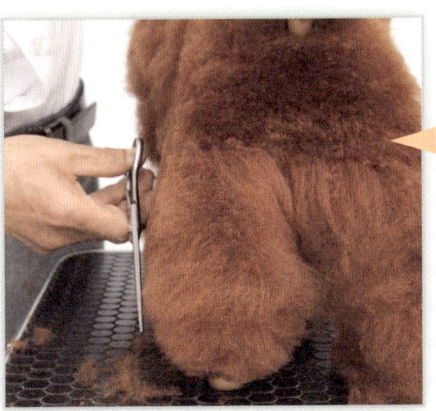

16 후구의 양 측면을 커트합니다. 후구의 폭은 체고의 40% 정도를 기준으로 합니다. 가위는 등뼈와 평행한 각도를 유지합니다.

17 뒷다리의 바깥쪽을 커트합니다. [16]에서 정한 폭에서 아래쪽으로, 테이블에서 세운 수직선에서 10도 정도 벌어진 각도로 반듯이 커트합니다.

POINT

커트를 시작하는 각도가 지나치게 벌어졌습니다.

풋라인을 향해 중간부터 안쪽으로 들어갑니다.

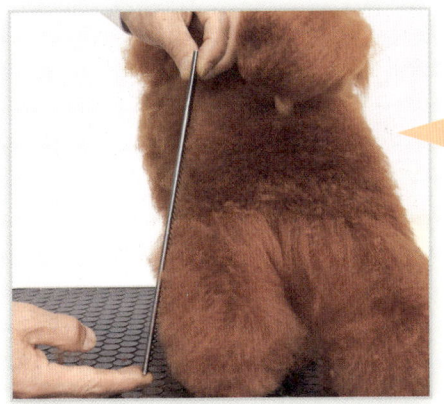

18 오른손을 주로 사용하는 트리머가 개의 좌측면을 커트할 때는 가위를 종 방향으로 대퇴부에 댑니다. 다만 턱업보다 아래는 가위를 횡 방향으로 대는 것이 좋을 것입니다.

19 [17]의 작업에서는 등라인에서 풋라인까지 반듯한 면을 만듭니다.

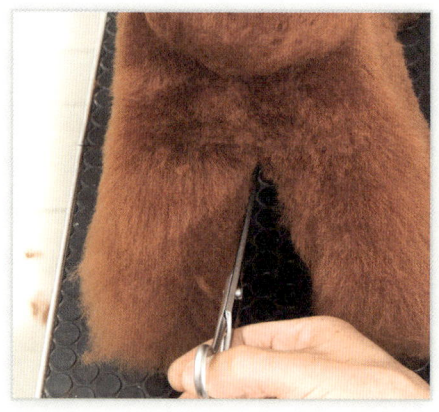
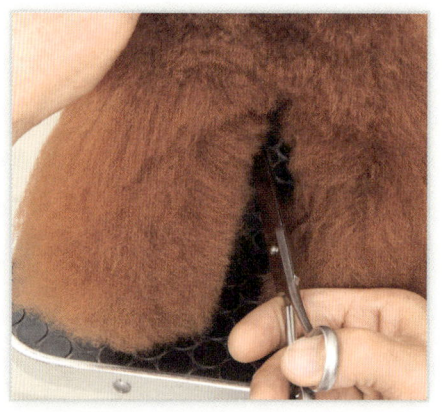
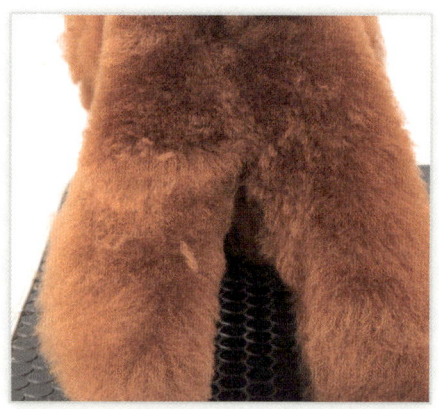

20 뒷다리의 안쪽을 커트합니다. [17]에 대해 평행을 이루도록 커트합니다.

21 [20]의 커트 부분에 빗질을 해 다시 털을 세우면 안쪽 전방에 자르지 않고 남아있던 털이 나옵니다. 그 부분을 가위 날 끝을 약간 안쪽으로 하여 커트합니다.

22 안쪽 전방은 털이 앞쪽을 향해 흐르고 있어 [20]의 작업 시에는 날 끝에서 털이 빠져나갑니다. [21]의 작업을 추가하면 면을 매끄럽게 정돈할 수 있습니다.

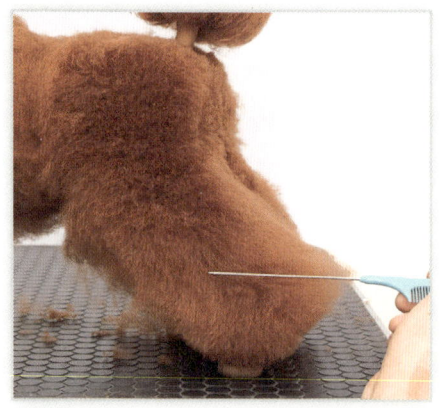
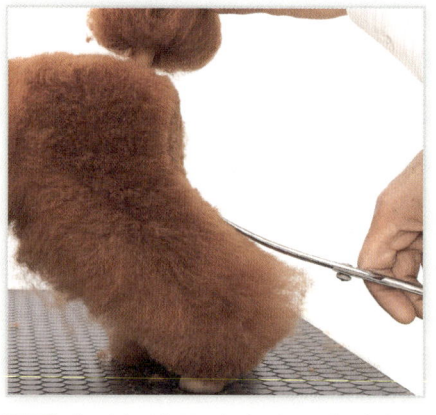

23 슬로프 라인(뒷다리의 뒤쪽)을 커트합니다. 털을 세워 비절의 높이를 확인합니다.

24 [23] 높이 중 가장 뒤 포인트(가장 털이 많은 부분)~[15]에서 커트한 뒷다리 앵귤레이션의 시작점을 향해 약간의 곡선(r)을 띠도록 자릅니다.

25 [15]에서 커트한 면과 뒷다리 바깥쪽의 각을 없애도록 커트합니다. [15]에서 커트한 높이까지는 테이블과 수직을 이루도록 가위를 댑니다.

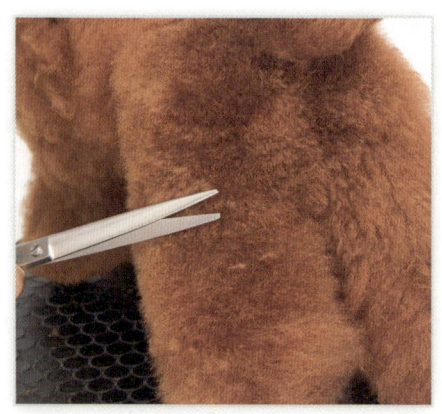
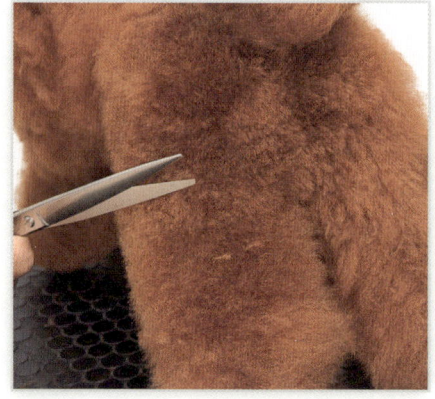
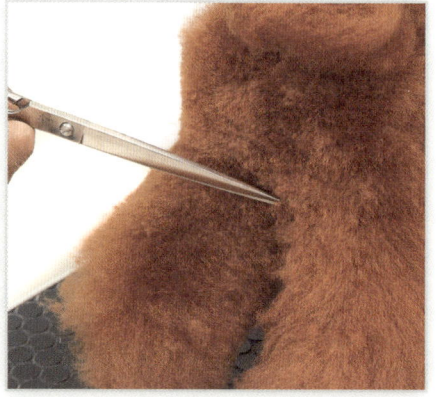

26 [24]에서 커트한 면(슬로프 라인)과 뒷다리 바깥쪽의 각을 없애도록 슬로프의 각도에 맞춰 가위의 각도를 바꿔가면서 커트합니다.

27 가위의 각도를 바꾼 부분에 지저분하게 남은 부분이 없도록 [25]의 작업을 할 때는 [26]에서 커트하는 부분과 이어지게 할 것을 고려합시다.

28 [15], [24]에서 커트한 뒷다리의 뒤쪽과 안쪽의 각을 없애도록 커트합니다. [27]과 마찬가지로 지저분하게 남는 부분이 없도록 면을 연결합니다.

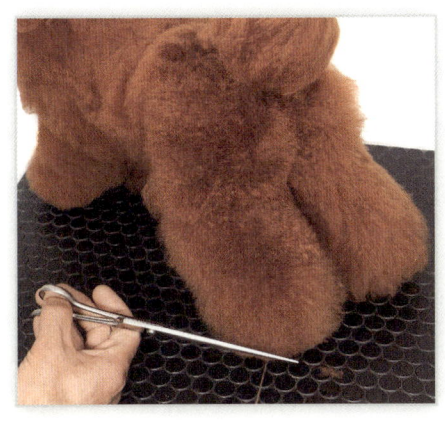

29 [3]과 바깥쪽·안쪽 면의 각을 없애도록 커트합니다.

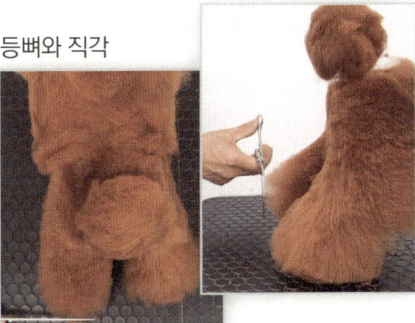

등뼈와 직각 / 테이블과 수직

30 [3]과 [24]의 각을 테이블과 수직을 이루도록 커트합니다. 가위는 등뼈와 (위에서 바라보았을 때) 직각을 이루도록 댑니다.

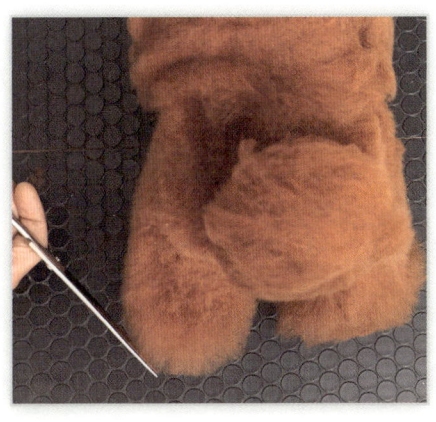

31 [30]과 바깥쪽·안쪽 면의 각을 없애도록 커트합니다. (사진은 위에서 바라본 모습)

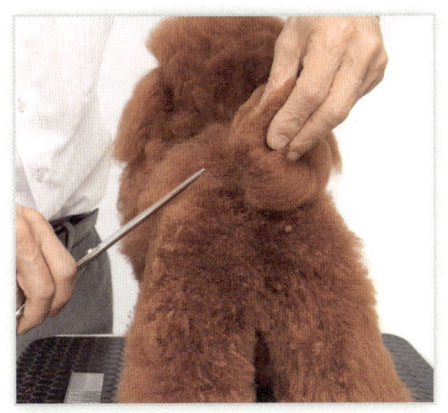

32 후구의 등라인과 뒷다리 바깥쪽의 각을 없앱니다. [14]와 [15]의 정점에서 뒷다리의 바깥쪽을 향해 테이블과 평행한 선을 머릿속에 그립니다. 그 선 위에 45도의 각도로 가위를 댑니다.

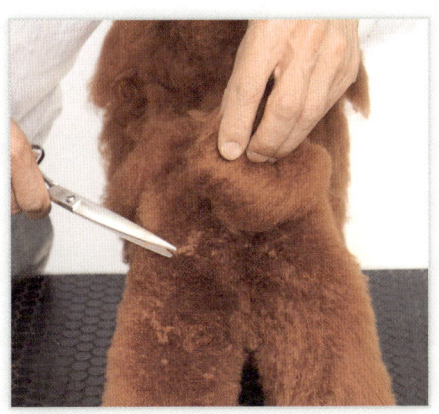

33 [32]와 [14]의 각을 없애도록 커트하여, [25]의 면과 이어지게 합니다.

34 뒷다리 앞쪽을 커트합니다. 풋라인에서 무릎 높이까지 [24]와 평행하게 커트합니다.

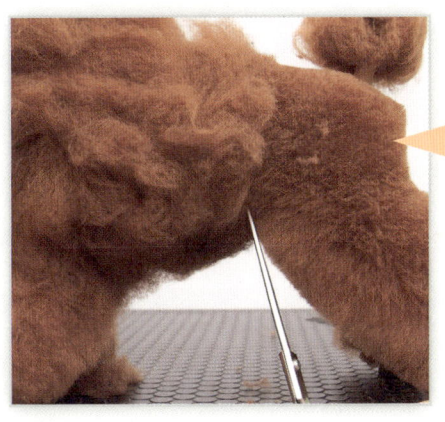

35 [34]에서 무릎 위는 (테이블에 대해) 가위를 살짝 세워 커트합니다.

POINT

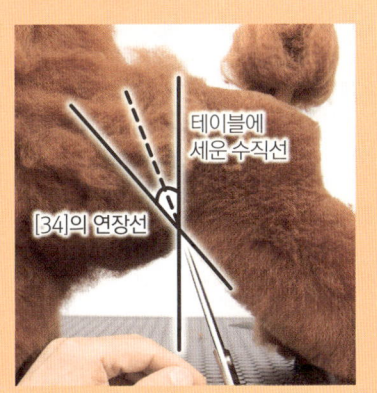

테이블에 세운 수직선 / [34]의 연장선

무릎 위치에 테이블에서 세운 수직선과 [34]의 연장선이 만드는 각도를 머리 속에 그리고, 그 각도의 절반을 기준으로 하면 좋을 것입니다.

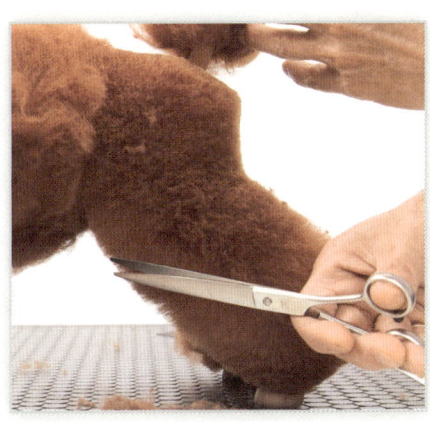

36 [34]~[35]와 바깥쪽·안쪽 면의 각을 없애도록 커트합니다.

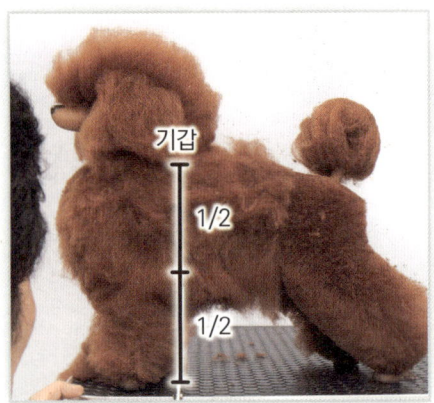

37 바디의 언더라인을 커트합니다. 앞다리 뒤쪽의 선상에 테이블~완성 시 기갑의 높이의 중간지점을 정합니다.

38 네크라인, 에이프런의 털이 오버코트(지나치게 많은)인 경우에는 미리 애벌커트를 해둡니다. 옆에서 보아 체장을 3등분하여 뒤쪽에서 1/3의 위치를 확인합니다.

POINT

턱업의 위치 수정

턱업 위치의 기준은 바디의 후부에서 약 1/3 지점입니다. 균형 잡힌 체형이라면 본래의 위치로 충분하지만 개에 따라서 수정이 필요한 경우가 있습니다.

균형이 잘 잡힌 개

바디의 후부에서 거의 1/3의 지점에 턱업이 있습니다.

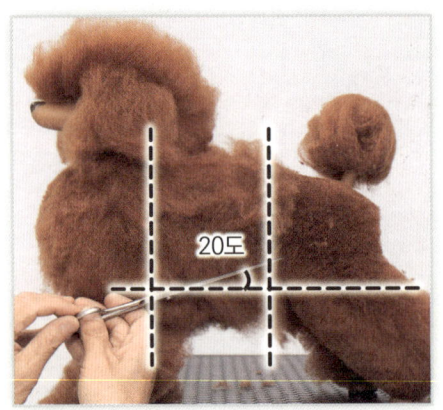

39 [37]에서 정한 점~[38]까지 테이블과 20도 각도를 이루도록 커트합니다.

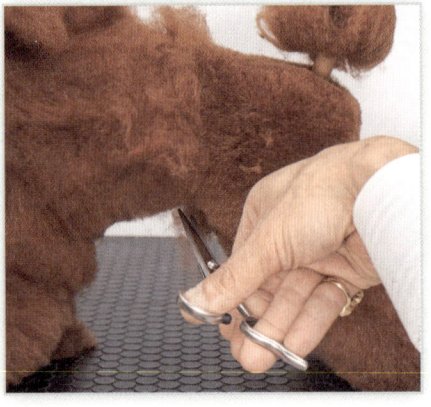

40 나중에 [38]에서 삐져나오는 부분을 [35]와 이어지도록 커트합니다. 또 [38]에서 뒤편의 사이드 바디와 등라인에 남은 털이 있으면 정돈합니다.

수정이 필요한 경우

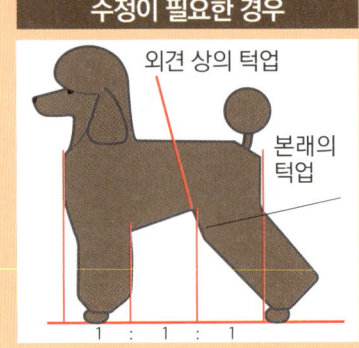

턱업이 바디의 후부에서 거의 1/3의 위치에 오도록 위치를 조정합니다.

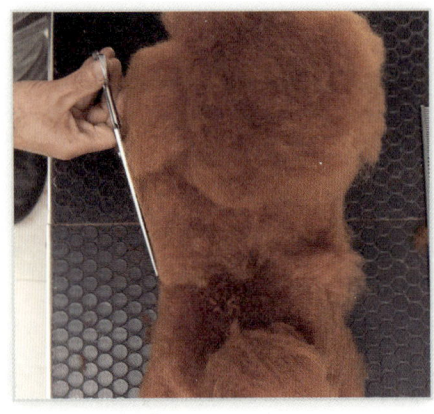

41 중구의 양 측면을 커트합니다. 가위는 테이블과 직각을 이루도록 대고, 위에서 바라보았을 때 개의 몸 앞쪽을 향해 살짝 벌어지도록 라인을 다듬습니다.

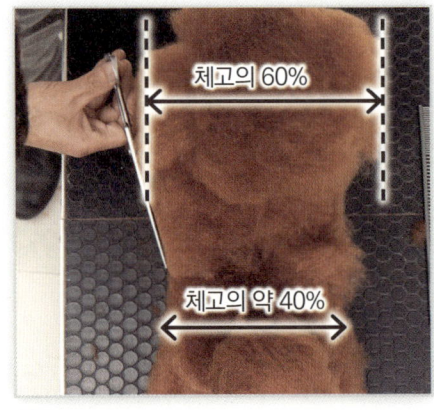

42 마지막으로 전구의 폭은 체고의 60% 정도로 마무리합니다. 중구의 바디 사이드는 완성 시 전구의 폭을 예상하여 후구~전구가 이어지는 각도로 커트합니다.

43 오른손을 주로 사용하는 트리머는 후구~중구의 우측면을 연결하는 부분은 가위를 위에서 종방향으로 댑니다. 가위를 횡방향으로 대면 바디에 손이 닿아 전구 털을 너무 많이 잘라낼 우려가 있습니다.

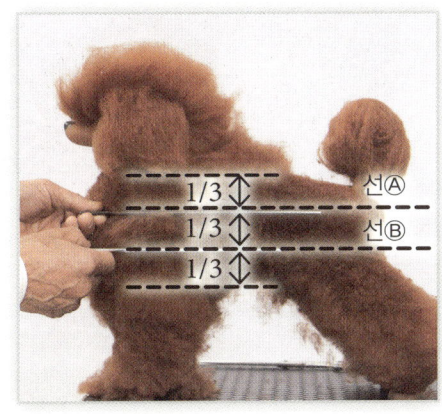

44 옆에서 보아 [32]에서 정한 선(선Ⓐ)을 확인하고 그 아래에 바디의 높이를 3등분하듯이 또 하나의 선(선Ⓑ)을 머리 속에 그립니다.

45 [39]와 바디 측면의 각을 없애듯이 [44]에서 정한 선Ⓑ의 높이까지 털을 잘라 올립니다.

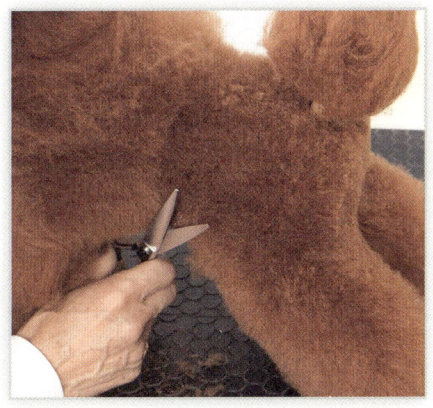

46 [44]와 [36]의 사이에 남은 털을 커트하여 바디와 뒷다리가 매끄럽게 이어지도록 다듬습니다.

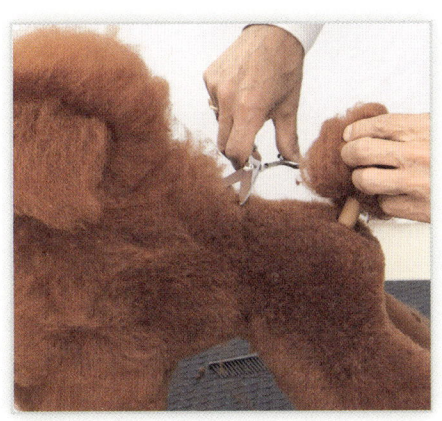

47 중구의 등라인을 커트합니다. 중구의 절반 정도까지는 후구의 등라인을 연장합니다.

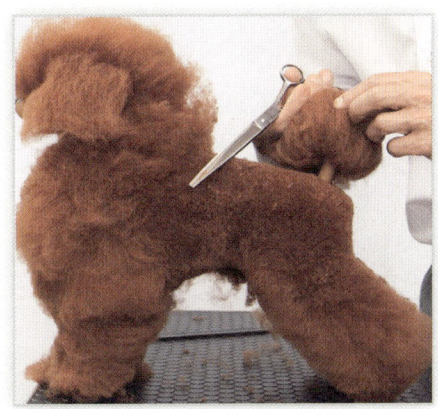

48 후구에서 [32]의 면을 연장하고 [47]과 [41]의 각을 없앱니다.

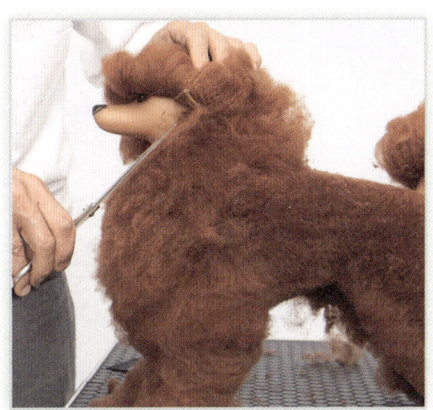

49 가슴을 커트합니다. [44]에서 정한 선Ⓐ의 높이까지 네크라인을 따라 가위를 대고 앞가슴의 털을 커트합니다.

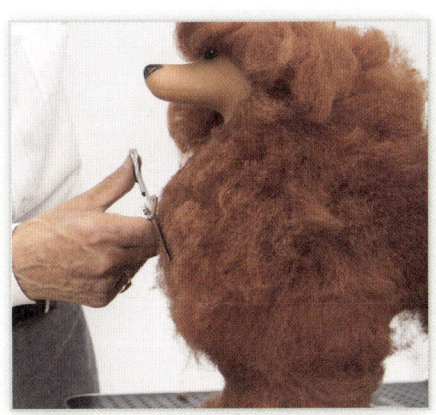

50 [49]보다 아래는 테이블과 수직을 이루도록 커트합니다. 이 부분은 코밍하면 아래쪽이 부풀어 오르므로 가슴 아래쪽으로 약간 좁을 정도로 커트하는 것이 좋습니다.

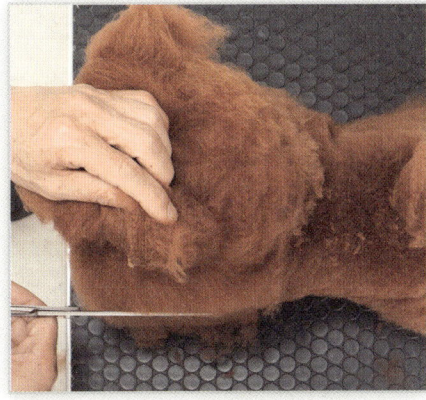

51 [41]에서 연결하여 전구의 측면을 커트합니다. [42]에서 정한 몸의 폭(체고의 60%)을 기준으로 등뼈와 평행하게 가위를 댑니다.

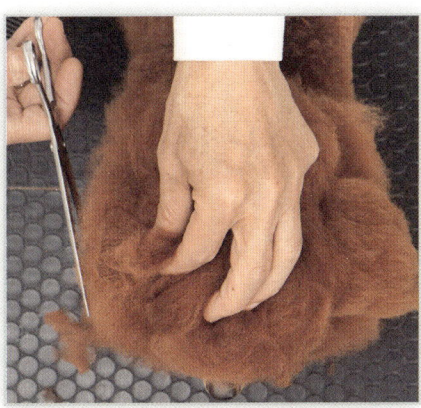

52 오른손을 주로 사용하는 트리머가 우측면을 커트할 시에는 날 끝에서 털이 빠져나가므로 바디의 앞쪽을 향해 살짝 폭을 좁힌다는 느낌으로 가위를 댑니다.

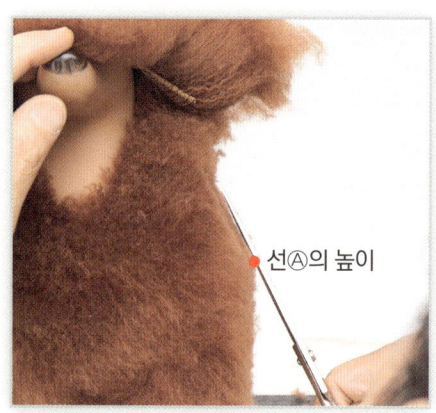

53 [51]에서 연결하여 사이드 네크를 커트합니다. [44]에서 정한 선Ⓐ~귀 접합부를 잇는 각도로 등라인보다 살짝 위까지 커트합니다.

54 [49]와 [53], [50]과 [51]의 각을 없앤다는 느낌으로 커트합니다.

55 앞다리 뒤쪽은 옆에서 보아 [37]에서 정한 위치(언더라인 시작점)에서 테이블과 수직으로 커트합니다.

POINT

모류에 주의!

털이 빠져나가지 못해 지나치게 많이 잘라낼 수 있다!

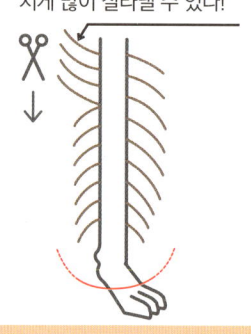

앞다리 뒤쪽의 상부는 다른 부분과 모류가 반대방향입니다. 가위를 위에서 아래를 향해 대면 너무 깊이 파일 수 있으니 충분히 털을 세워야 좋습니다.

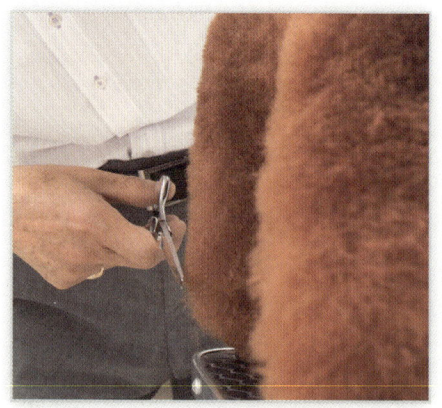

56 앞다리의 바깥쪽을 커트합니다. [51]에서 연결하여 테이블과 수직을 이루도록 커트합니다.

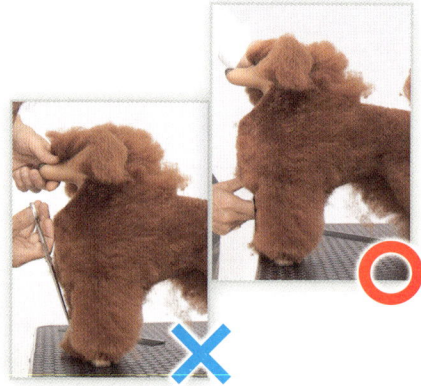

57 앞다리 앞쪽을 [55]의 높이에서 테이블과 수직을 이루도록 커트합니다. 가위를 종방향으로 대면 다리가 너무 가늘어질 수 있으니 횡방향으로 대는 것이 좋습니다.

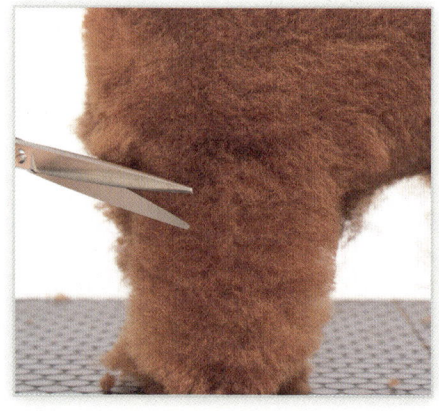

58 앞다리의 안쪽을 테이블과 수직을 이루도록 커트합니다. 그리고 가위를 등뼈와 45도의 각도로 대고 바깥쪽·안쪽·앞쪽·뒤쪽 면의 각을 없앱니다.

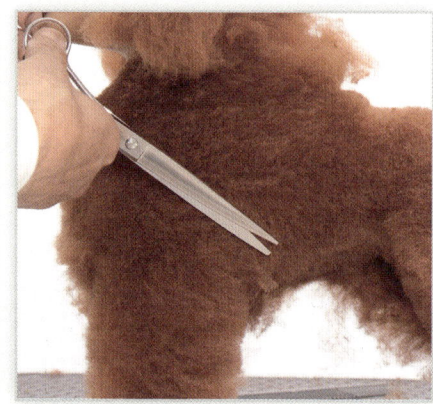

59 앞다리 뒤쪽과 바깥쪽의 각을 없앤 부분~[45] 사이에 남는 부분이 없도록 면을 이어줍니다.

60 [44]에서 정한 선Ⓑ의 높이까지 가슴 아래쪽을 커트한 후, 바디의 언더라인이 이어지도록 아래 가슴을 커트합니다.

61 크라운을 만듭니다. 우선 눈꼬리~귀 앞쪽 접합부까지 커트합니다.

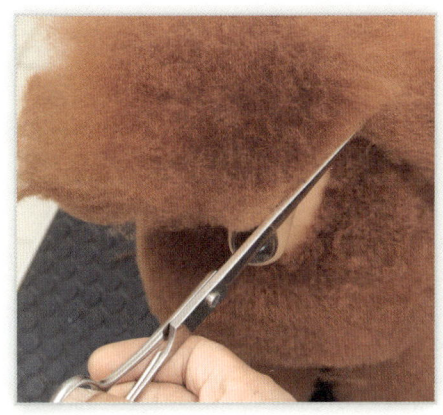

62 [61]은 정면에서 볼 때 테이블에서 세운 수직선에서 바깥쪽으로 25도 벌어진 각도로 커트합니다. 위에서 바라보았을 때 등뼈에서 25도 벌어진 각도로 합니다.

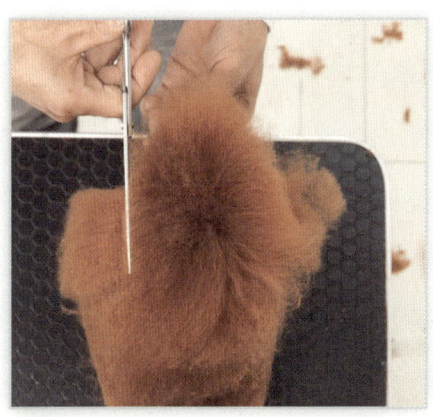

63 귀 위를 커트합니다. [61]에서 연결하여 귀 앞쪽 접합부~뒤쪽 접합부를 테이블과 수직·등뼈와 평행을 이루도록 커트합니다.

64 [63]에서 연결하여 귀 뒤쪽 접합부까지 테이블과 수직을 이루도록 커트합니다. 그 지점에서 사이드 네크는 [53]의 면과 연결합니다.

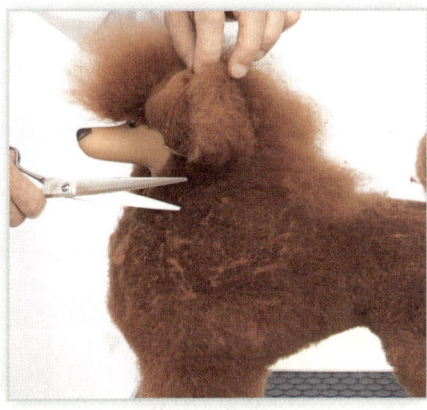

65 [64]와 [49]의 각을 없앤다는 느낌으로 커트합니다.

66 [65]까지의 작업을 마친 상태. 앞에서 볼 때 크라운이 테이블과 수직으로, 좌우 라인이 평행한 것을 확인합니다.

67 [62]의 면의 상부를 커트합니다. 완성 시의 크라운의 절반 높이에서 테이블과 45도의 각도를 이루도록 커트합니다.

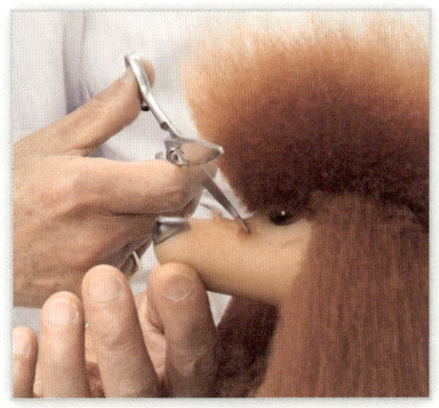

68 스톱에서 위쪽은 테이블에서 세운 수직선을 기준으로 앞쪽으로 25도 벌어진 각도로 커트합니다.

69 [68]과 [62]의 사이(좌우 각각의 눈의 위)의 면을 테이블에서 세운 수직선을 기준으로 바깥쪽으로 25도 벌어진 각도로 커트합니다.

POINT

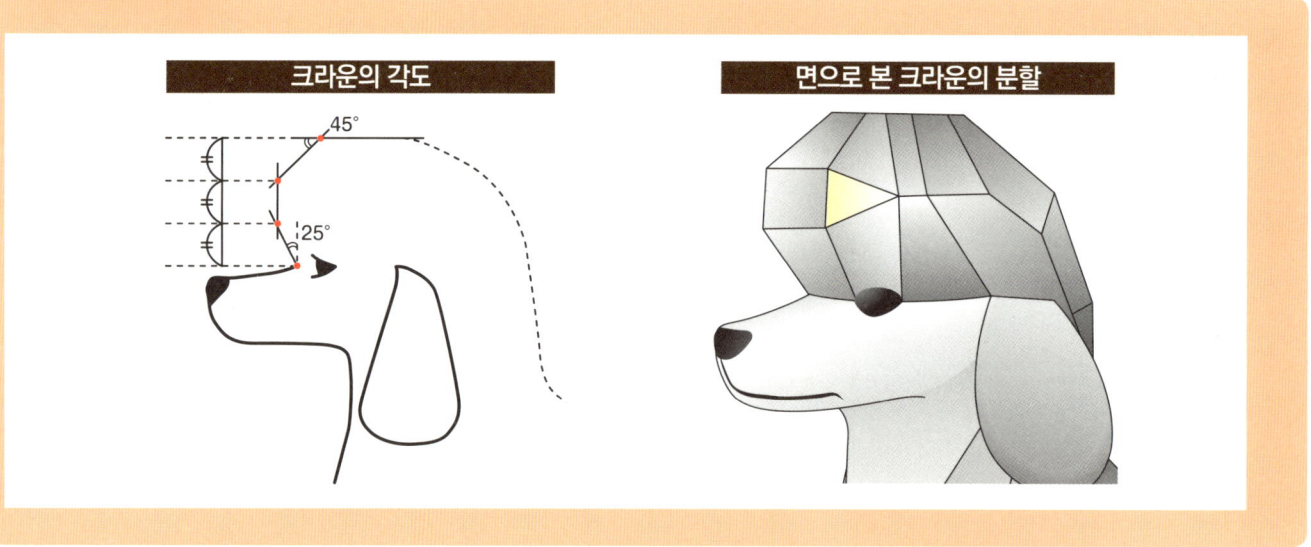

크라운의 각도 | 면으로 본 크라운의 분할

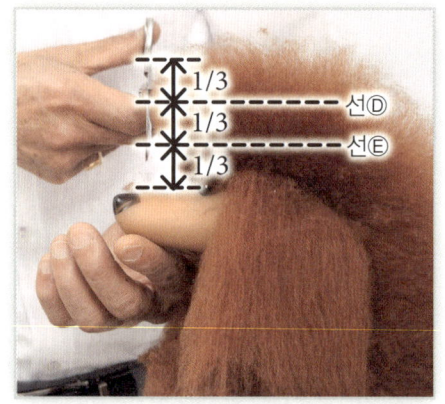

70 옆에서 볼 때 완성 시의 크라운의 높이를 3등분하는 선(선ⓓ, 선ⓔ)을 머리 속에 그립니다. 선ⓓ와 ⓔ의 사이를 테이블과 수직을 이루도록 커트합니다.

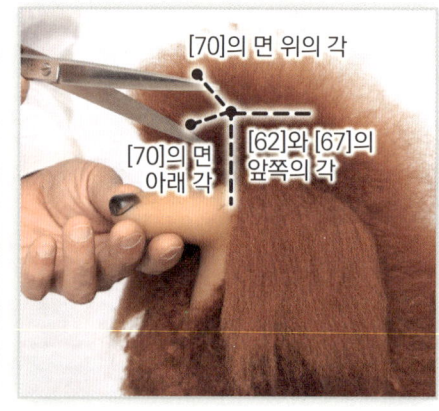

71 [70]에서 커트한 면의 상하 각과 [62]와 [67]의 앞쪽의 각이 이어지도록 커트합니다.(위 그림 '크라운의 분할'의 노란색 부분)

72 크라운 상부를 귀의 앞쪽 접합부까지는 테이블과 평행을 이루도록 커트합니다. 완성 시 높이는 크라운 높이 5에 대해, 앞뒤 폭이 10이 조금 안 되는 것을 기준으로 합니다.

73 [70]에서 정한 선ⓓ보다 위쪽은 테이블과 45도가 되도록 커트합니다.

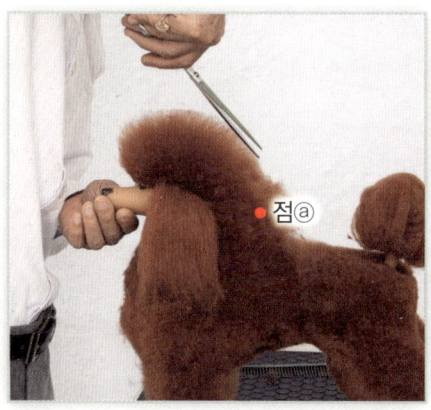

74 [72]보다 뒤쪽은 이매지너리 라인과 등라인의 중간 높이(점ⓐ)까지를 기준으로 날 끝을 이용해 둥근 곡선을 만들어 나갑니다.

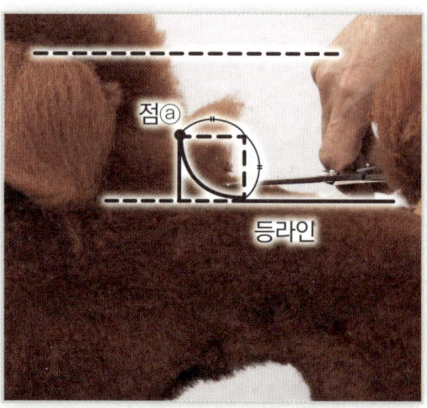

75 두부~등라인 연결 부분에 점ⓐ~등라인 길이를 반지름으로 하는 사분원을 머리 속에 그리고, 사분원과의 접점까지 등라인을 이어갑니다.

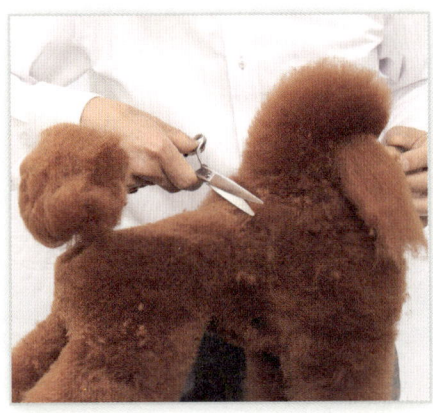

76 [75]에서 정한 등라인의 끝부터 [74]까지 사분원의 호(弧)를 따라 이어나갑니다.

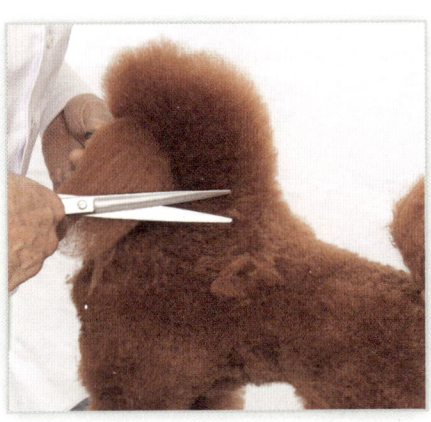

77 [48]과 [53], [76]이 교차하는 각을 없앤다는 느낌으로 커트합니다.

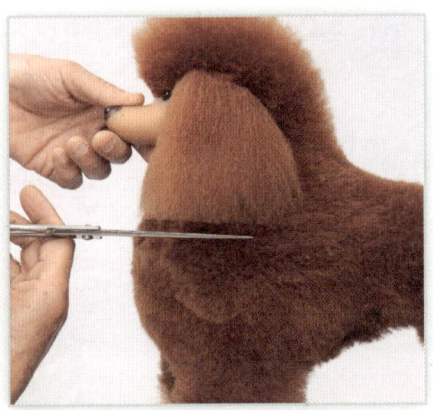

78 귀를 커트합니다. 옆에서 바라보아 귀의 길이를 정하고 테이블과 평행을 이루도록 커트합니다.

79 [78]의 라인의 앞뒤 각을 쳐내고, 커트로 인해 생긴 각을 다시 한 번 잘라냅니다.

80 앞에서 바라보고 바깥쪽·안쪽의 각을 없앱니다.

P O I N T

두부와 등라인의 연결방법
(등라인이 테이블과 평행한 경우)

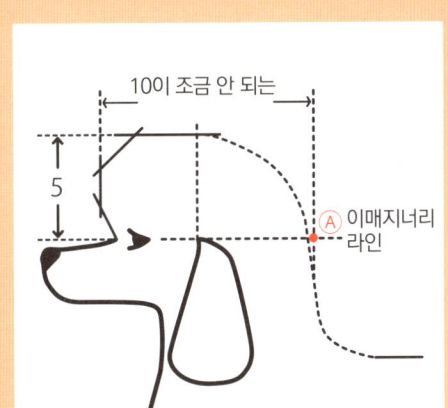

① 크라운의 앞부분에서 크라운의 높이 5에 대해 10이 조금 안 되는 위치에 수직선①을 그린다. 이매지너리 라인의 연장선과 만나는 점을 점Ⓐ라 한다.

② 등라인의 연장선과 수직선①이 만나는 점을 점Ⓑ라 한다.

③ 점Ⓐ와 점Ⓑ의 중간 지점에 점Ⓒ를 정한다.

④ 점Ⓑ~점Ⓒ간의 거리를 반지름으로 하는 사분원을 목 뒤에 그리고, 그 라인을 따라 네크~등라인을 연결시킨다.

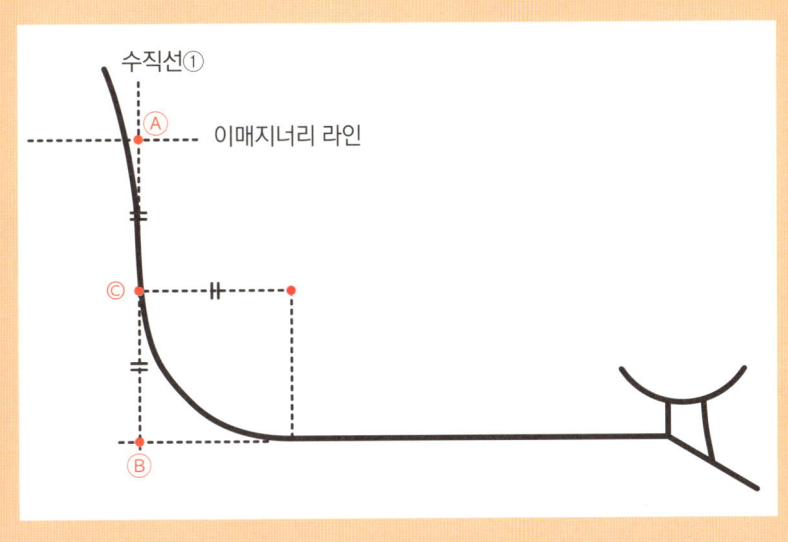

finish

옆에서 본 모습

앞에서 본 모습   뒤에서 본 모습    위에서 본 모습

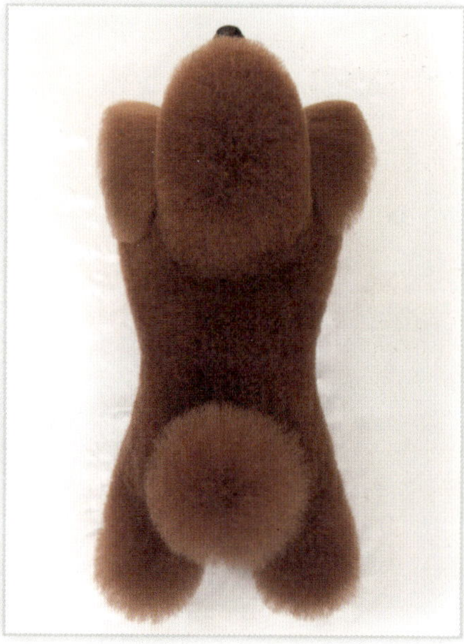

'형태가 흐트러지지 않는 브레이슬릿' 테크닉
브레이슬릿 만들기

사지의 브레이슬릿은 푸들의 스탠더드 스타일에서 필수적인 파트입니다.
밸런스를 잡으면서 '이상적인 형태로 완성하기' 위해서는 포인트를 잘 숙지해서 작업을
진행해야 합니다. '면'과 '각도'를 의식한 커트법을 올바르게 숙지해 둡시다.

리어 브레이슬릿(뒤쪽)

1 풋라인이 완성된 상태에서 시작합니다. 브레이슬릿의 위쪽 절반의 털이 서도록 코밍하고 가볍게 다리를 털어 털을 가라앉힙니다.

2 상부의 클리핑 라인에서 삐져나온 털을 브레이스 라인을 따라 커트합니다.

3 안쪽과 바깥쪽 면을 등뼈와 평행하도록 정돈합니다. 아무리 휜 다리도 '등뼈와는 평행하게, 테이블과는 수직'으로 가위를 움직이는 것이 기본입니다.

4 위쪽을 커트합니다. 털을 세운 다음 풋라인에서 시작되는 앞쪽 면에 평행하게 커트합니다.

5 풋라인에서 시작된 뒤쪽 면과 [4]의 각을 테이블과 수직을 이루도록 커트합니다.

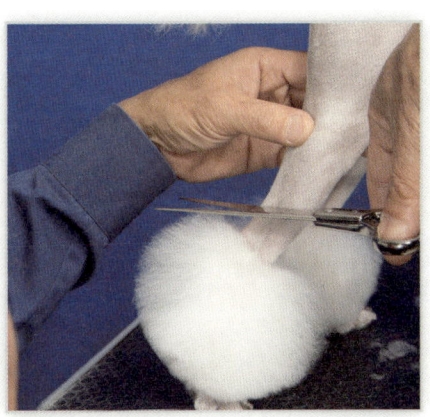

6 [4]의 위쪽 각을 테이블과 평행하게 커트합니다.

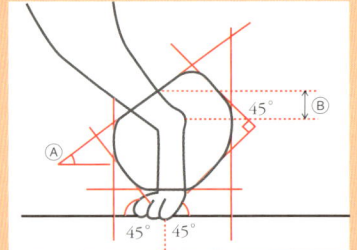

POINT
완성의 기준

Ⓐ→개의 앵귤레이션에 따라 가장 밸런스가 좋은 각도로 합니다.(일반적으로는 약 35°~40°)
Ⓑ→비절에서 클리핑 라인까지의 높이는 하이온 타입은 살짝 높게, 로온 타입은 살짝 낮게 합니다.

프런트 브레이슬릿(앞쪽)

7 브레이슬릿 앞쪽의 각을 테이블과 수직을 이루도록 커트합니다. 면과 면으로 만들어진 각을 쳐내어 둥글게 마무리합니다.

1 프런트 브레이슬릿을 만들 때 클리핑은 약간 높은 위치까지 털을 남겨둡니다. 기준이 되는 리어 브레이슬릿의 뒤쪽 높이를 확인합니다.

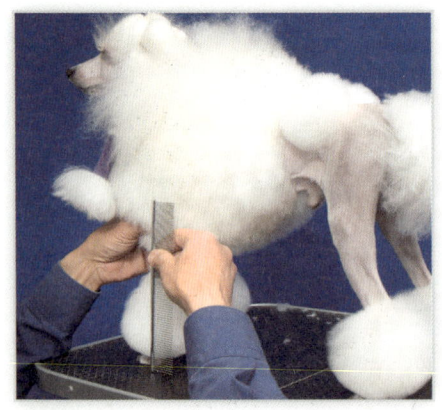

2 [1]에서 확인한 리어 브레이슬릿과 같은 높이에 프런트 브레이슬릿을 만들어 나갑니다.

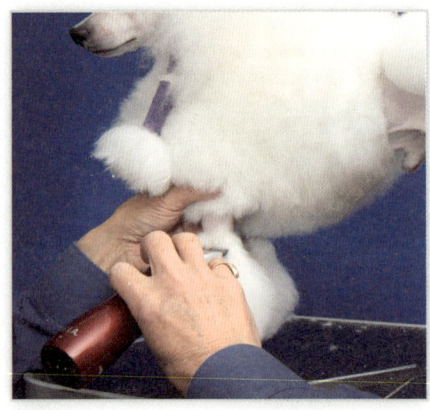

3 [1]~[2]에서 확인한 높이에 클리퍼나 가위로 다리 약간 앞쪽에 살짝 표식을 만들어 놓습니다.

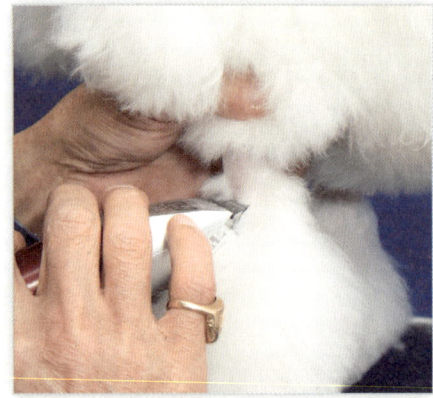

4 [3]보다 윗부분 만을 역방향으로 밀어줍니다.

5 [4]의 높이부터 테이블과 평행을 이루도록 앞다리의 바깥쪽을 역방향으로 밀어줍니다.

POINT
다리 뒤쪽 피부가 늘어나 있으므로 뒤쪽은 약간 높은 위치까지 털을 남깁니다.

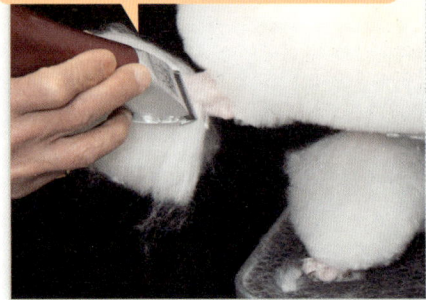

6 앞다리를 들어올려 클리핑할 때는 클리핑 라인이 약간 뒤쪽으로 올라가도록 밀어주면, 다리를 내려놓았을 때 클리핑 라인이 테이블과 평행을 이루게 됩니다.

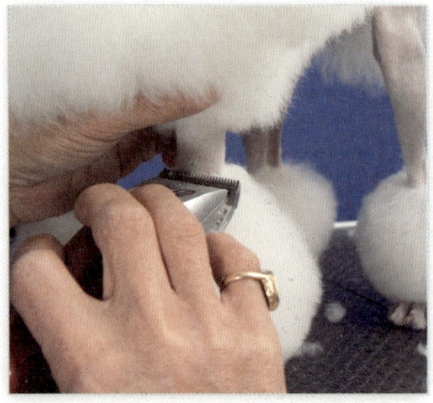

7 [5]에서 연결하여 다리의 뒤쪽~안쪽~앞쪽도 역방향으로 밀어줍니다.

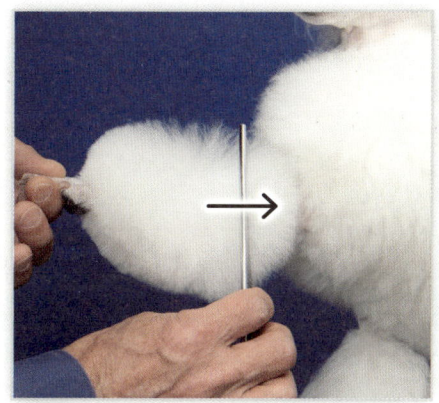

8 앞다리를 들어올려 브레이슬릿의 위쪽 절반의 털을 세우듯이 코밍합니다. 그 후 다리를 살짝 털어 털을 자연스럽게 가라앉힙니다.

9 브레이슬릿 위쪽 절반의 바깥쪽을 커브가위로 커트합니다. 앞쪽에서 보아 클리핑 라인과 5mm 떨어진 지점에서 테이블과 45도를 이루도록 잘라 내립니다.

10 브레이슬릿의 위쪽 절반의 안쪽을 커브가위로 자릅니다. 앞쪽에서 볼 때 클리핑 라인부터 테이블과 45도를 이루도록 잘라 내립니다.

11 브레이슬릿의 위쪽 절반의 앞쪽을 커브 가위로 커트합니다. 옆에서 보아 클리핑 라인과 1cm 떨어진 지점에서 테이블과 45도 각도를 이루도록 잘라 내립니다.

12 브레이슬릿 위쪽 절반의 뒤쪽을 커브가위로 커트합니다. 옆에서 보아 클리핑 라인에서 테이블과 45도를 이루도록 잘라 내립니다.

13 [9], [10]과 안쪽·바깥쪽의 풋라인에서 잘라 올린 면의 각을 테이블과 수직을 이루도록 커트합니다.

14 [11], [12]와 앞뒤 풋라인에서 잘라 올린 면의 각을 테이블과 수직을 이루도록 커트합니다.

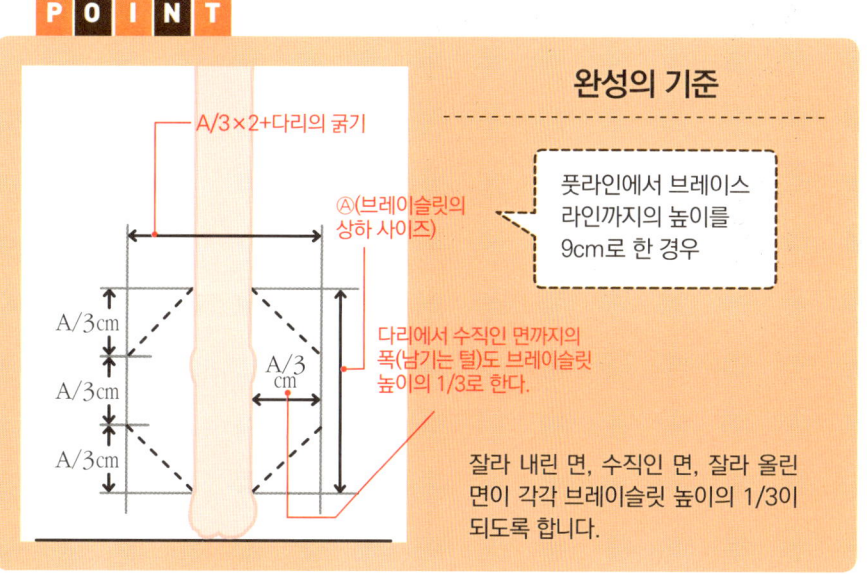

POINT

완성의 기준

풋라인에서 브레이스 라인까지의 높이를 9cm로 한 경우

다리에서 수직인 면까지의 폭(남기는 털)도 브레이슬릿 높이의 1/3로 한다.

잘라 내린 면, 수직인 면, 잘라 올린 면이 각각 브레이슬릿 높이의 1/3이 되도록 합니다.

푸들의 쇼클립

푸들은 트리머가 다룰 기회가 가장 많은 견종 중 하나입니다. 다른 견종과 달리 도그쇼에 출전할 때는 스타일이 다음과 같이 정해져 있습니다.

퍼피 클립 (Puppy Clip)

생후 15개월 이하의 자견(퍼피)에게 하는 쇼클립으로 자견다운 깜찍함이 잘 표현되어 있습니다. 몸도 코트도 성장과정에 있기 때문에 이 시기의 관리가 매우 중요합니다.

컨티넨탈 클립 (Continental Clip)

일본의 경연장에서 가장 인기가 높은 클립으로 후구를 클리핑하기 때문에 아름다운 구성을 어필할 수 있습니다. 허리에 만드는 '로제트'에는 원래 허리 관절을 보호한다는 의미가 담겨 있습니다.

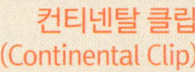

잉글리시 새들 클립 (English Saddle Clip)

쇼클립 중에서 가장 오랜 역사를 자랑하는 스타일로 앞 뒤 총 6개의 브레이슬릿을 갖추고 있어 높은 커트기술과 균형감각이 요구됩니다. '새들'이란 말을 탈 때의 '안장'이란 의미로 여기에서는 허리 부분을 가리킵니다.

퍼피 클립 II (세컨드)

일본에서는 인정된 지 역사가 그리 오래 되지 않은 쇼클립으로 앞서 소개한 퍼피 클립에 비해 전구와 후구를 확실하게 구분하는 파팅라인이 있는 것이 특징입니다.

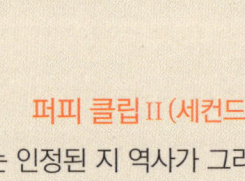

제 7 장

일러스트 해설
견종별 응용

후쿠야마 다카아키

- 비숑 프리제
- 아메리칸 코커스패니얼
- 미니어처 슈나우저
- 포메라니안
- 몰티즈
- 베들링턴 테리어
- 에어데일 테리어
- 노퍽 테리어
- 아이리시 세터
- 셔틀랜드 쉽독

비숑 프리제
Bichon Frise

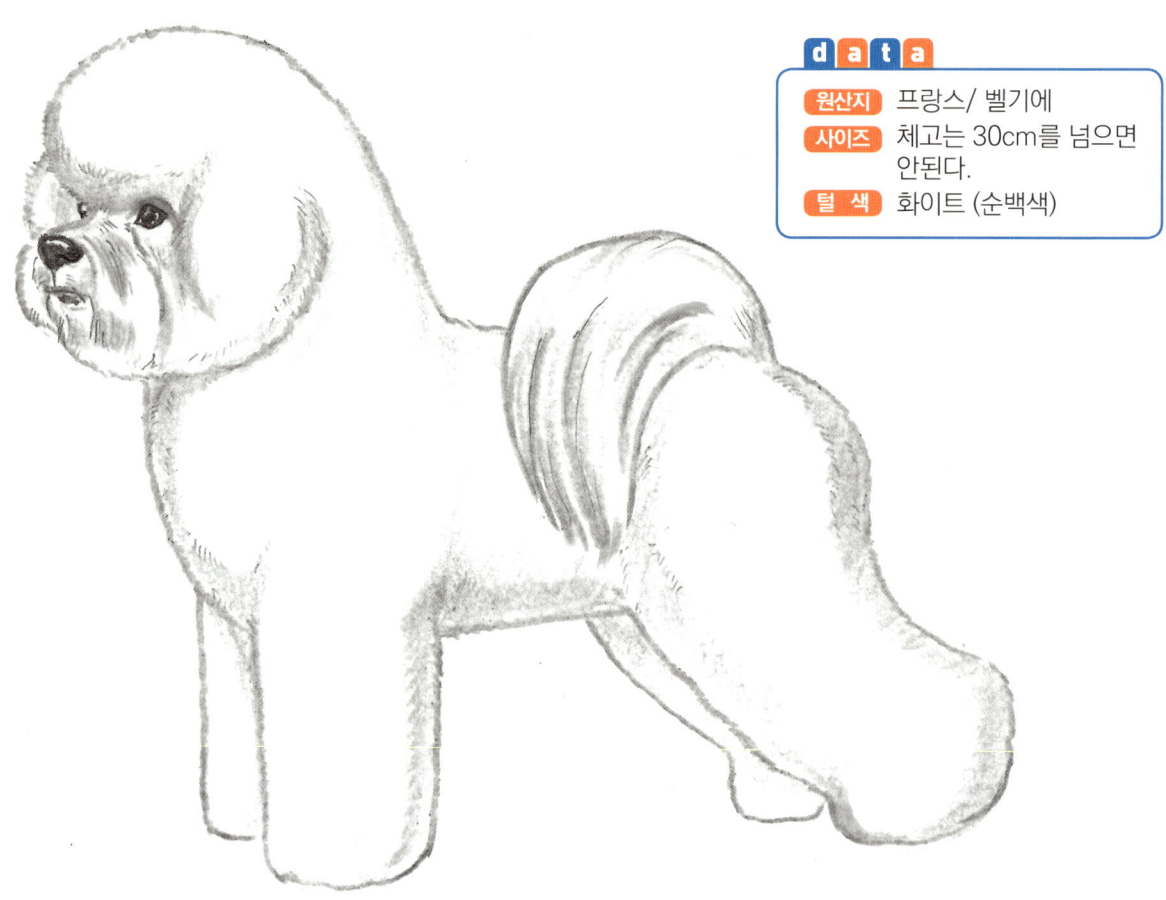

data
- 원산지: 프랑스/ 벨기에
- 사이즈: 체고는 30cm를 넘으면 안된다.
- 털 색: 화이트 (순백색)

　비숑은 '귀여운', 프리제는 '곱슬 털'을 의미하는 프랑스어입니다. 비숑 프리제의 원산지는 카나리아 제도로 이 지역은 예로부터 하얀 털의 애완견이 많이 키워지고 있어 이 개가 유럽 애완견의 기초가 되었습니다. 독일, 프랑스의 푸들, 몰타섬의 몰티즈, 이탈리아의 볼로네즈 등도 비숑 프리제의 영향을 받아 각각의 유형으로 굳어진 것으로 추정됩니다.

　16세기경 비숑의 기초가 된 개가 프랑스에 들어와 소형으로 개량되자 귀부인들 사이에서 안고 다니는 개로 인기몰이를 했습니다.

　그 후 지금으로부터 50년 전에 현재와 같은 머리를 둥글둥글하게 만드는 스타일이 미국에서 개발되어 현재의 쇼 커트가 완성되었습니다.

　피모는 길고 매우 느슨한 곱슬 털로 털 색은 순백색입니다. 밀도가 높은 언더코트와 살짝 단단한 오버코트는 모두 벨벳과 같은 감촉을 자랑합니다. 볼륨이 있고 마치 튕기는 듯한 탄력을 가진 것이 이상적입니다.

　어느 각도에서 바라봐도 둥글둥글함을 느끼게 하는 트리밍이 필요하므로 언더코트의 숱 부족은 견종 자체로도, 트리밍이라는 관점에서도 치명적인 결점이 됩니다. 트리밍 완성 후의 아름다움은 베이싱 후의 블로우와 드라잉을 얼마나 정성 들여 하느냐에 달려 있습니다.

[트리밍 해설]

털을 깎기보다는 도장모(쓸데없이 삐져나온 털)를 정돈하여 전체적인 모습을 파우더 퍼프와 같은 모습으로 다듬습니다. 각 개체의 체형적 결점을 보완하면서 표면을 매끄럽게 마무리합시다. 기본적으로는 시저링으로 마무리하며 비량(콧등), 음부, 귀 뒷면, 발바닥 육구부는 1~2mm 날로 클리핑합니다.

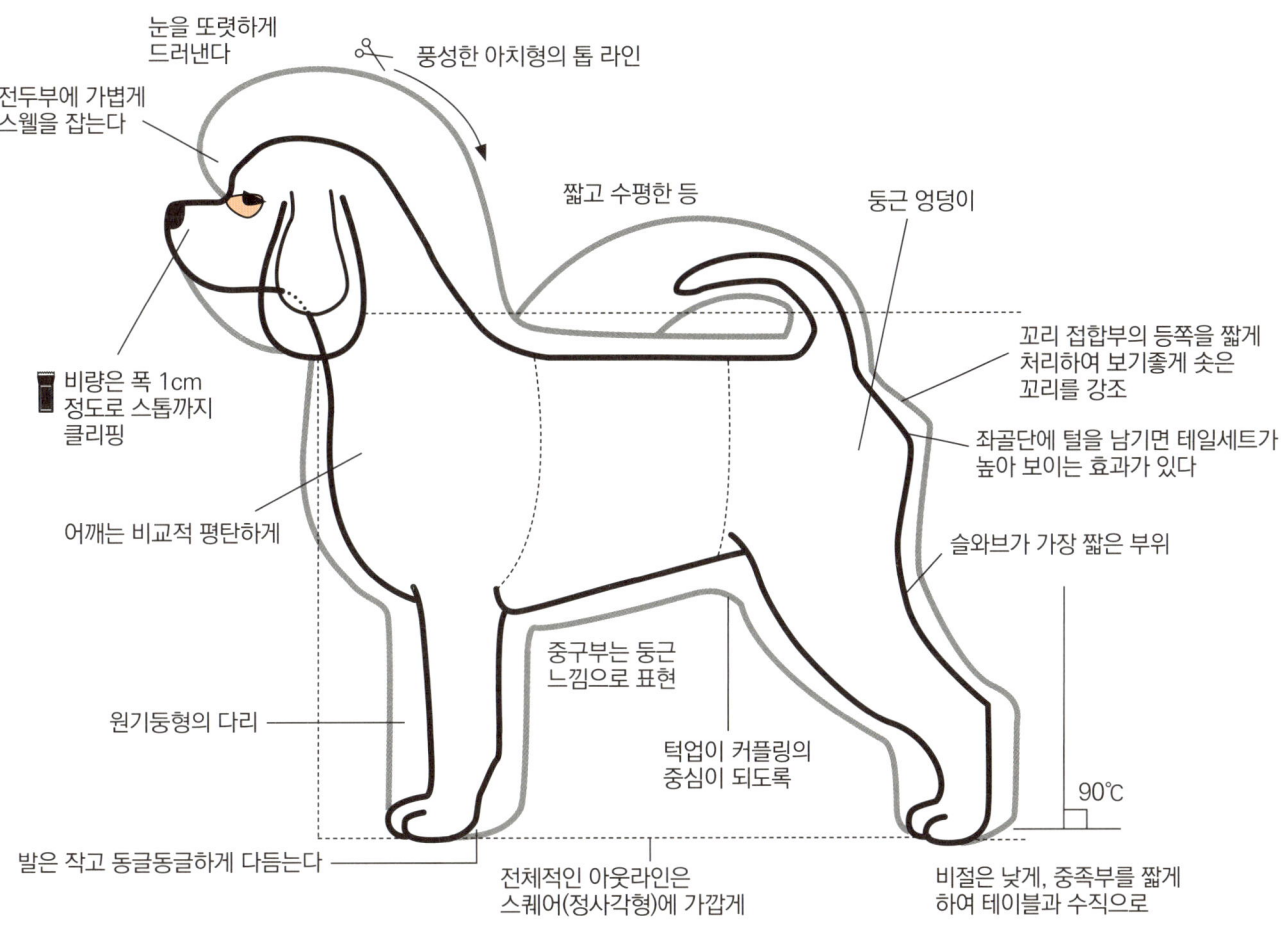

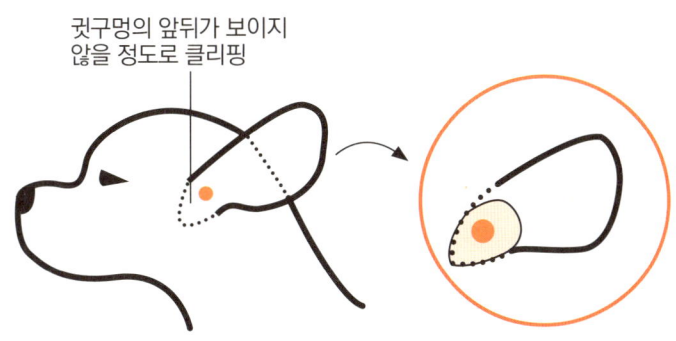

아메리칸 코커 스패니얼
American Cocker Spaniel

data
- 원산지: 미합중국
- 사이즈: 체고는 수컷 38.0cm, 암컷 35.6cm (모두 ±1.25cm)가 이상적
- 털 색: 블랙 버라이어티(블랙+탠), 블랙 이외의 단색(ASCOB1버라이어티), 파티 컬러2 버라이어티, 탠 포인트

코커스패니얼은 17세기에 영국에서 건너온 이민자들과 함께 유입되었습니다. 그중에서 체격이 작아 애완용으로 사육되던 계통이 훗날 아메리칸 코커스패니얼의 시초가 되었습니다.

원래 귀, 가슴, 배, 다리의 장식털이 길고 그 외 두부, 등, 꼬리 등은 단모였습니다. 하지만 도그쇼의 영향으로 외모가 중시되자 조금이라도 모량이 풍부한 종을 만들어 내려는 움직임이 생겼고, 그 결과 불필요한 부분의 털까지 함께 늘어나게 되었습니다. 그 후 개량을 거듭하여 트리밍에 거의 손이 가지 않는 현재의 모습에 이르렀습니다.

비단실과 같은 피모는 직모이거나 살짝 웨이브가 져 있어 손질은 비교적 간단합니다. 피모가 과다하지 않아, 그 개의 자태와 움직임을 저해할 정도는 아닙니다. 바디 부분은 숱가위로, 발은 가위로 손질합니다. 등에 클리퍼를 사용하는 것은 바람직하지 않습니다.

이 견종에서 중요한 것은 '최대한 자연스럽게 보여야 한다'는 점입니다. 털끝을 얼마나 자연스러운 형태로 남기는가도 포인트이므로 커트를 할 때도 숱을 정리할 때도 항상 모류와 평행하게 가위를 사용하도록 합시다.

[트리밍 해설]

1~2mm의 클리퍼로 입술 가장자리, 비량, 눈 아래 등을 VS(Very Short)로 밀어줍니다. 입술, 볼, 목, 귓바퀴의 상부 1/4~1/3, 꼬리 속면, 회음부, 항문 주변은 주로 클리핑으로 S(Short), 발 주변은 가위로 짧게 형태를 잡습니다. 두개, 두정, 목 등과 몸통, 꼬리 겉면 등은 나이프를 이용한 레이킹(raking)과 숱가위를 이용한 틴닝(thinning)으로 M(Medium)으로 마무리합니다.

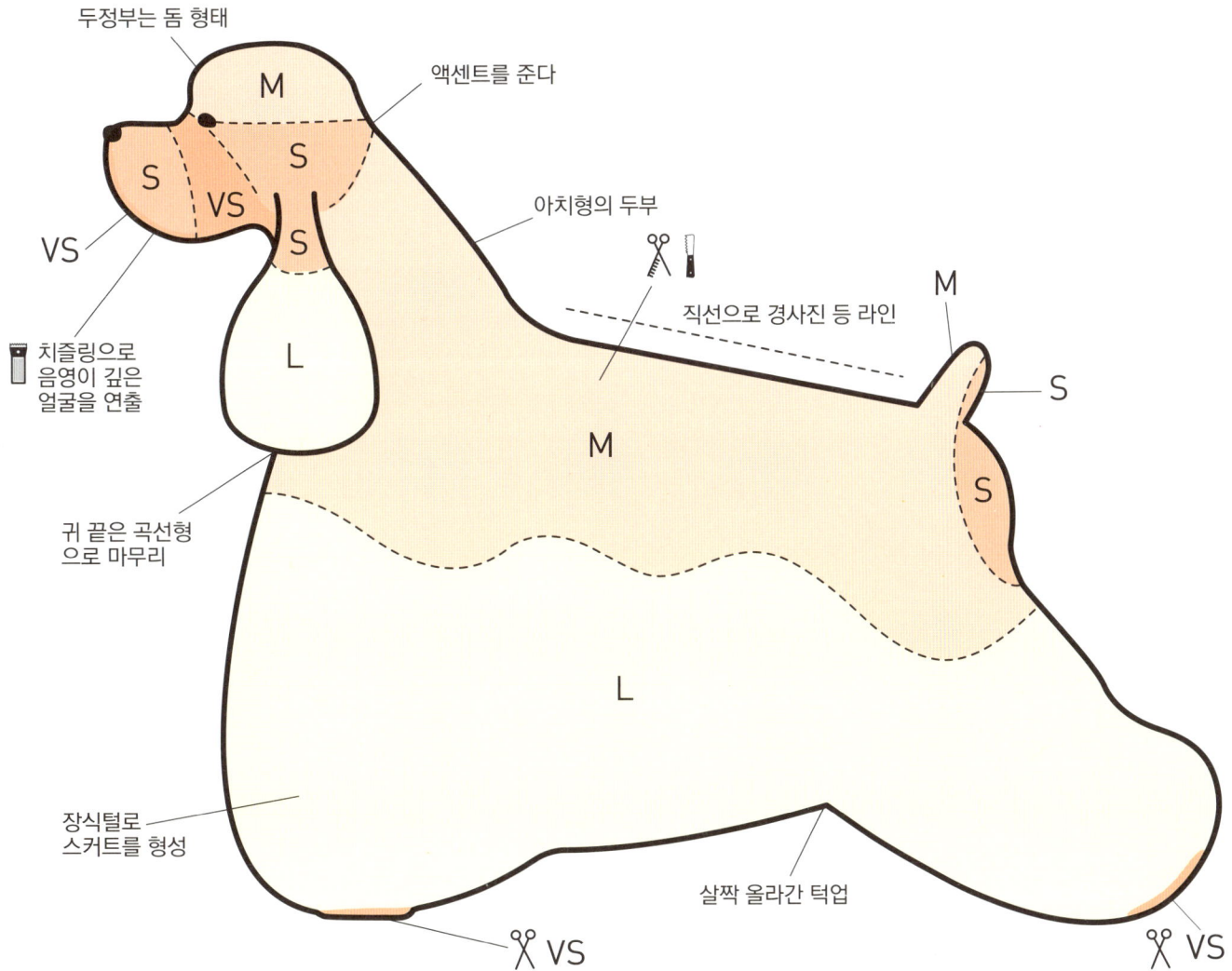

미니어처 슈나우저
Miniature Schnauzer

data
- 원산지: 독일
- 사이즈: 체고 30~35cm, 체중 약 4~8kg
- 털 색: 솔트 & 페퍼, 블랙 & 실버, 블랙, 화이트(순백색)

　견종명인 슈나우저는 독일어로 '수염'을 의미합니다. 자이언트, 스탠더드, 미니어처의 세 종류가 있습니다. 미니어처 슈나우저는 스탠더드 슈나우저와 마찬가지로 독일 원산의 아펜핀셔를 교잡하여 만들어 내었다고 합니다. 전 세계적으로 매우 높은 인기를 자랑하는 견종입니다.

　체형은 전형적인 스퀘어 타입으로 근육과 골량이 풍부하고, 뛰어난 두뇌에 활발함, 민첩성까지 두루 갖춘 견종입니다. 피모는 억세고 성긴 조모(粗毛)입니다. 더블코트로 와이어리한(wiry) 오버코트와 부드럽고 빽빽한 언더코트로 이루어져 있습니다.

　사지의 털은 그리 뻣뻣하지 않고 전안부와 귀의 피모는 짧습니다. 머즐의 수염과 샤프한 눈썹이 특징입니다.

　도그쇼에 출전하는 개로, 미니어처 슈나우저의 코트의 특성은 스트리핑(stripping) 및 플러킹(plucking) 기술에 의해 유지됩니다. 가위와 클리퍼를 사용하면 서서히 털 색깔이 흐려지고 털이 얇아지기 때문입니다. 보다 단단한 와이어 코트, 아름답게 손질된 사지의 코트, 그리고 아름답게 뻗은 수염을 돋보이게 했을 때 이 견종의 매력이 가장 잘 드러납니다.

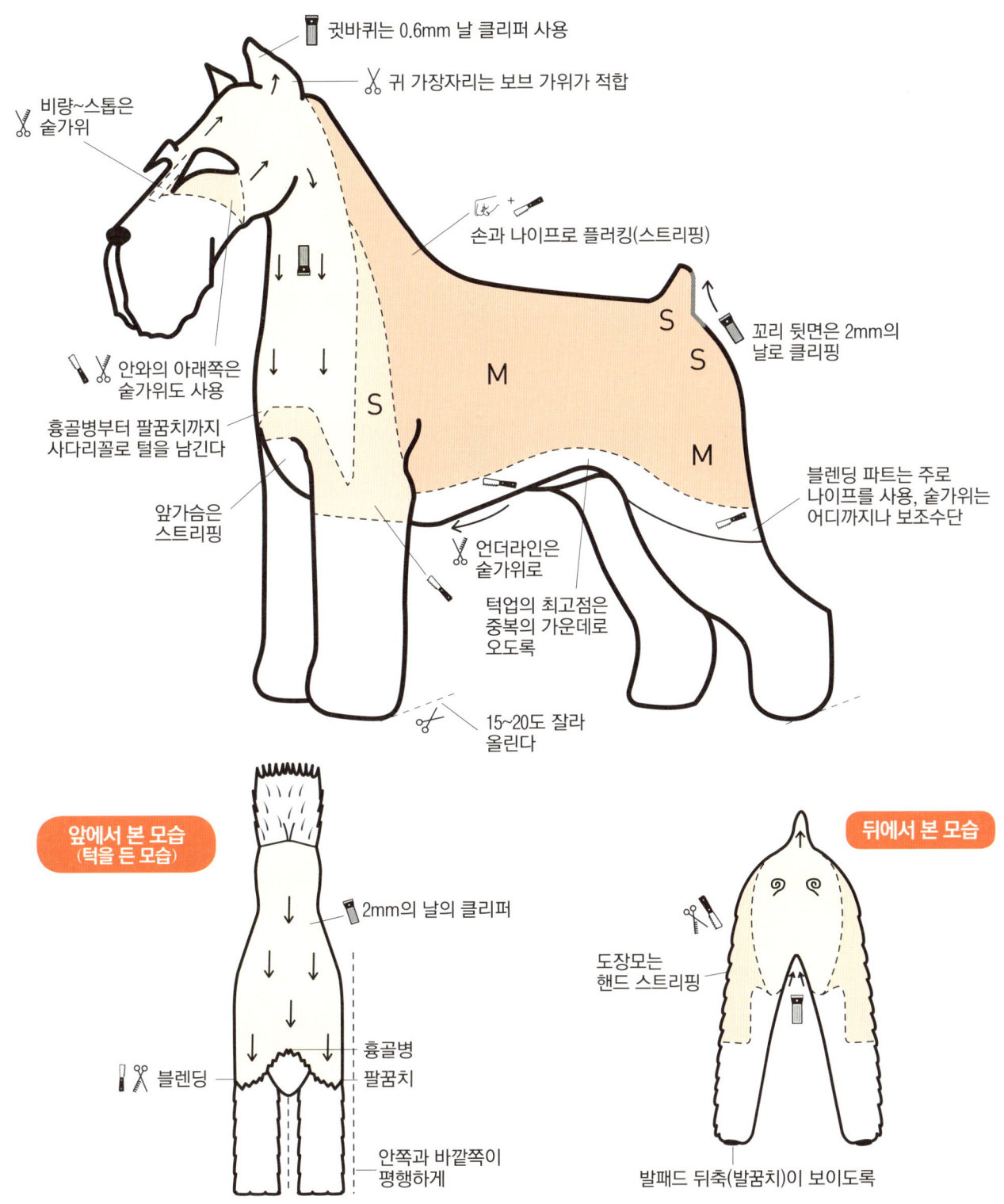

포메라니안
Pomeranian

data
- 원산지: 독일
- 사이즈: 체고 20cm±2cm
- 털색: 블랙, 브라운, 초콜릿, 레드, 오렌지, 크림, 오렌지 세이블, 울프 세이블, 블루, 화이트, 블랙 탠 등

포메라니안의 원산지는 독일 북부 포메라니아 지방으로 독일에서는 작은 뾰족한 개라는 의미로 쮈그(작다), 스피츠(주둥이와 귀가 뾰족한 개)라는 이름으로 불렸습니다. 영국으로 건너가 보다 작고 아담하며, 귀여우면서 위엄 있는 자태를 자랑하는 세련된 애완견으로 거듭났습니다.

본래 이 지방의 개는 대부분 북방계의 원시적인 용모의 특징인 쫑긋 솟은 귀와 둥글게 말린 꼬리를 갖고 있었습니다. 또한 추운 지방에서 살아남기 위해서는 빽빽한 장모(내한성이 뛰어난 코트)를 갖추고 있었습니다.

선조는 키스혼드종(별명 저먼 울프스피츠)과 핀란드 라플란드의 썰매견으로 사용되거나 양치기, 때로는 수렵견으로 일하는 용맹한 개였던 것으로 추정됩니다. 이 개들 중에서 몸집이 작은 것들이 영국으로 건너가 1870년에 케널클럽(KC)에 '스피츠 도그'라는 이름으로 공인되었습니다. 빅토리아 여왕이 상당한 애호가로 포메라니안이 애완견으로 번식하는데 크게 기여한 것으로 알려져 있습니다.

짧고 두툼하며 풍부한 언더코트를 갖춘 더블코트(이중보모)로 특히 목 둘레의 풍성한 에이프런과 풍부한 피모로 뒤덮인 꼬리가 인상적입니다. 오버코트는 길고 곧은 개립모(開立毛)로 바디를 풍성하게 감싸고 있습니다.

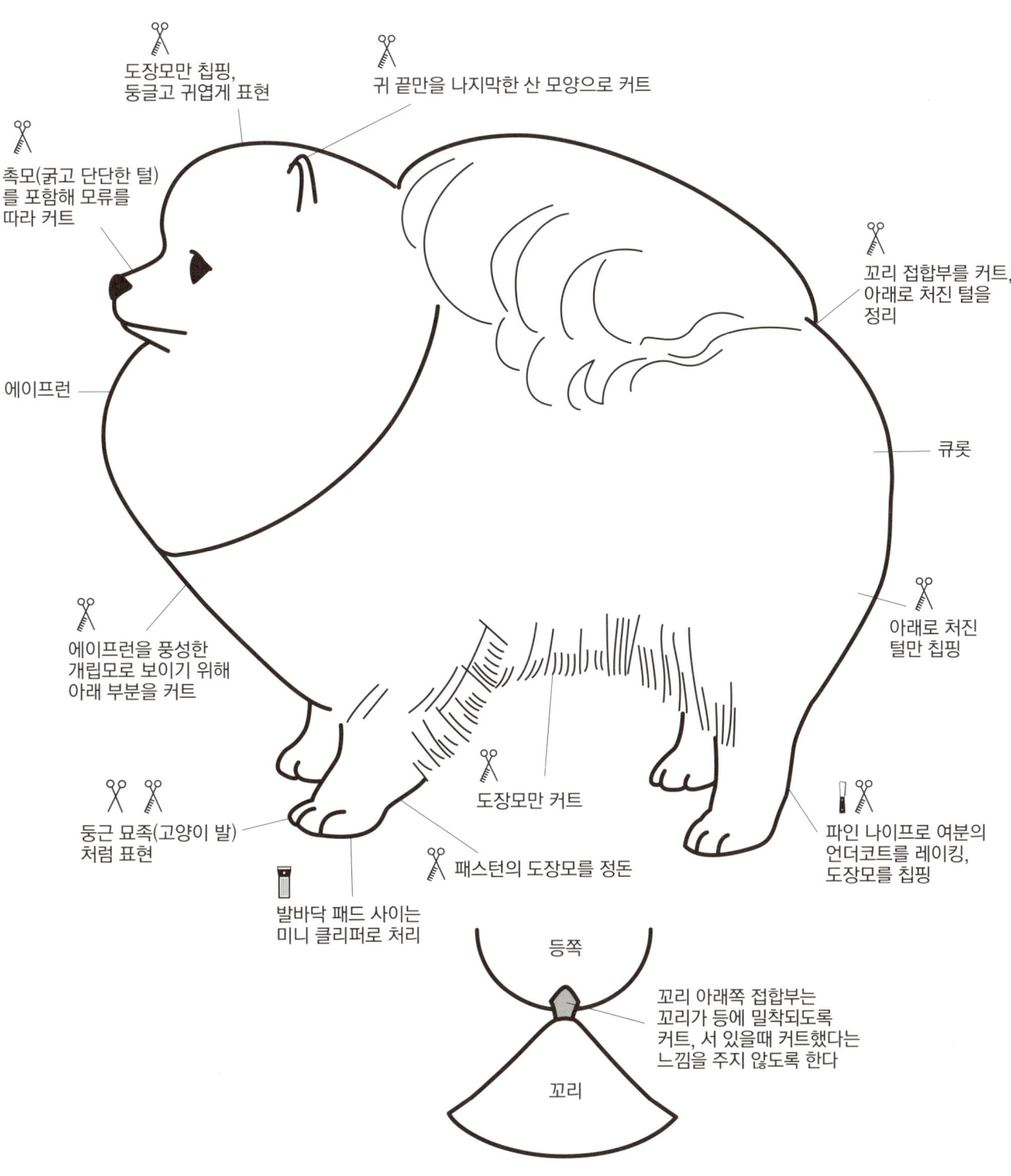

몰티즈
Maltese

data
- 원산지: 지중해 연안지역
- 사이즈: 3.2kg 이하(2.5kg가 이상적임)
- 털 색: 화이트

소형견종 중에서도 특히 역사가 오래된 순수혈통 종입니다. 지중해 연안 지역에서 개발된 품종으로 그 후 유럽 각국으로 수출되었습니다. 일본에 들어온 것은 2차 세계대전 후로 상당한 인기몰이를 했습니다. 현재도 인기 견종으로서 수많은 애호가가 존재합니다. 자그마한 체구지만 순백의 긴 피모를 두르고 머리와 꼬리를 꼿꼿이 세우고 우아하게 걸어다니는 몰티즈는 도그쇼의 간판스타입니다.

이 장모를 아름답게 유지하기 위해서는 브러싱과 래핑을 중심으로 한 관리가 필요합니다. 래핑에는 피모의 엉킴, 털 끊어짐, 더러움의 부착을 방지하는 동시에 활동 중에 거추장스러운 피모를 정리해두는 역할이 있습니다. 래핑에 적응하기까지는 사람도 개도 시간이 필요하므로 느긋한 마음으로 시도하는 것이 좋습니다.

한편, 애견미용실에서는 반려인과 트리머의 감성으로 자유롭게 스타일을 연출하는 펫 커트도 많이 볼 수 있습니다.

개의 생활의 질, 관리의 용이성은 물론이며 최근의 펫 커트에는 독창성도 요구됩니다. 평상시의 눈 주변 케어와 양치질, 입가의 청결을 유지하는 것이 필수입니다.

✂ ······ 마무리용 가위 사용
▮ ······ 클리퍼 사용

[트리밍 해설]
도그쇼에 출전할 때는 래핑을 풀어 털을 잘 펴준 다음 세팅합니다. 몰티즈는 톱노트를 만들어 두정부에서 털을 다발로 묶게 되어 있습니다. 요크셔 테리어나 시추의 노트는 1개인 것에 비해 몰티즈는 대개 2개의 노트를 만듭니다.

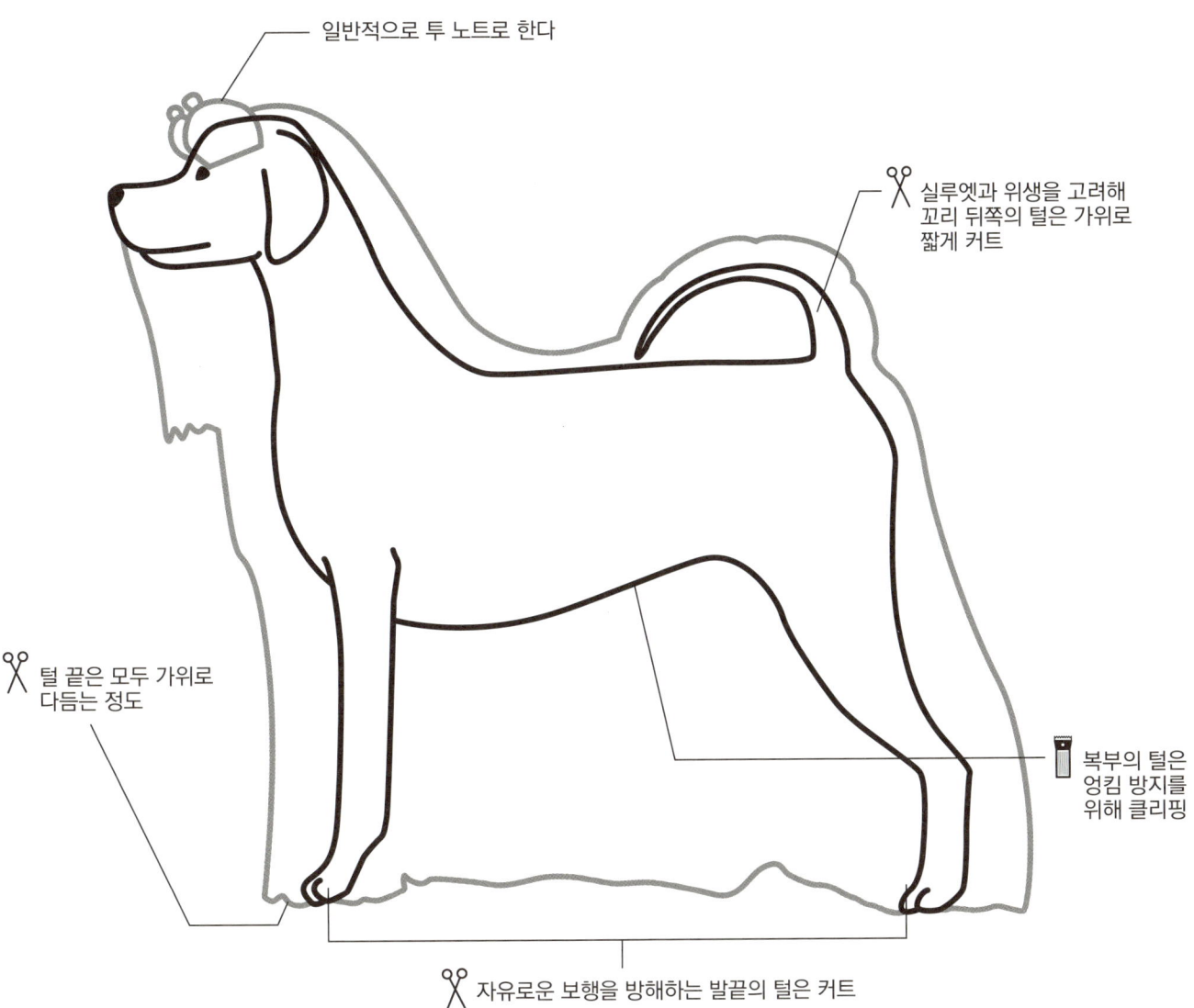

일반적으로 투 노트로 한다

✂ 실루엣과 위생을 고려해 꼬리 뒤쪽의 털은 가위로 짧게 커트

✂ 털 끝은 모두 가위로 다듬는 정도

▮ 복부의 털은 엉킴 방지를 위해 클리핑

✂ 자유로운 보행을 방해하는 발끝의 털은 커트

베들링턴 테리어
Bedlington Terrier

data
- 원산지: 영국
- 사이즈: 체고 약 41cm, 체중 8.2~10.4kg
- 털 색: 블루, 레버, 선데이, 블루 & 탠, 레버 & 탠, 선데이 & 탠

영국의 노섬벌랜드주(Northumberland)의 베들링턴 시 주변에 사는 탄광 노동자들에게 사랑받던 개입니다. 기원은 확실치 않으며 처음 세상에 등장한 시기에는 구멍에 숨어 사냥을 하는데 적합한 체형이었던 것이 위펫과 교배되어 다리가 길어지고 짧고 뭉툭한 체형도 날렵하고 우아하게 변했다고 합니다.

1877년에 내셔널 베들링턴 테리어 클럽이 설립되자 마치 양과 같이 우아한 스타일이 인기를 끌며 보급이 늘었습니다. 피모는 두툼한 면모상(솜털)으로 보기 좋게 서 있습니다. 곱슬거리는 털의 특유의 경향이 있는데 이는 특히 두부와 안면부에서 뚜렷이 나타납니다.

트리밍은 클리핑과 시저링으로 독특한 형태를 표현합니다. 평상시 관리는 브러싱과 코밍이 중요해 모근 쪽까지 꼼꼼히 풀어주지만, 결코 거칠게 풀어서는 안 됩니다. 털끼리 뭉치거나 보풀이 생겼을 때에는 털을 한올한올 풀어준다는 생각으로 정성스럽게 풀어줍니다. 억지로 잡아당기거나 필요 이상으로 피부를 자극하면 검은 털이 무성하게 자라나 얼룩덜룩한 보기 흉한 모습으로 변하는 경우도 있습니다.

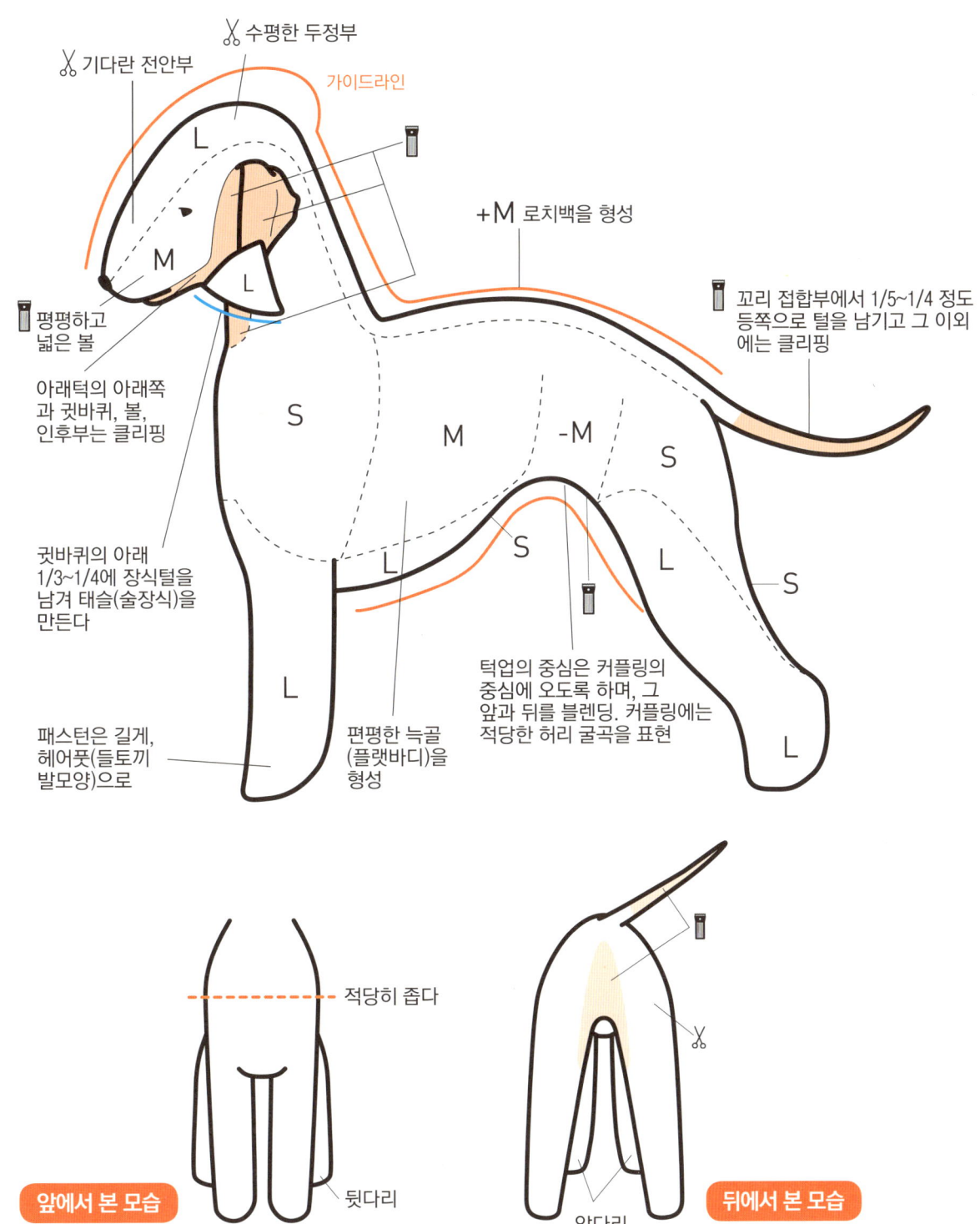

에어데일 테리어
Airedale Terrier

data
- 원산지: 영국
- 사이즈: 체고는 수컷은 약 58~61cm, 암컷은 약 56~59cm
- 털 색: 블랙(그리즐) & 탠

　에어데일 테리어는 영국 요크셔 지방을 흐르는 에어강 유역에서 수달을 사냥하는데 사용된 오터하운드와 테리어계의 잡종을 이용해 개발한 견종입니다. 그 후 아이리시 테리어 등과의 교배로 지금의 모습에 이르렀는데, 큰 체구에 세련된 테리어 특유의 박력으로 '테리어의 왕(King of Terrier)'이라 불립니다. 훈련성능뿐 아니라 운동성능이 뛰어나 수렵견은 물론 예로부터 군용견과 경찰견으로 활용되었습니다.

　원산국인 영국에서는 외모에 관한 표현으로 근육과 골량이 풍부하여 가늘고 긴 인상을 주지 않는 '코비 타입(Cobby type)'을 이상적이라고 평가합니다.

　트리밍 작업 시에는 이 이미지를 머리 속에 그리면서 스트리핑을 이용해 스타일을 만들어 나갑니다. 스트리핑을 하여 모낭을 중심으로 피부의 활성도를 높일 수 있으며 짙은 색의 굵고 단단한 털이 자라나게 됩니다. 머즐과 눈 위, 사지, 가슴 아래 등 피모를 비교적 길게 남기는 부위는 나이프는 물론 털을 손가락으로 몇 가닥씩 잡아 뽑는 섬세한 그루밍(핑거 & 썸워크)도 합니다.

　성장기에는 대부분의 테리어가 그렇듯이 귀가 중간부터 꺾이도록 테이프 등으로 귀를 머리에 부착하는 '이어세트'를 하는 경우가 있습니다.

[트리밍 해설]

에어데일 테리어의 체형은 스퀘어 타입으로 체고(기갑~지면)와 체장(흉골단~좌골단)의 길이가 같습니다. 흉심(①~②)은 체고의 약 2분의 1입니다. 두부의 길이는 목 부위와 같습니다. 비량~후두부까지는 평행선에 가까운 톱라인이지만 비량의 털 길이를 살짝 더 조정하여 수평하게 만듭니다. 피부가 노출되지 않는 범위에서 도그쇼에 출전하기 약 4개월 전부터 각 파트를 여러 번에 나눠서 뽑습니다.

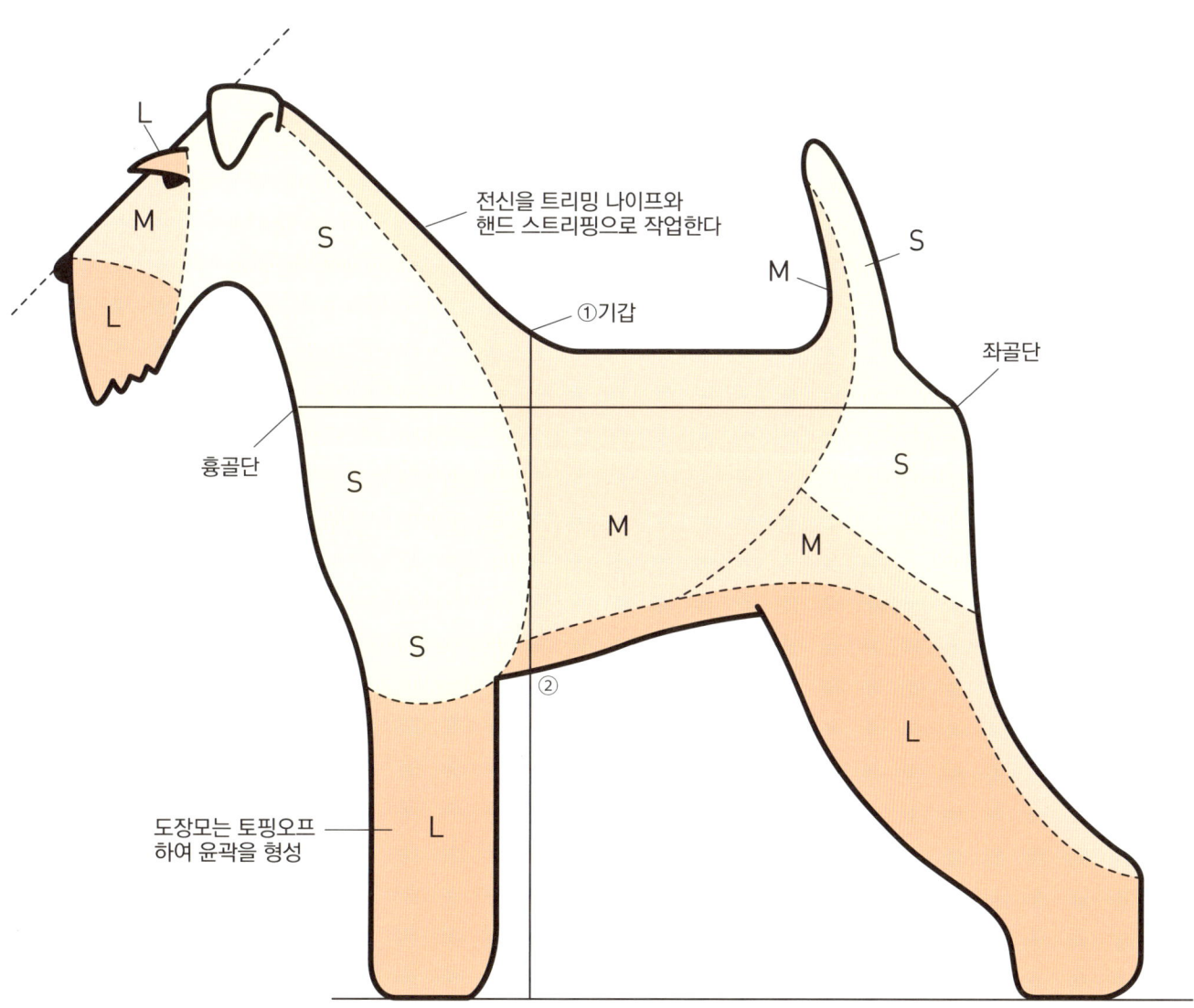

S … 쇼트 (1cm±)
M … 미디엄 (2~4cm±)
L … 롱(자연에 가까운 기장)
※각 파트의 경계는 자연스럽게 이어지도록 블렌딩

노퍽 테리어
Norfolk Terrier

data
- **원산지** 영국
- **사이즈** 이상적인 체고는 25~26cm
- **털 색** 레드, 휘튼(보리색), 블랙 & 탠 또는 그리즐

 잉글랜드 동부의 노퍽주에서 귀가 쫑긋하게 선 노리치 테리어와 함께 품종개량으로 등장한 견종입니다. 1932년 우선 '노리치 테리어'의 명칭으로 공인된 후, 1964년에 귀가 처진(드롭이어) 개는 '노퍽 테리어'로 정해졌습니다. 두 견종은 30여 년 동안 동일 견종으로 취급되었습니다. 노퍽 테리어는 작고 아담한 외모에 탄탄한 몸집과 와이어리한 피모, 흥분성·반응성이 높은 테리어 캐릭터를 두루 갖추었습니다.

 트리밍 시에는 인위적인 조형미가 느껴지지 않게 합니다. 어디까지나 자연스러운 인상을 저해하지 않기 위해 스트리핑을 중심으로 나이프와 손가락으로 피모를 뽑아 형태와 질감을 연출해나갑니다. 길이가 다른 피모를 중첩시켜 피모의 층을 만들어 '두께감'을 연출합니다. 언더코트를 적당히 솎아내고, 쓸데없이 긴 오버코트를 뽑아 피모가 몸에서 붕 뜨지 않도록 합니다. 다리의 안쪽, 귀의 뒤쪽 등은 단단한 피모(皮毛)가 잘 나지 않는 부위이지만 느긋한 마음으로 꼼꼼하게 피모를 뽑아나갑시다. 건강관리에서는 몸집이 작다는 점을 충분히 고려하고, 양치질과 발톱 깎기 등의 케어가 반드시 필요합니다.

S…쇼트 (1cm±)
M…미디엄 (2~4cm±)
L…롱 (자연에 가까운 기장)
※각 파트의 경계는 자연스럽게 이어지도록 블렌딩

[트리밍 해설]
가위 등은 사용하지 않고 트리밍 나이프와 손가락을 이용해 케어합니다. 언더코트와 여분의 오버코트를 처리하는 작업을 주 1회~여러 차례 실시하면 언제나 아름다운 자태를 유지할 수 있습니다.

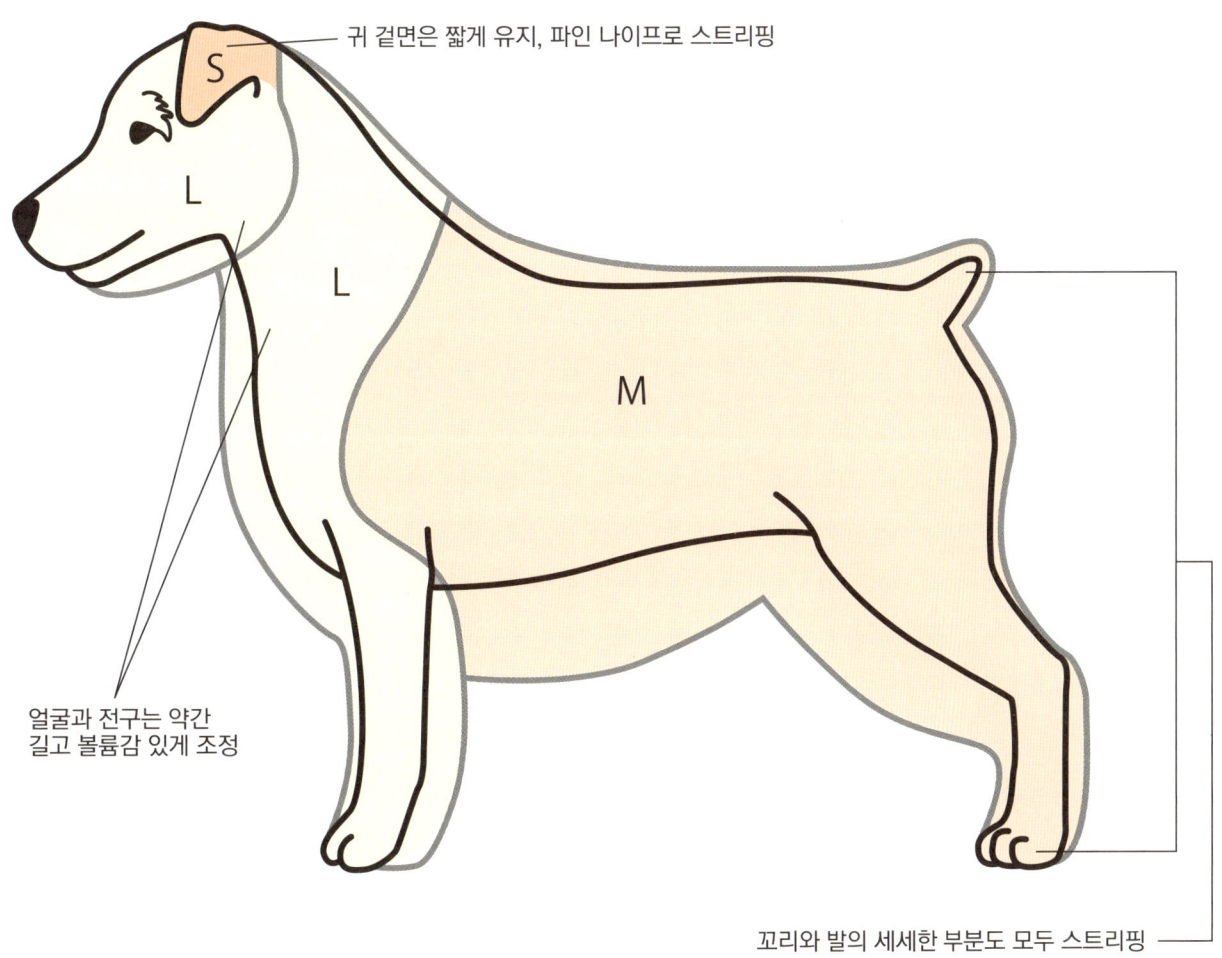

귀 겉면은 짧게 유지, 파인 나이프로 스트리핑

얼굴과 전구는 약간 길고 볼륨감 있게 조정

꼬리와 발의 세세한 부분도 모두 스트리핑

아이리시 세터
Irish Setter

data
- 원산지: 아일랜드
- 사이즈: 체고는 수컷은 67cm 안팎, 암컷은 62cm 안팎
- 털 색: 리치 체스넛

아일랜드 원산으로 수렵용(건독: gun dog)으로 개발되었습니다. 도그쇼에 출전하게 된 후에는 현재와 같이 아름답고 세련된 자태로 개량되었습니다. 매우 강인하고 정력적인 견종이기도 합니다.

아이리시 세터는 지역(국가)과 단체에 따라 그루밍 스타일이 크게 다릅니다. 일본과 미국처럼 도그쇼에서의 예술성을 중시한 스타일에서는 아름다움을 최대한으로 표현하기 위한 트리밍을 합니다. 가장 전형적인 차이는 귀로, 쇼 스타일에서는 귀 상부 1/3의 피모를 짧게 클리핑하고 끝의 털을 길게 기릅니다. 이와 대조적으로 영국에서는 케널클럽(KC)의 견종 표준서에 '귀 끝은 단모'라고 기재되어 있듯이 귀 끝에 긴 피모가 존재하지 않습니다. 이는 수렵용으로서의 실용성을 중시한 스타일이라 여겨집니다.

반듯하고 긴 장식털은 전체의 균형을 잘 고려해서 정돈합니다. 지나치게 인위적인 느낌이 들지 않을 정도로 가위와 나이프로 볼륨과 형태를 가다듬습니다. 장식털은 트리트먼트나 린스로 케어하면 정전기 발생을 줄일 수 있고 오염으로부터도 보호할 수 있습니다.

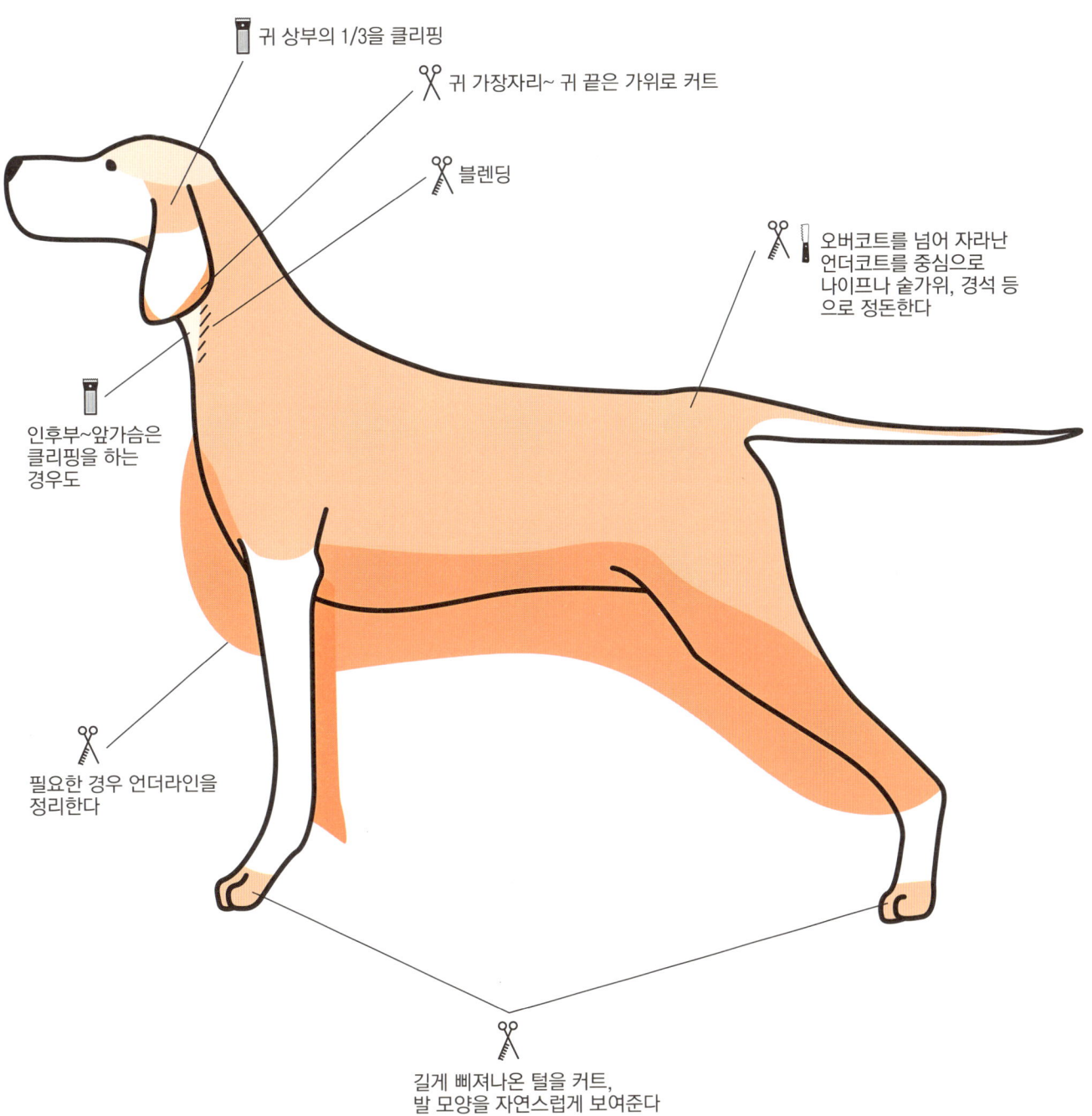

[트리밍 해설]
바디는 오버코트를 뚫고 나와 자라난 언더코트를 나이프나 경석(輕石)으로 제거합니다. 피모를 짧게 하는 부위(인후부 등)에는 클리퍼와 숱가위를 사용합니다.

셔틀랜드 쉽독
Shetland Sheepdog

data
- 원산지: 영국
- 사이즈: 이상적인 체고는 수컷 37cm, 암컷 35.5cm
- 털 색: 세이블, 트라이 컬러, 블루 멀, 블랙 & 화이트(탠)

영국의 최북단 셔틀랜드 제도 원산의 역사가 깊은 목양견입니다. 혹독한 추위에 견딜 수 있는 강인함뿐 아니라 목양견으로서의 민첩함과 지구력도 갖추고 있습니다. 때문에 현재는 도그쇼뿐 아니라 아질리티(일종의 애견 장애물 게임) 분야에서도 활약하는 대표적인 견종입니다.

귀는 중간까지는 바짝 서 있고 끝부분이 구부러진 형태입니다. 자견 시절에 귀를 중간지점부터 구부러진 상태로 만들기 위해 '이어세트'가 필요한 경우도 있습니다.

트리밍에서는 인위적이지 않은 자연미가 요구됩니다. 때문에 얼굴 주변과 발 등의 쓸데없이 삐져 나온 피모를 가위로 커트해서 정돈하는 정도입니다. 이 견종의 큰 특징인 목 둘레의 풍부한 털(메인코트)은 역립시키는 테크닉 등으로 보다 풍성한 볼륨감을 연출하는 경우가 있습니다.

풍부한 모량을 유지하기 위해 평상시의 브러싱과 케어에서는 슬리커가 아니라 핀 브러시를 사용합니다. 여름철에 더위 대책으로 피모를 매우 짧게 클리핑하는 경우도 있지만 그 효과가 어느 정도일지 확실치 않다는 점과 오버코트가 자라나지 않을 위험이 있다는 점을 반드시 반려인에게 전해야 합니다.

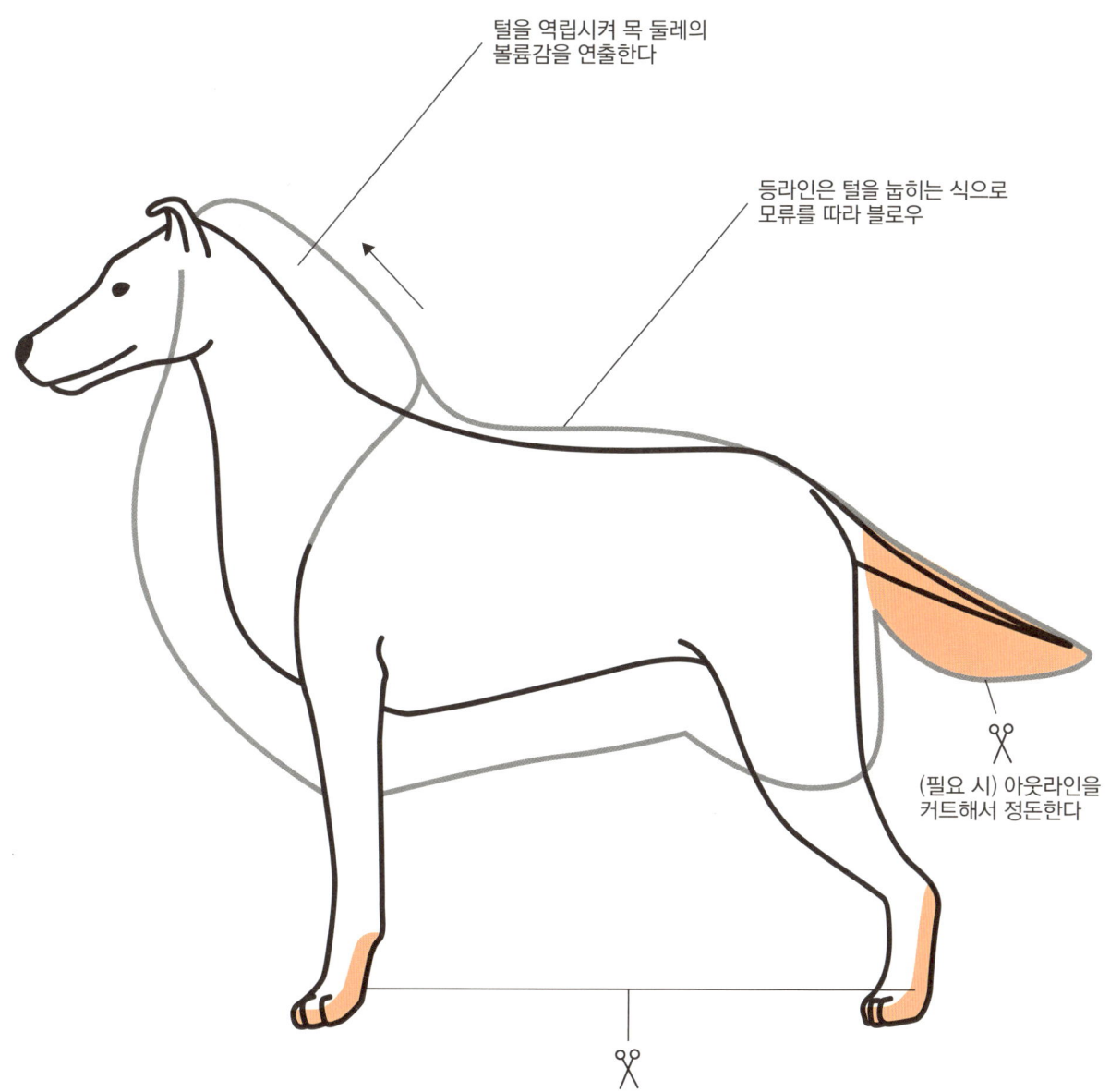

✂ ······ 마감용 가위 사용

[트리밍 해설]
시저링을 과도하게 하면 이 견종의 특징인 '자연미(Natural appearance)'가 저해됩니다. 발끝과 얼굴 주변에 삐져나온 여분의 털만을 정돈하는 정도로만 해둡시다. 드라잉에 상당한 시간이 걸리므로 에어포스 드라이어를 사용하는 것이 좋습니다.

털을 역립시켜 목 둘레의 볼륨감을 연출한다

등라인은 털을 눕히는 식으로 모류를 따라 블로우

(필요 시) 아웃라인을 커트해서 정돈한다

중수부, 중족부, 발 주변의 털은 자연스럽게 보이는 범위로 커트

133

기본 트리밍 용어

ㄱ~ㄷ	그루밍	개의 피모에 관련된 모든 케어. 몸을 청결하고 아름답게 유지하는 것이 목적
	더블코트	이중보모. 상모와 하모를 갖는 견종의 피모
	데스코트	죽은 털. 탈락기에 빠져 떨어지는 털. 묵은 털
	도장모 (徒長毛)	모표 전체의 윤곽에서 삐져나온 긴 털
	드라잉	드라이어를 사용해 피모를 브러싱하면서 말리는 작업
	드롭이어	처진 귀
	라스트 리브	늑골의 가장 뒤쪽의 작은 뼈
ㄹ	래핑	장모종의 피모 전체, 또는 일부를 부분 파팅해 세트 페이퍼 등으로 감싸 고무줄로 묶어 보호하는 방법
	러프	목 주변의 길고 두툼한 털
	러프코트	조모와 연모가 불규칙하게 섞인 피모
	레이킹	슬리커 등으로 죽은 털을 긁어내는 작업
	로온(렝스)	몸통이 길고 다리가 짧은 체형
	로제트	허리에 좌우 하나씩 만드는 반구형의 부분
	롱 헤어드(롱코트)	장모
	리어 브레이슬릿	뒷다리에 만드는 브레이슬릿
ㅁ~ㅂ	메인	목덜미와 측면에 난 두툼하고 긴 장식털
	바이트 (bite)	치아의 교합상태
	밴드	주로 더치클립의 전·후구를 구분 짓는 띠 모양의 경계선
	베이싱	샴푸를 하여 잘 씻은 후에 샤워로 충분히 헹구는 것
	브러싱	핀 브러시를 이용해 엉킨 털을 풀거나 털의 결을 정돈하는 행위
	브레이슬릿	푸들을 클립할 때 주관절에 만드는 팔찌 같은 털장식. 잉글리시 새들 클립에서는 상부의 것을 어퍼 브레이슬릿, 하부의 것을 보텀 브레이슬릿이라고 한다
	브로큰 헤어드(브로큰 코트)	조모의 일종. 바짝 선 철사 모양의 피모
	블렌딩	코트의 긴 부분과 커트 부분이 층 지지 않게 자연스럽게 이어지도록 티닝 가위 등으로 라인을 부드럽게 처리하는 테크닉
	비량(노즈 브릿지)	스톱부터 코까지의 머즐의 상면. 콧대
ㅅ~ㅇ	셋업	이상적 모습으로 가다듬는 것. 푸들은 쇼클립에서 두부의 털을 정돈할 때도 사용
	순방향 밀기	모류를 따라 클리핑하는 작업
	스무드 코트(스무드 헤어)	몸에 딱 붙는 맨질맨질한 감촉의 단모(短毛)
	스웨이백	등라인이 처진 등
	스웰	톱노트를 만들었을 때 생기는 풍성함
	스커트	장모 견종의 지면에 가까운 부분의 털
	스톱	액단(額段). 스컬과 머즐 사이에 있는 함몰부
	스트리핑	테리어 견종의 피모를 개량하기 위해 코트를 뽑는 작업
	슬로프 라인	뒷다리 뒤쪽의 완만한 선
	시저링	가위로 피모를 커트하는 작업
	실키코트	비단실처럼 매끄럽고 가늘고 긴 털. 견상모. 견사상모라고도 함
	싱글코트	피모가 상모와 하모의 2중층이 아닌 것
	아담스애플	목 울대, 갑상연골
	아웃 오브 코트	소모(疎毛), 환모기에 피모의 양이 줄어든 상태
	아웃라인	윤곽
	아이 스테인	눈물자국, 눈물을 흘려 내안각 아래의 털이 붉게 물든 상태
	애플 헤드	어느 쪽에서 바라봐도 둥근 사과형의 스컬(두개)
	앵귤레이션	골격이 접합되는 각도
	언더라인	옆에서 바라봤을 때 하흉부에서 하복부로 이어지는 라인
	언더코트	하모. 부드러운 면모로 빽빽하게 자라지만 견종에 따라 없는 경우도 있음
	에이프런(프릴)	목 부위의 인후부에서 길게 자라는 앞가슴의 피모
	역방향 밀기	모류를 거슬러 클리핑하는 작업

	오버코트(톱코트)	상모. 피모의 볼륨이 많을 때도 사용한다
	옥시풋	후두부
	와이어 헤어드(와이어 코트)	상모가 단단하고 철사와 같은 모질
	위스카	주둥이부터 두부에 걸쳐 나는 풍성한 수염, 볼수염
	이매지너리 라인	완성형을 예상한 선. 푸들의 경우 일반적으로 눈꼬리에서 귀 안쪽의 접합부를 잇는 선
	인덴테이션	눈과 눈 사이에 넣는 역V자형 음각
ㅈ~ㅊ	재킷	더치클립의 상의에 해당하는 부분 (전구부)
	촉모	접촉한 것을 감지하는 감각모. 굵고 뻣뻣한 털
	칩핑	피모의 끝을 가위로 자라 길이를 맞추는 작업
ㅋ	칼라라인	목 둘레를 밀어서 넣는 선. 일반적으로 아담스애플과 기갑을 연결한 선
	캣풋(묘족)	고양이발 모양으로 발가락을 꽉 오므리고 아치를 그린 상태
	커플링	라스트 리브(마지막 갈비뼈)와 관골 사이의 몸통 부분
	케이프	목부터 어깨를 감싸는 풍부한 피모
	코밍	코움(일자빗)을 사용해 엉킨 털을 풀거나 털의 결을 정돈하는 작업
	코트	피모. 상모층과 하모층으로 된 이중층(더블코트)이 일반적. 푸들은 싱글코트로 분류
	큐롯	둔부의 털을 좌우로 나누어 부풀린 상태
	크라운	두정모, 관모, 두부의 장식털
	클리핑	클리퍼를 사용해 피모를 밀어주는 작업
	클린네크	이완된 피부와 주름이 없는 팽팽한 목
	키드니 패치	잉글리시 새들 클립에서 허리 부분에 넣는 잘록한 음각
ㅌ	타월링(타월 드라이)	타월로 물기를 제거하는 작업
	태슬	술장식, 귀 끝에 형태를 만들기 위해 남겨둔 털. 귀 끝의 방모
	턱업	몸통의 깊이가 얕아지고 복부가 올라간 부위
	털의 볼륨감	피모의 양과 밀도, 길이의 상태
	테디베어 커트	푸들의 얼굴을 클리핑하지 않고 머즐에 털을 남긴 스타일
	테리어 프런트	옆에서 바라보아 인후부부터 가슴에 걸친 부분이 지면과 거의 수직으로 보이는 상태
	테일 세트	꼬리가 붙은 위치. 또는 그 상태
	톱노트	두정부의 긴 술 형태의 장식털. 또는 그것을 두정부에서 묶은 것
	톱라인	옆에서 바라보았을 때 옥시풋에서 꼬리 끝까지 이어진 개의 상면 아웃라인
	톱코트	겉털. 모층의 가장 바깥쪽에 있는 털
	트리밍	견체 각 부위 균형을 잡기 위해 플러킹, 클리핑, 또는 커팅 등의 기법으로 피모를 정돈하는 작업
	틴닝	숱가위로 여분의 털을 잘라내어 숱을 줄이거나 층을 없애는 작업
ㅍ~ㅎ	파팅 라인	코트에 넣는 경계선
	패드	발바닥
	패스턴	앞다리의 수근관절부터 발가락까지의 중수골 부분
	퍼니싱	두부, 팔꿈치, 꼬리 등에 자라나는 긴 장식털
	퍼프	푸들을 클리핑 할 때 앞 다리에 남기는 둥근 털 뭉치
	페더링	두정부, 귀, 팔꿈치 뒤쪽 등에 있는 깃털 모양의 긴 장식털 전반
	폴(fall)	안면을 뒤덮는 두정부
	폼폼	푸들의 꼬리 끝에 만드는 공모양의 장식털
	풀코트	장모견종의 피모를 커트하지 않고 길고 자연스럽게 길은 스타일
	프린지	장식털
	프릴	장식털, 특히 사지의 뒤쪽에 난 장식털을 지칭함
	플래그	등과 수평방향으로 올라가고 긴 털이 삼각기와 같이 처진 꼬리의 형태. 깃발형 꼬리
	플러킹	트리밍 기법 중 하나로, 손가락 또는 트리밍 나이프를 이용해 털을 뽑는 작업
	하이온(렝스)	몸통이 짧고 다리가 긴 체형
	항문샘	항문 바로 아래에 있는 악취를 내는 주머니
	힐 패드	장구(掌球). 앞다리 발바닥의 발꿈치쪽

규격	폭	235mm
	길이	340mm
	높이	28mm

10장入

AYA MAT
아야! 매트
반려동물 접근 방지 매트

가격: 11,000원

초! 간단설치

 방문 앞

화단

화분

작물

난간

간단하게 설치만 해두면
반려동물이 접근하지 못합니다.

- ● 문을 긁어대서 밤에 잠을 못주무신다고요?
  아야매트를 방문 앞에 놓으면 긁지 않아요!

- ● 화단 보호
  아야매트를 화단 테두리에 놓으면 화단을 망쳐놓지 않아요!

- ● 손쉬운 조립, 휴대용이, (가벼운 폴리 프로필랜소재)
  집에서도, 반려견과 함께하는 여행에서도 사용 가능해요!

- ● 위험 상황 방지
  아야매트를 난간등에 설치하면 위험한 곳에 올라가지 않아요!

■ **시트 분해** — 시트를 십자 (중심부분)로 나누어 **4등분** 할 수 있습니다.

단면도 커트 ↓

※ 커트 부분은 2~3번 살짝 접어 구부리면 쉽게 자를 수 있습니다.

■ **시트 고정방법** — 고정핀 부분을 가로로 떼어내고 아래 그림과 같이 시트를 고정합니다.

개나 새(비둘기) 에게도 사용 가능

 모리스앤코(주)
서울 서초구 강남대로 95길 66 TEL : 02-545-2690~1 FAX : 02-545-3564 E-mail : khsa-morris@hanmail.net
반려동물 전문쇼핑몰·전시장 · 충북 음성군 감곡면 행군이길 171-47 Website : **www.petsalon.co.kr**

모리스 반려동물 서적 시리즈 VOL.07
애견 미용실 개업·경영 매뉴얼

애견샵의 오픈 전부터 오픈 후까지 모든 내용이 한 권에 집약되어 있어 애견샵의 로드맵을 제시하는 개업 경영 매뉴얼. 애견샵 오픈에 관심이 있으신 분들에게 추천합니다.

애견 미용실 개업·경영 매뉴얼

COMING SOON
2018.03

정가 : 27,000원

Contents 미리 보기

제1장 개업 준비편
개업을 결심했다면
상권과 마켓을 파악하자
애견미용실에 적합한 입지조건이란?
오픈 후보지의 리스트업
시장조사의 요령과 포인트
매장의 컨셉트 결정
창업계획서의 작성방법
수지계획이란
테넌트(임대물건) 선정의 포인트?
임대계약
자택에서 개업하는 경우

제2장 시동걸기편
매장의 공간구성과 레이아웃
트리밍룸은 어떻게 꾸밀 것인가?
내·외장 공사의 포인트
등록·신고 시 필수사항

제3장 오픈 준비편
운영에 필요한 용품을 갖추자
고객관리카드는 기능적으로
직원 고용~채용 전 포인트
직원 고용~채용 후 포인트
매출 성장을 위한 마케팅
고객을 불러들이는 광고와 전단지
홈페이지의 정비와 강화

메뉴와 요금, 옵션메뉴
상품매입과 진열의 노하우
픽업(왕복) 서비스를 제공할 계획이라면
동물병원에 병설된 애견미용실의 경우

제4장 오픈편
오프닝 집객의 중요성
몸가짐과 접객 매너
'매출액과 경비' 이해하기
'손익분기점' 이해하기
'장부' 작성하기

제5장 매출 성장편
경영패턴 파악하기
재방문율을 늘리기 위해 할 수 있는 것
미리 해두면 좋을 판촉물 강화
DM(다이렉트 메일)을 활용하자
매장 내 이벤트와 캠페인
애견호텔을 병설할 계획이라면
매장 역량을 강화하기 위한 직원교육
카운셀링의 중요성

모리스
서울 서초구 강남대로 95길 66 TEL : 02-545-2690~1 FAX : 02-545-3564 E-mail : khsa-morris@hanmail.net
반려동물 전문쇼핑몰·전시장 : 충북 음성군 감곡면 행군이길 171-47 Website : www.petsalon.co.kr

모리스 반려동물 서적 시리즈 VOL. 05
트리머를 위한 베이직 수의학

정가 : 27,000원

트리머가 되어 애견 살롱을 운영하기 위해서는 미용 기술뿐만 아니라 꼼꼼한 위생관리 및 소독, 강아지의 질병에 대한 전반적인 지식을 갖추어야 전문 애견미용사로 성장할 수 있습니다. 애견 미용을 처음 접하는 분들에게 이 책을 추천합니다.

Contents 미리 보기

제1장 애견 트리머와 밀접한 질병
① 피부병
② 귀·눈의 질병
③ 구강·항문주변의 질환
④ 기생충·외부 기생충
⑤ 감염증

제2장 그 밖에 알아두어야 할 질환
① 뼈·근육 관련 질환
② 호흡기·순환기계 질환
③ 소화기계 질환
④ 비뇨기·생식기계 질환
⑤ 내분비계 질환

제3장 애견 트리머의 필수 실용지식

제4장 애견미용실의 위생과 트리밍

제5장 반려동물의 영양학
(칼럼 개의 질병①)
뇌전증(간질)이란
(칼럼 개의 질병②)
수두증이란
개의 백신접종에 관하여
사료 고르는 법, 주는 법
사료의 라벨 보는 법
간식 고르는 법, 주는 법

모리스 서울 서초구 강남대로 95길 66 TEL : 02-545-2690~1 FAX : 02-545-3564 E-mail : khsa-morris@hanmail.net
반려동물 전문쇼핑몰전시장 충북 음성군 감곡면 행군이길 171-47 Website www.petsalon.co.kr

모리스 반려동물 서적 시리즈 VOL.01
내 강아지 더 똑똑하게 키우기

강아지는 인간이 생각하는 것보다 훨씬 똑똑하다!? 내 강아지를 자주성 있는 아이로 키우는 방법 및 일상적인 케어 & 문제행동 교정법 등 다채로운 내용으로 구성되어 있습니다.

정가 : 5,900원

Contents 미리 보기

♥ 가장 먼저 알아두어야 할 애견의 마음
♥ 서로 자립하여 기분 좋게 애견과 나의 삶의 규칙
♥ 지금보다 더 똑똑하게 키우는 법
♥ 일상생활에 잠재된
♥ 애견의 행동 30가지 일상적인 행동 10가지
♥ 질병을 암시하는 행동 20가지
♥ 이럴 때는 어떻게 하지!?
♥ 비상시에 냉정하게 대처하기 위한 지식 25가지
♥ 여러 가지 문제 대처 15가지
♥ 예방과 케어 10가지
♥ 캐나다의 K9 Kinship 공인 트레이너 스자키 다이씨가 알려주는 흔히 있는 곤란한 행동 Q&A

모리스 서울 서초구 강남대로 95길 66 TEL : 02-545-2690~1 FAX : 02-545-3564 E-mail : khsa-morris@hanmail.net
반려동물 전문쇼핑몰·전시장 : 충북 음성군 감곡면 행군이길 171-47 Website : **www.petsalon.co.kr**

모리스 반려동물 서적 시리즈 VOL. 02
내 강아지 장수하는 비결

내 반려견이 오래 살기 위해 기본적으로 알아두어야 할 점 및 질병을 암시하는 신호 등을 알기 쉽게 소개한 책으로 지금 반려견을 키우고 계시는 분들에게 추천합니다.

내 강아지 장수하는 비결
위험한 Dog Food란? 질병을 암시하는 신호?
오래 함께 하기 위한 기본 사육법
치료비 표준일람표 첨부

식사, 부상, 질병 등 일상생활에서
반려견의 건강을 지키는 지식 100
모리스

정가 : 5,900원

Contents 미리보기

♥ 가장 먼저 알아두어야 할 기초지식
♥ 장수견의 반려인을 전격 인터뷰!
♥ 반려견이 장수하는 비결은?
♥ 반려견을 장수시키는 힌트집
♥ 일상생활에서 신경 써야 할 것
♥ 조금 이상한데? 알아두어야 할 이상 신호
♥ 노령견이 되었다면 신경 써야 할 것
♥ 좋은 주치의 찾기와 비용 이야기
♥ 좋은 주치의 고르는 법
♥ 백신, 치료비, 수술비, 입원비 등 의료비 표준 일람표
♥ 반려견이 건강해지는 증상별 효과 있는 마사지
♥ [최신] 반려견과의 이별 정보 장례는? 장묘는?

모리스
서울 서초구 강남대로 95길 66 TEL : 02-545-2690~1 FAX : 02-545-3564 E-mail : khsa-morris@hanmail.net
반려동물 전문쇼핑몰·전시장 : 충북 음성군 감곡면 행군이길 171-47 Website : www.petsalon.co.kr

모리스 반려동물 서적 시리즈 VOL. 03
고양이와 더 친해지기

정가 : 5,900원

내 고양이와 함께 있는 것만으로도 행복하지만, 마음이 서로 통한다면 더욱 행복해질 수 있습니다. 이 책에서는 고양이의 몸짓과 언어를 통해서 애묘의 기분을 살피면서 더욱 친해지는 방법을 알려드립니다.

Contents 미리보기

- ♥ Introduction 고양이는 어떤 동물?
- ♥ 고양이와 사람과의 역사
- ♥ 지금이 고양이와 인간에게 가장 행복한 시대
- ♥ 고양이의 사회화 시기는 생후 16주까지
- ♥ 고양이를 입양할 때 유념해야 할 점
- ♥ 다양한 고양이 장난감
- ♥ 고양이는 싫증을 잘 내고 호기심이 많다
- ♥ 고양이를 황홀하게 만드는 애정 가득한 마사지
- ♥ 고양이와 함께 자는 법
- ♥ 말을 알아듣는 고양이로 길들이기
- ♥ 바디 손질도 잊지 말아요
- ♥ 고양이의 습성을 알고 더욱 행복해지는 법
- ♥ 화장실에 집착
- ♥ 마킹
- ♥ Cat Food는 다양하게 먹이기
- ♥ 거세 및 피임의 중요성
- ♥ 한 마리 키우기와 여러 마리 키우기
- ♥ 실내에서 키우는 것이 가장 안전하다
- ♥ 노령 반려묘와의 커뮤니케이션 방법
- ♥ 맺음말 반려묘는 인생의 소중한 파트너

모리스 서울 서초구 강남대로 95길 66 TEL : 02-545-2690~1 FAX : 02-545-3564 E-mail : khsa-morris@hanmail.net
반려동물 전문쇼핑몰·전시장 : 충북 음성군 감곡면 행군이길 171-47 Website : www.petsalon.co.kr

모리스 반려동물 서적 시리즈 VOL.04
내 고양이 장수하는 비결

내 고양이를 장수시키기 위해 기본적으로 알아두어야 할 점 및 고양이의 수명과 신체 특징, 사료 선택법, 고양이의 몸짓과 언어로 알아보는 애묘의 마음 등 다채로운 내용으로 구성되어 있는 책으로 고양이를 키우고 계신 분, 앞으로 키우실 분들에게 추천합니다.

정가 : 5,900원

Contents 미리 보기

제1장 고양이 기초지식
얼굴, 몸
고양이의 라이프 스테이지
새끼 고양이/약묘(若猫)
성묘(成猫)
시니어 고양이
요즘 고양이들의 생활
칼럼1 고양이의 잡학

제2장 장수하는 비결
고양이를 장수시키는 식사
식사에 대한 의문
사료와 식사 알아두어야 할 것
고양이에게 GOOD & BAD 음식
스톱! 고양이의 비만
고양이를 장수시키는 생활환경
생활환경 알아두어야 할 것
고양이를 장수시키는 운동
고양이를 만족시키는 놀이법
고양이의 스트레스에 관하여
칼럼2 고양이의 신기한 행동

제3장 손질 테크닉
애묘의 몸 손질하기
몸을 체크하자
각 부위 손질하기
약 먹이는 법을 알아보자
알약 · 캡슐 먹이는 법
물약 먹이는 법 / 안약 넣는 법
알아두어야 할 고양이에게 많은 질병
질병 신호
고양이에게 필요한 예방접종
동물병원 고르기
고양이 언어 · 몸짓 사전
고양이 언어 편
고양이 몸짓 편
알아두어야 할 고양이 사육 5개 조항

모리스 서울 서초구 강남대로 95길 66 TEL : 02-545-2690~1 FAX : 02-545-3564 E-mail : khsa-morris@hanmail.net
반려동물 전문쇼핑몰·전시장 : 충북 음성군 감곡면 행군이길 171-47 Website : www.petsalon.co.kr

Bath Tub

제품번호	치수(h)/CM	특징
LT1602	127x67x88	스테인리스, 모바일 후크와 벨트 각 2SET
LT1604	127X67X88	스테인리스, 모바일 후크와 벨트 각 2SET, 문의 미끄럼 방지 역할
LT1605	127X67X78-122	스테인리스, 전동식, 문의 미끄럼 방지 역할
LT1606	127X67X78-122	스테인리스, 모바일 후크와 벨트 각 2SET, 전동식, 문의 미끄럼 방지 역할
LT1608	127X67X78-122	스테인리스, 모바일 후크와 벨트 각 2SET, 전동식, 문의 미끄럼 방지 역할, 양문
LT1506		미용도구함
LT1508B		ø55cm 보조회전 그루밍플랫폼
LT1502A		스틸픽스쳐
LT1502B		플라스틱 픽스쳐

Grooming Table

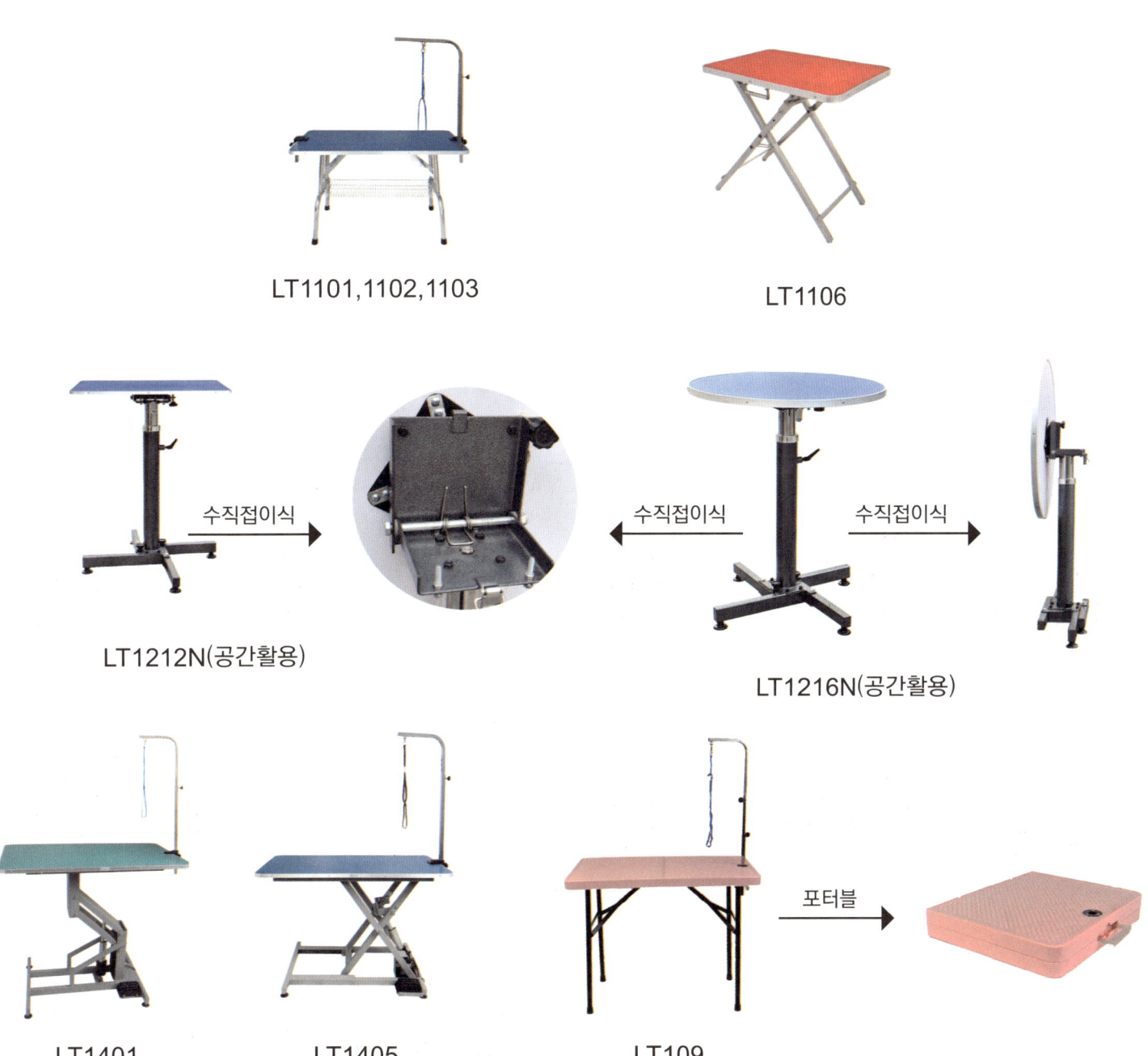

* 서스펜더와 비인딩 벨트는 포함되어 있지 않습니다.

제품명	치수(h)/CM	특징
LT1101	120x60x60	접이식, 스테인리스스틸, 스틸망, 안티슬립, 알미늄테, 블랙컬러, 폴카도트 문양
LT1102	90x60x76	접이식, 스테인리스스틸, 스틸망, 안티슬립, 알미늄테, 블랙컬러, 폴카도트 문양
LT1103	81x51x76	접이식, 스테인리스스틸, 스틸망, 안티슬립, 알미늄테, 블랙컬러, 폴카도트 문양
LT1106	68x48x68·72·78	접이식, 스테인리스스틸, 스틸망, 안티슬립, 알미늄테, 블랙컬러, 폴카도트 문양, 3단계 높이 조절 가능, 포터블
LT1212N	80x60x75-100	수직접이식, 스테인리스스틸, 스틸망, 안티슬립, 알미늄테, 블랙컬러, 폴카도트 문양, 원하는 높이 조절 가능
LT1216N	80x75x75-100	수직접이식, 스테인리스스틸, 스틸망, 안티슬립, 알미늄테, 블랙컬러, 폴카도트 문양, 원하는 높이 조절 가능
LT1401	110x60x55-105	접이식, 스테인리스스틸, 스틸망, 안티슬립, 알미늄테, 블랙컬러, 폴카도트 문양, 전동식
LT1405	120x60x38-105	접이식, 스테인리스스틸, 스틸망, 안티슬립, 알미늄테, 블랙컬러, 폴카도트 문양, 전동식
LT109	97x55x76	접이식, 플라스틱, 안티슬립, 핑크컬러, 폴카도트, 포터블(58x55x10 : 접은 사이즈) 10kg(초경량)

모리스앤코(주) 서울 서초구 강남대로 95길 66 TEL : 02-545-2690~1 FAX : 02-545-3564 E-mail : khsa-morris@hanmail.net
반려동물 전문스핑몰·전시장 : 충북 음성군 감곡면 행구이길 171-47 Website : www.petsalon.co.kr

M-DESIGN 애견 샵 디자인 스티커

M-DESIGN 스티커는 샵에 독특한 느낌을 더해줍니다. 원하시는 견종 혹은 발바닥 모양과 디자인, 크기, 색상 등을 선택하시면 샵 로고를 넣어 인쇄해드립니다.

견종 (하단 참조) / 디자인 오른쪽 페이지 참조 / 로고 / 글꼴 / 방향 (좌/우) / 사이즈 (10, 25, 50cm) / 색상 (블랙/화이트)

〈주문 예시〉

견종 : 5번 퍼피 푸들
디자인 : 1번 사각형
문구 : '초롱애견샵'
글꼴 : 마마블럭체
방향 : 왼쪽
사이즈 : 25cm
색상 : 흰색

D

E

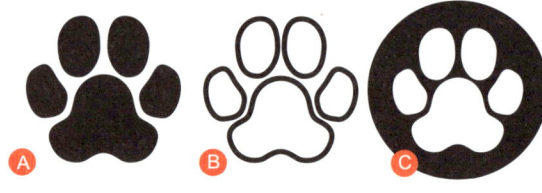
A   B   C

1 아메리칸 코커	2 에어데일테리어	3 비숑	4 케리블루테리어	5 퍼피 푸들	6 T-트림 푸들

7 더블 푸들	8 스코티쉬	9 웨스티	10 포르투갈 워터 독(퍼피)	11 포르투갈 워터 독(라이온)	12 잉글리시 코커

13 아프간그레이하운드	14 시츄	15 앉은 슈나우저	16 푸들(콘티넨탈)	17 달리는 푸들	18 베들링턴

19 세터	20 앉은 아프간그레이하운드	21 슈나우저	22 요크셔테리어	23 뉴 펀들랜드	24 고양이

25	26 리본 장식 푸들	27 일어선 푸들	28 치와와 · 29 닥스훈트 · 30 앉은 닥스훈트

M-DESIGN 애견 샵 디자인 스티커

사이즈 선택

| 10cm | 25cm | 50cm | 화이트 | 블랙 |

!알림
각 사이즈별 치수는 사각형의 가장 긴 변의 길이 , 원의 지름
타원의 긴쪽 지름을 기준으로 합니다.

❶ 사각형 ❷ 원형 ❸ 타원형

❹ 풀밭

❺ 스트라이프

단가표(₩)

디자인도안	유	무
10cm	5,000	3,000
25cm	7,000	5,000
50cm	12,000	10,000

❻ 샴푸 ❼ 미용

마스킹 시트는 복잡하거나 분리된 여러 도안을
한번에 쉽게 붙이기 위한 이중 시트입니다.

	마스킹시트	커스터마이징
10cm	1,000	전화 상담
25cm	3,000	
50cm	5,000	

모리스앤코(주) 서울 서초구 강남대로 95길 66 TEL : 02-545-2690~1 FAX : 02-545-3564 E-mail : khsa-morris@hanmail.net
반려동물 전문쇼핑몰·전시장 : 충북 음성군 감곡면 행군이길 171-47   Website : www.petsalon.co.kr

택배상자는 이제 그만~

Wool Cat Cave
울 캣 케이브
소형 강아지도 좋아해요!

Wool은
- 수분 흡수가 가능합니다
- 자정 능력이 있습니다
- 젖어도 따뜻합니다
- 냄새가 나지 않습니다

울 핸드메이드 Cat Bed

뉴질랜드 메리노울 100%

● 입구를 잘라서 입구크기를 조절 할 수 있습니다

Wool Cat Cave

세탁기호표시

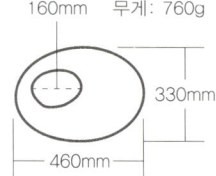
160mm 무게: 760g
330mm
460mm

울은 흡수성이 높은 소재로 여름철에도 **쾌적하게** 지낼 수 있습니다.
겨울엔 안에서 **따뜻하게**, 여름엔 베드를 찌그러뜨려 쾌적하게
사계절 모두 대응 가능한 **고양이 베드 소재**입니다.

Color Selection

White	Gray	Purple	Orange	Green	Red

※ 색상은 제조사의 사정과 조기품절등의 경우로 변경될 수 있으며 수공 제품의 특성에 따라 사이즈는 표기된 사이즈와 조금 차이가 있을 수 있습니다.

 모리스앤코(주) 서울 서초구 강남대로 95길 66 TEL : 02-545-2690~1 FAX : 02-545-3564 E-mail : khsa-morris@hanmail.net
반려동물 전문쇼핑몰·전시장 · 충북 음성군 감곡면 행군이길 171-47 Website : www.petsalon.co.kr

사랑한다면 이제 Grooming Tab 해 주세요

화학 제품인 샴푸제나 비누는 그만

Grooming Tab이 만드는 탄산온천 성분의 중탄산 이온수로 반려견의 피부를 지켜주세요!

반려견의 피부를 지켜주는 가장 좋은 방법은 화학 성분인 샴푸제와 비누를 사용하지 않고 중탄산 이온수로 깨끗하게 목욕시키는 것입니다! Grooming Tab은 수돗물을 중탄산 이온수로 바꾸어 최고급 온천수와 같은 효과를 냅니다. 샴푸제나 비누 없이도 각종 노폐물과 오염물질을 찌꺼기 없이 깨끗하게 제거하므로 반려견의 피부와 모질 관리에 매우 좋습니다. 이제 친환경적인 세정력, 중탄산 이온으로 인한 혈액순환 촉진, 스트레스 해소, 보습 효과, 부드러운 촉감 등을 체험해보세요.

Grooming Tab으로 중탄산 이온수가 만들어지는 과학적 원리

중탄산 이온과 수소 이온, 구연산의 트리플 효과

$$H_2CO_3 \rightarrow H^+ + HCO_3^-, C_6H_8O_7$$

Hot Tab은 중탄산 이온과 수소 이온에 구연산이 결합되어 탁월한 세정효과를 나타냅니다. 특히 구연산이 중탄산 이온의 흡수를 도와 피부를 효과적으로 케어하고, 중탄산 이온수의 다양한 효능을 높여줍니다.

※ 성분 : 탄산수소Na, 구연산, 탄산Na, PEG6000 / 고급 소재로 만든 안심할 수 있는 일본산 제품입니다

10정·30정·100정
Made in Japan

전용 샤워헤드로 편리하게 사용하세요!

Grooming Tab 1정을 전용 샤워헤드 안에 넣고 사용하면 녹기 시작한 고농도 중탄산 이온이 샤워 노즐에서 확실하게 방사됩니다. 투명한 샤워헤드는 방탄유리 소재로 제작되어 웬만한 충격에도 손상이 없고 안전합니다.

- 냄새 케어
- 모질 케어
- 건강 케어

OEM 주문 가능

에프이코스메틱(주)

서울 서초구 강남대로 95길 66 TEL : 02-545-2690~1 FAX : 02-545-3564 E-mail : khsa-morris@hanmail.net
반려동물 전문쇼핑몰·전시장 : 충북 음성군 감곡면 행군이길 171-47 Website : www.petsalon.co.kr

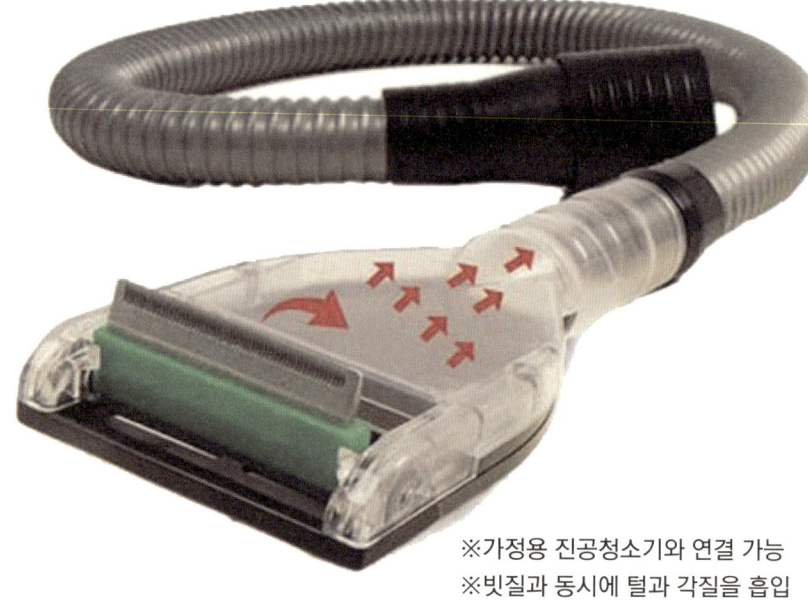

저자

가네코 고이치
비비드그루밍스쿨 학장. JKC트리머 지도자 · 시험위원. 토이푸들의 쇼잉과 브리딩에 오랜 세월 종사함. 커트 기술 및 이론에 정평이 나 있으며 최근에는 다수의 해외 세미나와 콘테스트에 강사 및 심사위원으로 위촉되고 있음. http://www.vivid-gs.com/

후쿠야마 다카아키
학교법인 야마자키가쿠엔 야마자키가쿠엔대학 동물간호학부 조교. 인정동물간호사, 위기관리학 석사. 대학에서 교편을 잡으면서 동물행동학 등의 관점에서 동물에게 부담이 적은 보정과 그루밍의 기법을 연구하고 있음. http://univ.yamazaki.ac.jp/

트리머를 위한 베이직테크닉

초판1쇄 발행 2017년 11월 20일
　 2쇄 발행 2018년 10월 2일

지은이　가네코 고이치, 후쿠야마 다카아키
펴낸이　정태봉
펴낸곳　모리스

한국어판 ⓒ모리스 2017. Printed in Seoul, Korea
TRIMMER NO TAME NO BASIC TECHNIC
ⓒKOICHI KANEKO / TAKAAKI FUKUYAMA 2017
Originally published in Japan in 2017 by Midori Shobo Co.,Ltd
Korean translation rights ⓒ2017 by MORRIS COMPANY

주소우 :06528 서울 서초구 강남대로 95길 66 중원빌딩 1층
전화　02_545_2690~1
팩스　02_545_3564
홈페이지　www.petsalon .co.kr
이메일　khsa-morris@hanmail.net

* 이 책의 저작권은 저자에게 있으며 무단 복제와 전재는 법으로 금지되어 있습니다.
* 잘못된 책은 바꾸어드립니다.